MONTAIGNE
OU L'ACCOMPLISSEMENT DES ESSAIS

1588 - 1988

MONTAIGNE
ET LES «ESSAIS»
1588 - 1988

Actes du congrès de Paris (janvier 1988) réunis par Claude BLUM

Prologue de Marcel TETEL

Conclusions et synthèse par Eva Kushner

Ouvrage publié avec le concours du
Centre national des Lettres

Librairie Honoré Champion
7, quai Malaquais
PARIS
1990

ISBN 2-85203-112-4

TABLE DES MATIERES

COMITE D'HONNEUR

M. Jacques CHIRAC, Premier Ministre, Maire de Paris.

M. Alain POHER, Président du Sénat.

M. Jacques CHABAN-DELMAS, Président de l'Assemblée Nationale, Maire de Bordeaux.

M. Michel GIRAUD, Président du Conseil Régional d'Ile de France.

Mme Françoise de PANAFIEU, Adjoint au Maire de Paris, chargée de la Culture.

Mme Hélène AHRWEILER, Recteur de l'Académie, Chancelier des Universités de Paris.

M. Jean GATTEGNO, Président du Centre National des Lettres.

M. Jacques BOMPAIRE, Président de l'Université de Paris-Sorbonne.

M. Robert AULOTTE, Professeur à la Sorbonne, Président Honoraire la Société Française des Seiziémistes.

Mme HOUDART de la MOTTE, Présidente d'Honneur de la Société des Amis de Montaigne, descendante de Montaigne.

Mme MAHLER-BESSE, Présidente d'Honneur de la Société des Amis de Montaigne, propriétaire du Château de Montaigne.

M. Jean MARCHAND, Président d'Honneur de la Société des Amis de Montaigne, Bibliothécaire Honoraire de l'Assemblée Nationale.

Mme Pierre MICHEL.

M. Jacques de FEYTAUD, Vice-Président National de la Société des Amis de Montaigne, Président de la Section de Bordeaux.

COMITE D'ORGANISATION

M. Jean BINET, Président de la Société des Amis de Montaigne.

M. Claude BLUM, Secrétaire Général du Congrès, Vice-Président de la Société des Amis de Montaigne.

M. Alain LAGRANGE, Secrétaire Général de la Société des Amis de Montaigne.

M. Frank LESTRINGANT.

M. François MOUREAU, Vice-Président de la Société des Amis de Montaigne.

PROLOGUE D'OUVERTURE

L'ACCOMPLISSEMENT DES ESSAIS

L'accomplissement des *Essais*, heureux sujet pour ce colloque qui aurait plu, sans aucun doute, à Montaigne lui-même. En fait, l'essayiste n'aurait pas hésité à le choisir, car «accomplissement» renferme, étymologiquement tout du moins, une binarité sémantique contradictoire sinon paradoxale, considérée du point de vue d'une part du texte, de l'essai, et d'autre part du lecteur. Si accomplissement signifie achever et réaliser, cette signification correspond bien à l'écriture de l'essai dans la mesure où le texte que nous possédons (*post* 1592 et 1595) figure un résultat, une entité, assez fixe. D'autre part, l'essayiste, lui, n'a jamais terminé son ouvrage puisqu'il y ajoute constamment; en ce sens l'activité de l'essayiste s'accorde avec la racine latine d'accomplissement, *complere*, remplir. En effet, l'essayiste a continué à remplir son texte tout comme le lecteur, nous, ici, ne cesse de remplir, d'interpréter les *Essais*, de leur donner des significations qui ne nient pas la critique du passé mais se fondent également sur elle et y ajoutent, et préparent ainsi la démarche de la critique de l'avenir. Le lecteur des *Essais* imite donc l'essayiste qui récupère le passé pour élaborer le futur; essayiste et lecteur, sachant trop bien qu'ils ne sont qu'en voie de transition, ne manquent pas néanmoins de situer et de s'assurer une place dans le présent.

Les deux dernières décennies de notre siècle ont été marquées et continueront à être marquées par diverses commémorations quadricentenaires liées à la publication des *Essais* et à la mort de l'essayiste (1580, 1588, 1592 et 1595). Par conséquent, notre colloque est non seulement la première manifestation de l'année 1988 pour célébrer la parution du troisième livre des *Essais*, mais il reprend les célébrations de 1980 et commencent à étoffer celles de 1992 et de 1595. Nous sommes donc à mi-chemin entre 1980 et 1995; or, nous ne pouvons pas encore cerner ou dessiner nettement les contours des études montaignistes d'ici 1992-95, bien que nous en construisions déjà les fondements, mais nous sommes certainement bien situés dans le temps pour jeter un regard attentif, tel un demi-Janus, sur l'espace temporel et critique qui nous sépare de 1980.

Depuis 1980 la critique montaigniste s'est renouvelée selon certains axes de recherches bien définis. Parmi ceux-ci figure évidemment l'analyse de la relation entre Montaigne et l'histoire, consistant à étudier l'attitude d'un essayiste qui récupère et manipule les historiens gréco-romains et les historiens contemporains, et est en même temps un homme politique engagé, témoin et juge de l'histoire de son temps. Autour de ce grand sujet se noue une stratégie du dit et du flagrant non dit, stratégie qui touche, dans une certaine mesure, à la religion de Montaigne. Or, ce qui sous-tend l'étude de l'histoire est l'analyse du mobile humain, d'une part, et d'autre part, la situation personnelle de l'essayiste, son engagement dans l'histoire et dans la vie publique, jugé par les autres et jugeant les autres. En outre, l'histoire considérée du point de vue anthropologique et fondée également sur les textes d'explorateurs du Nouveau Monde continue à susciter toute une série d'études sur «Des cannibales» et par conséquent à contextualiser cet essai dans son temps.

L'autre grand axe autour duquel se centre la critique montaigniste des dernières années regroupe les relations entre la rhétorique, l'écriture, le corps et la sexualité. Que la rhétorique se rattache au modèle cicéronien, quintilien, et sénéquien, au travail de l'*incipit* et de la *peroratio*, au logocentrisme platonico-chrétien, aux prises de conscience par le biais des «accidents» et trébuchements de la syntaxe, au discours politico-juridique de son temps, ces composantes de la rhétorique montaigniste manifestent dans sa totalité, ironiquement certes, cette «marqueterie mal jointe» (vocable que l'essayiste n'emploie qu'une seule fois dans son oeuvre) qui figure l'humanisme de l'époque et trouve son homologue dans le sujet et la notion de corps, du corps des *Essais*, c'est-à-dire dans la manière et le produit, le contenu, de l'écriture.

Le discours sur le corps continue à mettre en scène un Montaigne bergsonien, un Montaigne en mouvement, dont la représentation s'appuie sur le langage d'un corps littéralement et constamment en marche mais aussi sur la peinture d'un autoportrait quelque peu stylisé, au fil du temps. Quant à l'analogie qui s'ensuit entre l'écriture et un corps en mouvement et dont l'intégralité se compose de sa diversité et de sa fragmentation, elle fait ressortir la fonction des ajouts et de l'intratextualité et celle de l'essai en tant que fragment constituant le corpus des *Essais*. Si par ailleurs, comme l'affirme Montaigne lui-même, les *Essais* proviennent d'une métamorphose excrémentielle, plus souvent leur production repose, par un biais analogique, métaphoriquement, sur une activité et un vocabulaire sexuels que renforce la présence d'une obsédante paternité. En fait, le discours scriptural sur la paternité et la sexualité reste lié à l'ordre d'une Nature qui est le lieu de la procréation de la création.

Or, si le père est plus ou moins omniprésent, sinon explicitement tout du moins par le biais du discours sur la paternité, l'absence, l'immense absence, de la mère éblouit. Michel Eyquem semble cependant vouloir nier la mère dont il est issu. Serait-ce, entre autre, qu'il préfère «de Montaigne» à Eyquem? Ou suffit-il simplement -et bien trop facilement- de situer Madame Pierre Eyquem dans la même niche conjugale que Madame Michel de Montaigne, ce qui serait alors le soi-disant reflet des moeurs dominantes et de la condition féminine à l'époque.

Cette oscillation entre le dit et le non-dit se transmet à la critique montaigniste qui continue à s'attacher à l'étude des grands sujets mais hésite à affronter les textes monumentaux. Ainsi, le scepticisme de l'essayiste attire toujours l'attention des lecteurs qui l'analysent à travers ses sources ou son intertextualité et en le centrant aussi dans mentalité de la fin du XVIe siècle. Par contre, le livre immense et monstrueux qui prend place à l'intérieur des *Essais*, super essai écrasant de sa masse les mini-essais, «L'Apologie de Raymond Sebond», lieu de récupération du discours montaignien sur le scepticisme, a tendance à se dérober devant la critique. Malgré la parution récente de plusieurs articles, il manque toujours, malgré un excellent travail sur l'augustinisme de l'*Apologie*, une étude approfondie qui suivrait une démarche textuelle et partirait de la *Theologia naturalis* de Raymond Sebond pour aller vers la *Théologie naturelle* de Montaigne et aboutir enfin à la réécriture de celle-ci dans l'*Apologie* (1). Cette démarche illuminant une intratextualité cruciale, éclairerait la pensée de Montaigne, au-delà même de sa propre religion.

Dans une certaine mesure, par conséquent, les études montaignistes récentes soulignent le polymorphisme, souvent contrastant, des *Essais*. Ainsi l'ombre pesante du père et de la paternité fait ressortir l'absence de la mère; les allusions aux «troubles» de l'époque éclairent le manque de spécificité de la saint Barthélemy; la polysémie et la fréquence du vocable «vertu», parmi d'autres, s'opposent dramatiquement à l'unicité sémantique et quantitative de «marqueterie», par exemple, ce qui dénote une écriture qui oscille de la multiplicité sémantique à l'emblématique. Par ailleurs, l'élitisme et l'orgueil d'un anoblissement récent, jouant sur la singularité et la particularité de l'essayiste, de l'humaniste, vont de pair avec l'universalité du même personnage, de l'humaniste. En outre, on se pose toujours la question du genre littéraire auquel appartiennent les *Essais*. Les *Essais* sont-ils des gloses bouffies, des *marginalia* offusquant le sujet central, un recueil de citations latines enserré dans un étau de commentaires, des méditations, ou un autoportrait et une autobiographie.

Il va sans dire que les travaux sur le Moi occupent une place prépondérante dans les études montaignistes, un Moi qui s'observe et qui observe les autres, qui se révèle et souvent se masque, s'engage et se dérobe à lui-même et aux autres, qui se dénigre et se grandit selon les besoins du discours. Ce Moi public dialogue-t-il avec le Moi privé? Ces deux Moi dialoguent-ils alors avec le lecteur? Ne peuvent-ils être qu'une représentation tout en préservant le for intérieur? En somme, les *Essais* ne sont-ils qu'une fiction, une oeuvre littéraire? Or, ce polymorphisme ne manifeste-t-il pas un insigne accomplissement?

Si la critique montaigniste explore les *Essais* selon plusieurs perspectives, elle est néanmoins catégorique ces dernières années en ce qui concerne une certaine lecture du texte qui a longtemps dominé les travaux sur l'essayiste: le glas a sonné pour la théorie de l'évolution des *Essais* du stoïcisme au pyrrhonisme, au naturalisme. Un des éminents «coupables» n'est autre qu'un de nos très vénérables sociétaires:

> Le cheminement de Montaigne n'a pas le caractère d'une évolution, mais plutôt d'un approfondissement. Le schéma d'une évolution est celui d'une ligne ou d'un point à un autre. Un approfondissement serait figuré plutôt par des cercles concentriques où l'on va du dehors au dedans, du superficiel au profond. La méditation de Montaigne est une remontée en soi-même, un retour à soi, elle va de l'«étranger» au propre. Non pas évolution, mais rectifications successives de l'orientation du discours du dehors vers le moi, c'est-à-dire, si l'on veut, involution - entendant par là, par opposition à un devenir où l'on devient ce que l'on n'est pas, un devenir où l'on devient ce que l'on est (2).

Cette récapitulation d'une position critique prévalant depuis un certain nombre d'années ne nie pas le passé, car la thèse monumentale de Pierre Villey reste toujours, au-delà de l'évolution, un livre de chevet fondamental pour tout montaigniste. N'oublions pas que nous ne sommes que des nains sur les épaules de géants.

Marcel TETEL

Duke University

NOTES

(1) Notons qu'un volume sous presse consacré à l'*Apologie*, édité par notre ami Claude Blum comblera déjà cette lacune d'une manière significative.

(2) M. Conche, *Montaigne et la philosophie*, Paris, 1987, pp. 79-80.

I

1580-1588

PERSISTANCE ET EPANOUISSEMENT
D'UNE PENSEE

CONTINUITE DE LA PENSEE DE MONTAIGNE

On a très souvent parlé des influences diverses qu'ont pu exercer sur l'esprit de Montaigne les différentes doctrines philosophiques de l'Antiquité. C'est ainsi que Montaigne, dans une époque initiale aurait été influencé principalement par le stoïcisme. On découvrirait une période de crise sceptique particulièrement dans le très fameux chapitre XII du deuxième livre. Finalement aurait prévalu sur Montaigne une influence épicurienne.

L'étude que nous présentons part d'une perspective différente. Il peut arriver que Montaigne se montre quelquefois stoïque, bien souvent épicurien et surtout sceptique. Nous voudrions montrer que les opinions, les observations et les conseils de Montaigne sont toujours en accord avec sa formation morale antidogmatique et sa droiture d'esprit qui commandent sa conduite et par conséquent ne varient pas. Or, tant d'érudits et de spécialistes de Montaigne nous ont parlé de ses contradictions, de ses inconséquences, que je crains fort que ces quelques lignes ne soient pas à la hauteur de la tâche que je me suis proposée: montrer la continuité de la pensée de Montaigne (1).

Précisons que nous ne tenons pas compte ici de la date d'élaboration des chapitres dont l'ordre dans la composition des *Essais* a été établi par Montaigne lui-même quelle qu'en ait été la date de rédaction. C'est pour cette raison que nous avons pris nos exemples, à dessein, dans les trois Livres. Une étude systématique de ses additions et substitutions que nous ne pouvons entreprendre ici, serait d'une grande utilité pour étudier la démarche de la pensée de Montaigne, mieux connaître sa pensée et confirmer qu'il a dit vrai lorsqu'il a affirmé: «J'ajoute mais ne corrige pas» (2).

A ce propos, les variantes introduites dans son troisième livre ainsi que les additions manuscrites de l'Exemplaire de Bordeaux, sont particulièrement probantes. Soit qu'il introduise une longue phrase dans un paragraphe ou qu'il insère quelques mots dans une phrase ou même qu'il ne fasse que remplacer un mot par un autre, il s'agit, presque toujours, non de corrections stylistiques mais d'un renforcement délibéré de sa pensée primitive. Mieux, il est facile de voir que ces renforcements apparaissent graduellement de plus en plus fermes, c'est-à-dire que presque toutes les opinions importantes exprimées dans la première édition sont renforcées dans l'édition de 1588 et le sont encore davantage dans celles faites d'après l'Exemplaire de Bordeaux. Cette étude prouverait également que la dispersion de ses idées à travers son texte en réduit apparemment la force et la portée bien qu'en même temps leur éparpillement en en renouvelant le souvenir dans l'esprit du lecteur exerce sur lui une influence aussi discrète que persuasive. Ainsi regroupées, comme nous avons essayé de le faire, quoique d'une façon fort incomplète, certaines des idées de Montaigne acquièrent une énergie nouvelle, insoupçonnée.

D'un autre côté ses «contradictions» si souvent mises en relief, nous semblent plus apparentes que réelles. Dans une oeuvre si vaste où les sujets les plus variés sont souvent repris par l'auteur dans des contextes différents, il est normal que certaines précisions marquent inévitablement des nuances mais nous croyons que ces différences ne touchent jamais à l'essentiel. D'ailleurs il avoue lui-même:

> ne m'est-il (...) advenu d'avoir embrassé quelque chose (...) que depuis j'aie jugée fausse? (3).

Et encore:

> Je pourrai tantôt changer, non de fortune seulement (par le hasard des circonstances) mais aussi d'intention. (...) soit que je saisisse les sujets par autres circonstances et considérations. Tant y a que je me contredis (...) mais la vérité (...) je ne la contredis point (4).

Ainsi s'apercevoir d'une erreur, rectifier, ce n'est pas se contredire. Quand les circonstances changent il faut bien changer aussi si l'on veut rester soi-même. Jean Rostand l'a très joliment dit: «Quand l'idéal se déplace il faut bien qu'on s'oriente différemment. Le tournesol reste fidèle au soleil» (5).

Nous ne citerons à ce sujet qu'un exemple sur l'évolution de la pensée de Montaigne, un exemple à propos de la mort, une question qui lui tient à coeur. Dans son premier livre il explique:

> Il n'est rien de quoi je me sois dès toujours plus entretenu que des imaginations de la mort: voire en la saison la plus licencieuse de mon âge (6).

Il se souviendra alors de quelques réminiscences de Sénèque; par exemple «Qui a appris à mourir a désappris à servir». Montaigne trouve donc utile de se préparer à l'idée de la mort qui est un mal inévitable. Par contre il constate aussi:

Il est certain qu'à la plupart la préparation de la mort a donné plus de tourment que n'a fait la souffrance». Et d'ajouter: «Si vous ne savez pas mourir, ne vous chaille; nature vous en informera sur-le-champ, [...] elle fera exactement cette besogne pour vous; n'en empêchez votre soin (7).

Ainsi d'un côté se préparer à la mort; d'un autre ne pas s'y préparer. Voilà bien une contradiction. Nous parlerions plutôt d'une évolution survenue avec l'âge. Les moyens pour éviter la peur de la mort ont changé mais non le but qu'il se proposait en les prescrivant: que l'idée de la mort ne nous prive pas du bonheur de vivre.

Le caractère sommaire de cet exposé nous oblige à choisir arbitrairement, parmi les idées émises par Montaigne, celles qui, à notre avis, peuvent servir à appuyer notre point de vue. Nous n'en retiendrons que deux: la raison et la liberté.

L'opinion de Montaigne sur la «raison» est une question que nous jugeons d'une importance capitale car, pour nous, contrairement à une idée fort répandue, c'est l'exaltation de la raison qui s'étale constamment dans les Essais. Egalement, s'il est une autre caractéristique primordiale chez Montaigne c'est bien son amour de la liberté. Montaigne nous le dit au moins à deux reprises:

(c) la liberté et l'oisiveté sont mes maîtresses qualités.

Et de même dans un autre ajout de l'Exemplaire de Bordeaux:

(c) (...) (je suis) extrêmement oisif, extrêmement libre et par nature et par art (8).

Or, il est intéressant de constater que ces deux notions - raison et liberté - sont si intimement liées qu'elles commandent toutes les opinions de Montaigne, toute sa morale et toute sa conduite, de sorte que notre étude sera souvent incapable de les séparer. La raison sous toutes ses dénominations, discours, jugement, pensée essentiellement et la liberté apparaissent souvent dans l'énoncé d'une même phrase. Ce qui, d'ailleurs, est naturel: la pensée, la raison, le jugement n'existent que s'ils sont libres. L'expression «penser librement» est, en réalité, un pléonasme. Celui qui ne pense pas librement, qui ne se sert pas de sa raison en toute liberté, en vérité ne pense pas. Montaigne est formel là-dessus:

(c) Qui suit un autre, il ne suit rien. Il ne trouve rien, voire il ne cherche rien (9).

Et aussi:

> Car s'il (le disciple) embrasse les opinions de Xénophon et de Platon par son propre discours, ce ne seront plus les leurs, ce seront les siennes (10).

Sa critique de la raison est un refus de l'irrationnel. Il est fâcheux, répète-t-il souvent, que les hommes acceptent par routine, lâcheté ou paresse d'esprit toutes les absurdités. C'est cette «raison» indigne et propre du vulgaire dont Montaigne ne veut pas. Montaigne s'en prend au mauvais usage que font les hommes de leur «raison» et non à la raison elle-même. Il fallait bien essayer de détruire tant de préjugés et de croyances inconcevables. Montaigne a entrepris un travail de démolition préalable aux reconstructions futures. Il s'est efforcé de distinguer cette «raison» indigne qu'il humilie le plus possible de la raison qui vraiment devrait diriger la conduite et les actions des hommes. Il est vrai que le mot raison employé par lui, soit qu'il veuille désigner l'esprit de routine, le manque de réflexion ou bien justement le contraire, la pensée indépendante et libre, peut porter à l'équivoque et insinuer de possibles contradictions. Or, dans ce même chapitre XII du deuxième Livre où Montaigne se livre à une critique aussi implacable que courageuse des erreurs et des inconséquences des hommes, il a voulu parer à cette confusion. Aussi s'est-il empressé de nous avertir:

> J'appelle raison nos rêveries et nos songes (11).

Et aussi:

> J'appelle toujours raison cette apparence de discours que chacun forge en soi... (12).

Ainsi la raison en tant que faculté qui permet à l'homme de bien juger et d'appliquer ce jugement à sa conduite et à l'action est constamment présente dans son texte. Par rapport à l'éducation il affirme:

> (b) Il faut que notre conscience s'amende d'elle-même, par renforcement de notre raison, non par l'affaiblissement de nos appétits (13).

Malgré son désir et ses conseils de suivre la nature il accorde à la raison la primauté au moment de prendre des décisions:

> nous devons bien prêter un peu à la simple autorité de la nature mais non pas nous laisser tyranniquement emporter à elle; la seule raison doit avoir la conduite de nos inclinations (14).

Nous avons pu vérifier que le mot *raison* comporte déjà chez Montaigne les principaux sens qu'il aura au XVIIIe siècle et qui, d'après le professeur Antoine Adam, seraient «le contraire des préjugés, des croyances collectives, de ce que nous appelons aujourd'hui les orthodoxies»(15). Pour Montaigne les notions de *raison*, de *liberté* et, ajoutons, de *vérité* sont consubstantielles.

Son esprit si clairvoyant a bien souligné que

Le premier trait de la corruption des moeurs, c'est le bannissement de la vérité (16).

(...) l'être véritable est le commencement d'une grande vertu (17).

Et il ajoute dans l'Exemplaire de Bordeaux:

(c) et le premier article que platon demande au gouverneur de sa république (18).

Car

(...) notre intelligence se conduisant par la seule voie de la parole, celui qui la fausse, trahit la Société publique (19).

Aussi (le disciple) doit-il «quitter les armes à la vérité» (20)

Et dans un autre contexte:

(Dire vrai) (c) c'est la première et fondamentale partie de la vertu (21).

Quant à Montaigne lui-même, la réflexion personnelle, objective, l'introspection profonde et impartiale constituent pour lui des facultés qu'il exerce infatigablement:

le jugement tient chez moi un siège magistral (22).

Et

je n'ai guère de mouvement qui se cache et dérobe à ma raison (23),

tout en trouvant *folie*

tout élancement tant louable soit-il, qui surpasse notre propre jugement et discours (24).

D'accord avec Sénèque il soutient que la principale des sciences est celle qui nous fait libres mais chez lui cette opinion évoque des sentiments différents. Une liberté uniquement intérieure, spirituelle, comme celle dont peuvent jouir le prisonnier ou l'esclave ne lui suffit pas, même s'il en reconnaît le mérite. Montaigne aspire à une liberté totale, limitée seulement par la raison et par un sentiment très enraciné chez lui de l'honneur et de la responsabilité. Nous ne trouverons dans les *Essais*, à propos de la liberté, aucune apologie dans le genre de celles qui étaient habituelles à l'époque, pas plus que des phrases pompeuses à son égard ou des louanges ressassées. L'exaltation de la liberté est un sentiment profond qui surgit dans son oeuvre dans n'importe quel contexte, souvent dans de brèves allusions ou des détails concrets et personnels. La liberté lui est indispensable pour agir mais aussi pour vivre:

> Je suis si affadi après la liberté que qui me défendrait l'accès de quelque coin des Indes, j'en vivrais aucunement plus mal à mon aise. Et tant que je trouverai terre ou air ouvert ailleurs, je ne croupirai en lieu où il me faille cacher (25).

car il a déjà insisté:

> je hais toute sorte de tyrannie et la parlière et l'effectuelle (26).

Voici maintenant une déclaration bien audacieuse: il préférerait jouir de la liberté, même s'il lui fallait abandonner son pays:

> Si (les lois) que je sers me menaçaient seulement du bout du doigt, je m'en irais incontinent en trouver d'autres, où que ce fût (27).

C'est pour cela qu'il n'approuve pas l'avis de Socrate:

> (c) Ce que Socrate fit sur sa fin, d'estimer une sentence d'exil pire qu'une sentence de mort contre soi, je ne serais, à mon avis, jamais si cassé, ni si étroitement habitué en mon pays que je le fisse. (...) Cette humeur fut bien tendre à un homme qui jugeait le monde sa ville (28).

Montaigne revient souvent sur son besoin d'indépendance et de liberté:

> Il fait bien piteux et hasardeux dépendre d'un autre (29).

Et aussi:

> J'ai pris à haine mortelle d'être tenu ni à autre par autre que moi (30).

Son esprit d'indépendance le pousse à ne pas s'engager à une obligation si ce n'est de son plein gré. Aussi explique-t-il qu'il serait tenté de réaliser négligemment ce qu'on l'obligerait à faire contre sa volonté parce que si la liberté ne reluit pas dans nos actes, ceux-ci n'ont point d'honneur ni de mérite.

Encore deux exemples:

> Je dure bien à la peine; mais j'y dure si je m'y porte moi-même et autant que mon désir m'y conduit; (...) si j'ai autre guide que ma pure et libre volonté, je n'y vaux rien (31).

> Je fuis le commandement, l'obligation et la contrainte. Ce que je fais aisément et naturellement, si je m'ordonne de le faire par une expresse et prescrite ordonnance, je ne le sais plus faire (32).

Quant à son attitude envers son prince:

> Je regarde nos rois d'une affection simplement légitime et civile. (...) je leur dis franchement mes bornes; (...) (c) car eux aussi ont tort d'exiger d'un homme libre telle sujétion à leur service (33).

Il ne faut jamais confondre le respect dû aux princes avec l'abdication de la raison:

> Toute inclination et soumission leur est due, sauf celle de l'entendement. Ma raison n'est pas duite à se courber et fléchir, ce sont mes genoux (34).

Et lui si passionné de liberté a trouvé pour exalter la raison ces mots admirables:

> car esclave je ne le dois être que de la raison (35).

Dans les lignes qui vont suivre nous trouvons un avant-goût de ce qu'ont toujours souhaité les meilleurs des hommes: la jouissance de droits accordés par des lois qui émanent d'une autorité légitime et non dus au bon plaisir et caprice d'un pouvoir arbitraire:

> Je ne veux devoir ma sûreté (...) à la bonté et bénignité des grands qui s'agréent de ma légalité et liberté. (...) Je tiens qu'il faut vivre par droit et par autorité, non (c) par récompense ni par (b) grâce (36).

Aussi peut-on croire sérieusement qu'un homme qui a perçu l'importance de l'éducation, lui consacrant deux chapitres et de fréquentes allusions dans toute son oeuvre, un homme qui a dit «ne prenez que la raison pour guide», qui ordonne au disciple, lui si peu autoritaire, de ne rien admettre par autorité et à crédit mais de tout «passer par l'étamine», méprise réellement la raison?

Ses chapitres sur l'éducation sont parmi les plus connus et je ne m'y attarderai pas. En tout cas il est facile d'y reconnaître quelle sorte d'éducation y propose Montaigne. C'est une éducation toute tendue vers le développement de l'esprit critique, contre le «principe d'autorité». D'ailleurs la raison est pour lui critère de vérité:

> Toute présupposition humaine (...) a autant d'autorité que l'autre, si la raison n'en fait la différence. Aussi il les faut mettre à la balance et premièrement les générales et celles qui nous tyrannisent (37).

Or, si nos connaissances viennent des sens et les sens nous trompent, la raison nous trompe également. Montaigne, à ce propos, cite Lucrèce:

> Et si les sens ne sont pas véridiques, toute la raison nous trompe aussi (38).

Montaigne reconnaît donc l'insuffisance de la raison humaine, ce qui ne veut pas dire qu'il la méprise. Il en a reconnu les barrières ce qui constitue la tâche peut-être la plus difficile de la raison elle-même, celle de comprendre ses propres limites. C'est pour cela qu'elle fait fausse route lorsqu'elle entreprend de se mêler des questions qui la dépassent et que par conséquent elle ne peut résoudre. Kant ne dira pas autre chose lorsqu'il affirmera que sans sa raison, l'être humain ne peut rien atteindre et sa raison ne lui permet de comprendre que les phénomènes recueillis par ses sens.

Et peut-on croire également qu'un ouvrage qui mépriserait la raison aurait eu l'accueil enthousiaste de la postérité pensante? de tous ceux pour qui

> (c) Le méditer est un puissant étude et plein à qui sait se tâter et employer vigoureusement. (...) C'est la besogne des Dieux, dit Aristote, de laquelle, (poursuit Montaigne) naît et leur béatitude et la nôtre (39).

Montaigne aimerait que tous les hommes eussent la possibilité de suivre la raison et le privilège de jouir de la liberté:

Dieu veuille que cet excès de ma licence attire nos hommes jusques à la liberté, par dessus ces vertus couardes et mineuses nées de nos imperfections; qu'aux dépens de mon immodération je les attire jusques au point de la raison! (40).

Nous espérons avoir montré que le prodigieux et conscient désordre des *Essais*, cher à Montaigne, recouvre une belle et énergique unité et continuité de pensée. Rien n'a changé en lui de ce qui est profond.

Aujourd'hui où tant de sectes, de fanatismes nous guettent, son esprit vigilant doit nous tenir en éveil. A notre époque si torturée par les fureurs totalitaires, remercions Montaigne de nous avoir transmis les dons les plus précieux que nous a légués la pensée grecque, la prééminence de la raison et la défense de la liberté individuelle.

Otilia LOPEZ FANEGO
Université de Madrid

NOTES

1. Nous avons utilisé l'édition des *Essais* de Montaigne de Pierre Villey et V. I. Saulnier, P.U.F. 3e édition, 1978, deux tomes. Toutes nos citations de Montaigne renvoient donc à cette édition.
2. T.II, L.III, chap.IX, p.963
3. T.I, L.I, chap.XXVI, p.165
   T.II, L.III, chap. II, p.806
   T.II, L.III, chap.II, p.812
   T.II, L.III, chap.II, p.813
   T.II, L.III, chap.II, p.816
   T.I, L.II, chap.XII, p.563.
4. T.II, L.III, chap.II, p.805
5. Jean ROSTAND, *L'oeuvre scientifique et philosophique*, Paris, 1968, p 129
6. T.I, L.I, chap.XX, p.87
7. T.II, L.III, chap.XII, p.1051
8. T.II, L.III, chap.IX, p.992 et T.I, L.II, chap.XVII, p.642
9. T.I, L.I, chap.XXVI, p.151
10. T.I,L.I, chap.XXVI, p.151
11. T.I,L.II, chap.XII, p.523
12. T.I, L.II, chap.XII, p.565
13. T.II, L.III, chap.II, p.816
14. T.I, L.II, chap.VIII, p.387
15. Antoine ADAM, *Le mouvement philosophique dans la première moitié du XVIIIe siècle*, Paris, 1967, p.243

16. T.I, L.II, chap.XVIII, p.666
17. T.I, L.II, chap.XVIII, p.666
18. T.I, L.II, chap.XVIII, p.666
19. T.I, L.II, chap.XVIII, pp.666-667
20. T.I, L.I, chap.XXVI, p.155
21. T.I, L.II, chap.XVII, p.647
22. T.II, L.III, chap.XIII, p.1074
23. T.II, L.III, chap.IX, p.812
24. T.I, L.II, chap.II, pp.347-348
25. T.II, L.III, chap.XIII, p.1072
26. T.II, L.III, chap.XIII, p.931
27. T.II, L.III, chap.XIII, p.1072
28. T.II, L.III, chap.IX, p.973
29. T.II, L.III, chap.IX, p.968
30. T.II, L.III, chap.IX, p.969
31. T.I, L.II, chap.XVII, p.642
32. T.I, L.II, chap.XVII, p.650
33. T.II, L.III, chap.I, pp.792-794
34. T.II, L.III, chap.VIII, p.935
35. T.II, L.I, chap.XIII, p.794
36. T.II, L.III, chap.IX, p.966
37. T.I, L.II, chap.XII, pp.540-541
38. T.I, L.I, chap.XIV, p.55
39. T.II, L.III, chap.III, p.819
40. T.II, L.III, chap.V, p.845

L'OISIVETE CREATRICE DANS LES ESSAIS:
PERSISTANCE ET EPANOUISSEMENT
D'UN THEME (1580-1588)

Lorsqu'il se retire dans son château «l'an du Christ 1571 âgé de 38 ans la veille des Calendes de mars», Montaigne n'a, s'il faut l'en croire, d'autre ambition que de mener une vie paisible et studieuse auprès des Muses (1): c'est ce que déclare l'inscription fondatrice qui commémore l'entrée dans l'ère du loisir et inaugure la période de création des *Essais*. Ce genre d'inscription solennelle était au goût du jour (2). Celle qui orne le «petit cabinet assez poli», situé à la suite de la fameuse librairie mérite de nous retenir par son caractère intimiste et aussi parce qu'elle s'achève sur la notion de loisir assortie de ses deux corollaires la tranquillité et la liberté, presque religieusement exaltées dans une salle que l'on a pu appeler «le retrait de la retraite» du sage (3):

> ... *Dulces latebras avitasque libertati suae tranquillitatique et otio consecravit* (4).

On sait l'ambiguïté du terme latin «otium»: il dénote aussi bien le loisir actif que la pure et simple oisiveté, mais réfère toujours à un éloignement de la vie publique.

> Ceux-là sont de loisir (otiosi) qui s'occupent tranquillement de leur vie personnelle (5):

C'est sûrement ce sens cicéronien que Montaigne envisage lorsqu'il fait tenir tout son programme de vie dans un texte qui rétrospectivement nous paraît riche de potentialités puisque s'y dessinent en filigrane quelques thèmes majeurs des Essais: le commerce des muses, le goût de la liberté et de l'indépendance loin des affaires publiques, et bien sûr l'oisiveté elle-même. Mais il y a loin de l'«otium sapientis» mythique (6) - pleine possession de soi dans le loisir - à l'expérience déconcertante de l'oisiveté, devenue pourtant essentielle dans la genèse des Essais, il y a loin de la réalité vécue à l'Arcadie rêvée. Quel sens donner à un choix qui peut, aux yeux d'autrui, passer pour une fuite? La caution prestigieuse de l'otium antique ne suffit pas à Montaigne. Faire de cette oisiveté un thème d'essai, n'est-ce pas en exorciser les puissances négatives grâce aux vertus d'une écriture à fonction thérapeutique et cathartique, la transformer en terrain fertile, bref en exploiter tous les riches filons?

Car les terres oisives ne sont pas forcément stériles: c'est ce que donne à entendre la comparaison initiale de l'essai «De l'oisiveté» empruntée à Pierre Messie selon Villey (7) mais que l'on retrouve en fait dans toute la tradition rhétorique et pédagogique de Quintilien à Erasme et Meurier comme l'a montré C. Clark (8).

Cette image conventionnelle sert aussi de thème embrayeur à Plutarque dans un court traité où Montaigne a pu la glaner, associée à un thème moral qu'on retrouve dans l'essai I.8, celui de la honte (9); si dans l'état d'oisiveté, l'esprit semblable à une terre en jachère révèle sa nature profonde, les découvertes faites par Montaigne autour de 1572 sont de bon augure: il assiste à une floraison désordonnée mais abondante. Paradoxalement l'oisiveté n'est déjà plus le temps du repos mais celui d'une activité fébrile; l'otium s'est mué en fertile negotium intérieur, véritable hydre de Lerne surgie dans l'esprit qui

> se donne cent fois plus d'affaire à soy mesmes, qu'il n'en prenoit pour autruy (I.8, p.33).

Un adage recueilli par Erasme peut résumer l'expérience faite par Montaigne: «Negotium ex otio» (10). Le lecteur assiste à la naissance même d'un thème moral essentiel dans les *Essais*: la relation du moi avec lui-même et avec autrui, à la naissance du thème esthétique nodal du livre: sa propre composition réfléchie dans la conscience de l'écrivain. Montaigne promène un miroir dans son esprit lieu d'éclosion de

> chimères et monstres fantasques les uns sur les autres, sans ordre et sans propos. (*Ibid*)

Jamais l'axiome du poète «Je est un autre» ne fut plus lucidement accepté comme point de départ. A la mise «en rolle» projetée, enregistrement certes mais surtout transcription jubilatoire d'un «opéra fabuleux», est assignée une fonction morale: celle du châtiment par la honte, prudemment remis, il est vrai, aux calendes grecques (11). Transformer l'oisiveté, péché capital dans la morale chrétienne (12) en lieu d'édification de l'esprit par l'image même de ses productions «fantasques», est-il gageure plus ironique?

> J'ay commancé de les mettres en rolle, esperant avec le temps luy en faire honte à luy-mesmes. (*ibid*)

- 27 -

Un «sur-moi» investi d'une prétendue fonction de censure contemplera par le truchement de l'écriture l'altérité à l'oeuvre dans le Moi. Selon J. Starobinski, Montaigne

> a cherché secours dans l'acte d'écrire, dans le livre à faire et comme il n'a pas renoncé au but moral de l'édification intérieure, il a dû affecter de honte son esprit (13).

En fait, la finalité morale paraît tout à fait subsidiaire: il s'agit plutôt de libérer l'esprit par l'écriture en lui permettant - toute mauvaise conscience conjurée grâce au prétexte du châtiment - de se tourner tranquillement vers le negotium essentiel: son propre fonctionnement. L'essai «De l'oisiveté» exhibe en même temps un éloge de la spontanéité créatrice et sa mise en oeuvre originale par une stratégie de rupture: la cure de l'oisiveté par son propre reflet dans l'écriture est une conséquence inattendue au terme d'un essai qui invite pourtant les esprits oisifs à s'absorber dans

> certain sujet qui les bride et contreigne (I.8, p.32).

On saisit déjà dans ce texte, probablement écrit au lendemain de la retraite de Montaigne (14), toute la richesse ambiguë de la notion d'oisiveté envisagée successivement comme lieu mythique de sagesse, lieu de détresse et de dispersion, mais surtout comme lieu d'un bonheur possible par l'écriture qui ouvre un espace de liberté où se dissolvent tous les scrupules moraux.

Pour rêver ainsi d'oisiveté et esquisser, d'entrée de jeu, sa brillante réhabilitation, il faut avoir avec elle des affinités natives. Qu'il se contente de quelques brèves notations sur son caractère ou qu'il brosse de manière plus approfondie son portrait psychologique, Montaigne n'omet pas de mentionner son goût pour l'oisiveté. D'après l'essai «De l'institution des enfans», l'un de ses défauts majeurs est précisément la tendance à l'oisiveté paresseuse. Si l'éducation libérale qui lui fut donnée n'a pas porté ses fruits, il ne doit s'en prendre qu'à lui même:

> (a) Car quoy que j'eusse la santé ferme et entiere et quant et quant un naturel doux et traitable, j'estois parmy cela si poisant, mol et endormy qu'on ne me pouvoit arracher de l'oisiveté non pas pour me faire jouer (I.26, p. 174).

Mais qu'on ne s'y fie pas! Sous cette dure carapace se dissimule un jugement sûr:

Ce que je voyois, je le voyois bien et soubs cette complexion lourde, nourrissois des imaginations hardies et des opinions au dessus de mon aage. (*ibid*)

Montaigne cisèle à plaisir une persona socratique dont l'oisiveté assortie d'une lourdeur voisine de l'engourdissement constitue le trait essentiel. Il transforme une nonchalance de caractère vraisemblablement réelle en pièce maîtresse de son masque silénique, prêtant ainsi le flanc, en toute lucidité, aux reproches qu'on ne cessa de lui adresser, de sa jeunesse à son âge mûr:

(a) Le danger n'estoit pas que je fisse mal mais que je ne fisse rien. Nul ne prognostiquoit que je deusse devenir mauvais mais inutile. On y prevoyoit de la faineantise, non pas de la malice. (I.26, pp.175-176).

L'addition qui complète ce passage après 1588 souligne la continuité psychologique de Montaigne en plaçant le péché d'oisiveté au premier rang:

(c) Je sens qu'il en est advenu de mesmes. Les plaintes qui me cornent aux oreilles sont comme cela: oisif, froid aux offices d'amitié et de parenté et aux offices publiques; trop particulier. (I.26, p.176).

En fait l'opuscule pédagogique où se trouvent insérés ces trop complaisants aveux n'inflige-t-il pas, par la pertinence et la richesse de la réflexion dont il témoigne, un cinglant démenti aux censeurs? La Comtesse de Gurson eût-elle accepté pour conseiller un oisif dont l'éducation avait manqué? Si les Essais intègrent sans réticence la pesante nonchalance de leur auteur, c'est pour démontrer ses vertus secrètes, plus bénéfiques somme toute qu'une vivacité meurtrière souvent proche de la folie (on songe à l'exemple fameux du Tasse) (15), pour affirmer aussi que toutes les puissances négatives ont été conjurées et détournées au profit d'une sagesse et d'une personnalité socratiques. Aussi Montaigne peut-il revendiquer hautement l'oisiveté, propice à l'activité de l'esprit et à l'inspiration, comme une composante essentielle de sa nature, et par conséquent de son livre et de son art de vivre.

L'essai «De la praesumption» opère en une savante alchimie morale la transmutation de l'oisiveté en qualité inhérente à la sagesse de Montaigne parce que pièce constitutive de son individu.

(c) Extremement oisif, extremement libre, et par nature et par art. (II.17, p. 642)

Oisiveté rime avec liberté: la formule remarquable s'inscrit après 1588 en prélude à une audacieuse affirmation d'autonomie qui dès 1580 se trouvait indissolublement conjointe aux dispositions natives de notre auteur pour l'indolence:

(a) J'ay une ame toute sienne, accoustumée à se conduire à sa mode. N'ayant eu jusques à cett' heure ny commandant ny maistre forcé, j'ay marché aussi avant et le pas qu'il m'a pleu. Cela m'a amolli et rendu inutile au service d'autruy, et ne m'a faict bon qu'à moy. Et, pour moy, il n'a esté besoin de forcer ce naturel poisant, paresseux et fay néant. (II.17, p.643).

Nature et culture se réconcilient dans l'individu Michel de Montaigne à qui l'oisiveté permet d'être totalement lui-même en le confortant dans son inaptitude foncière à toute forme de servitude.

Il ne méconnaît pas pour autant le danger que fait peser l'ennui sur sa solitude, mais aussi bien en 1580 qu'en 1588, il prône un «tempérament», un équilibre heureux entre l'«embesognement» et l'oisiveté susceptible de devenir, si l'on n'y prend garde «lache et assopie» (I.39, p.246) ou «croupie et endormie» (III.5, p.891) (16). L'écriture se révèle l'instrument de cet équilibre et le stimulant indispensable au bonheur dans l'arrière-boutique. Si l'écrivain en quête de soi s'exhorte à y pénétrer gaiement et nous y entraîne à sa suite, c'est qu'il sait conjurer les dangers de l'ennui:

Ne craignons pas en cette solitude nous croupir d'oisiveté ennuyeuse. (I.39, p. 241).

Le tête à tête avec soi-même est indispensable à qui prétend découvrir ce qu'il vaut. Encore faut-il avoir une complexion propre à la gestion de l'oisiveté solitaire, «entre le jovial et le mélancolique» (II.17, p.641) (17) pour affronter la tâche de l'analyse intérieure, encore faut-il être prêt à encourir certains reproches - surtout lorsqu'on se voit attribuer la charge de maire. L'écriture, activité paradoxale, «embesoingnement oisif» (III.9, p.946) n'implique-t-elle pas nécessairement une négligence de la vie civique? «L'affinement des esprits» valeur positive sur le plan strictement intellectuel ne va pas de pair avec leur «assagissement en une police», (ibid). Dans l'essai «De la vanité» Montaigne commence par battre sa coulpe en désignant ironiquement à la vindicte publique «les escrivains ineptes et inutiles» (ibid); mais l'«exagium», la pesée des vices de l'époque révèle la légèreté anodine de l'oisiveté mise en balance avec

la trahison.. l'injustice, l'irreligion, la tyrannie, l'avarice, la cruauté (*ibid*)

Elle s'inscrit au terme d'un trinôme peu flatteur: «la sottise, la vanité, l'oisiveté» (*ibid*) donné comme l'apanage des plus faibles, résurgence de l'image silénique de Montaigne (18). Elle bénéficie même de la période troublée des guerres de religion qui, mettant en vigueur une nouvelle algèbre morale, lui confère une valeur positive

> En un temps où le meschamment faire est si commun, de ne faire qu'inutile-
> ment, il est comme louable. Je me console que je seray des derniers sur qui
> il faudra mettre la main. Ce pendant qu'on pourvoira aux plus pressans,
> j'auray loy de m'amender (*ibid*)

L'écrivain qui prétendait dans l'essai «De l'oisiveté» faire de son texte le témoignage de ses progrès moraux recourt encore à la procrastination: demain il se corrigera, avec le temps, il aura honte, mais l'essai «Du repentir» dit clairement ce que valent ces promesses. En fait, l'oisiveté, temps de la peinture du Moi, partie émergée de l'acte d'écrire, ne trouve sa justification que dans cet acte même: la seule défense de Montaigne contre les accusations qui la mettent en avant, ce sont ses *Essais*.

Le chapitre «De l'oisiveté» exhibait d'entrée le mode de production de l'auteur en décrivant le processus qui conduit de l'oisiveté à l'écriture; l'essai «De la ressemblance des enfans aux pères» illustre cette genèse de l'écriture au terme de l'édition de 1580; c'est la description d'une oisiveté aux effets similaires qui sert d'incipit au texte:

> (a) Ce fagotage de tant de diverses pièces se faict en cette condition que je
> n'y mets la main que lors qu'une trop lasche oisiveté me presse, et non
> ailleurs que chez moy. Ainsin il s'est basty à diverses poses et intervalles,
> comme les occasions me detiennent ailleurs par fois plusieurs moys. (II.37,
> p.758).

Vacance de l'esprit et force de harcèlement en même temps, détente paradoxalement incitatrice, arrêt d'où naît le mouvement, l'otium engendre une écriture présentée à dessein comme sécrétion ou sédimentation naturelle, fruit du loisir obtenu presque sans la collaboration de l'instance énonciative: Montaigne se donne pour siège du processus plutôt que pour son initiateur comme l'indiquent les formes pronominales:

> Ce fagotage... se faict... Il s'est basty...

Tout se passe comme si la nature de Montaigne ayant horreur du vide, l'oisiveté se muait d'elle-même en écriture. Par le démontage du mécanisme créateur, Montaigne met en scène la poétique des *Essais* donnée à voir par son instigateur même qui redevient sujet de l'énonciation dès lors qu'il fixe l'objet assigné à la peinture de l'oisiveté comme à tous les thèmes d'essai:

> (a) Je veux representer le progrez de mes humeurs, et qu'on voye chaque pièce en sa naissance. (*Ibid*)

Le substantif «pièce» désignait indubitablement les chapitres du livre dans le syntagme «ce fagotage de tant de diverses pièces»; dans la seconde occurrence, son emploi plus ambigu peut référer aussi bien au livre qu'à l'auteur lui-même, à ses «imaginations», ses «humeurs», ses «mutations» (*ibid*): l'incertitude du référent souligne la consubstantialité de l'homme et de l'oeuvre; l'humeur oisive, pièce maîtresse dans le caractère de l'auteur est en la circonstance également pièce maîtresse et fondatrice de l'essai. Décrire l'oisiveté, c'est à la fois faire naître l'essai et le donner à voir «en sa naissance».

La métamorphose de l'*otium* en *negotium* évoquée dans l'incipit de l'essai «De trois commerces» s'apparente à la mise en scène de la «quies inquieta» (19) dans l'essai «De l'oisiveté», mais le cheminement est inversé: dans ce dernier essai la prétendue cure de l'oisiveté consistait dans la mise «en rolle» des fantaisies engendrées par l'oisiveté même; dans «De trois commerces», c'est la diversion apportée à l'oisiveté peuplée du Moi qui offre le sujet de l'essai; la matière étrangère (les «commerces») fournit des sujets à l'écriture; mais le thème ne se «renverse» -t-il pas «en soy»? (III.13, p.1069) N'est-ce pas encore se peindre que de décrire les moyens que l'on choisit pour échapper à soi, à une oisiveté tendue qui accable l'esprit en le focalisant sur lui-même? Paradoxalement, Montaigne doit se délasser de son oisiveté dans le *negotium* des «commerces»:

> Ce n'est pas estre amy de soy, et moins encore maistre, c'est en estre esclave, de se suivre incessamment, et estre si pris à ses inclinations qu'on n'en puisse fourvoyer... Je le dy à cette heure, pour ne me pouvoir facilement despestrer de l'importunité de mon ame... Pour léger subject qu'on luy donne, elle le grossit volontiers et l'estire jusques au poinct où elle ait à s'y embesongner de toute sa force. Son oysifveté m'est à cette cause une pénible occupation et qui offense ma santé. (III.3, p.819).

Les signifiants revêtent une valeur inhabituelle et singulière. Plus que jamais, Montaigne pourrait dire à propos de l'oisiveté:

> J'ay un dictionnaire tout à part moy. (III.13, p.1111).

L'essai s'engendre en bousculant le sémantisme familier; il procède d'un bouleversement des notions habituelles de loisir et d'occupation. Ce que les autres appellent oisiveté est l'occupation de Montaigne. Le mot réfère désormais au temps consacré à la peinture du Moi, au lieu où s'élaborent les *Essais* la fameuse «librairie», lieu clos de la coïncidence parfaite avec soi-même par l'écriture. Le negotium essentiel c'est l'otium, c'est la quête de soi dont l'écriture est l'instrument et la fin:

> (a) C'est une espineuse entreprinse, et plus qu'il ne semble, de suyvre une alleure si vagabonde que celle de nostre esprit... Et est un amusement nouveau et extraordinaire, qui nous retire des occupations communes du monde, ouy, et des plus recommandées. (II.6, p.378).

Les trois commerces de l'auteur avec les «honnestes et habiles hommes», avec les «(c) belles et honnestes femmes» (III.3, p.824), avec les livres constituent autant de diversions à l'*otium* rempli par la peinture du Moi, devenu labeur absorbant de l'esprit:

> Son plus laborieux et principal estude, c'est s'estudier à soy. (III.3, p.819).

Dans ses premières pages, l'essai «De la vanité» inscrit sur fond d'oisiveté l'activité de l'écrivain, image parfaite de l'inutilité. L'écriture de la vanité, exercice vain par excellence, se justifie sur le plan moral par son caractère inoffensif. L'ironie consiste à meubler le temps traditionnellement creux de l'otium avec un sujet creux par définition. La richesse connotative du binôme vanité/oisiveté préside à l'écriture de l'essai. Il est entendu que

> l'escrivaillerie semble estre quelque simptome d'un siècle desbordé. (III.9, p.946);

l'écrivain est une bouche inutile. Que dire alors d'un auteur doublement condamné à la vanité: en tant qu'écrivain et en tant qu'écrivain du rien? Toutes les conditions sont réunies pour générer une écriture en liberté. Voué aux gémonies per essentiam, l'écrivain n'a pas à se soucier de ses productions. Talentueuses ou non, elles sont blâmables par leur fondement même, l'oisiveté qui leur a donné naissance et les entache de la réprobation qu'elle encourt. Elle prend place, dans une constellation négative qui sert d'épigraphe à l'essai, à côté de la sottise et de la vanité. Le chapitre se nourrit de la multiplication des coefficients négatifs (20), de renchérissements dans le pessimisme:

Quand je suis en mauvais estat, je m'acharne au mal; je m'abandonne par
desespoir et me laisse aller vers la cheute... Ce m'est faveur que la désolation
de cet estat se rencontre à la désolation de mon aage. (III.9, p.947).

Sur cet arrière-plan de catastrophes, de renversement des valeurs les
plus sûres, de déchaînement de tous les vices, que pèse «l'embesoingnement
oisif»? La vanité même de l'écriture justifie l'écriture de la vanité. Montaigne a déblayé le terrain à l'expression de toutes les audaces. Avouer ce qui
eût passé pour inavouable en un temps plus clément ne présente plus aucun
risque. Dans ces conditions, pourquoi ne pas combler le vide de l'oisiveté
par une écriture «vaine», ouverte à tous les caprices de la forme et du fond,
libre dans son essence même comme celui qui la met en oeuvre et
revendique pour «maistresses qualitez» la liberté et l'oisiveté? (III.9, p.992)
    La fécondité motrice du thème oisif n'est pas moins évidente dans
l'incipit de l'essai «De mesnager sa volonté» où Montaigne, faisant écho à
l'inscription de la «librairie» délimite précisément le territoire imparti à
l'otium. Jusqu'où faut-il s'engager au service de la cité? Le débat entre
l'homme public et l'homme privé occupe le coeur même de l'essai mais c'est
sur un plan plus général que s'amorce la discussion. Montaigne définit sa
singularité par son «insensibilité», capacité de résistance au monde extérieur
désigné vaguement par les termes «choses, objects». Par toutes les fissures
ouvertes dans l'armure du Moi, les ennemis de l'extérieur tentent de se
frayer un passage; ils font peser une éternelle menace sur la liberté d'un Je
souverain qui lutte pied à pied pour sauvegarder son indépendance. Ce
combat permanent est figuré par l'alternance des pronoms de la première
personne, tantôt sujets, tantôt objets:

(b) au pris du commun des hommes, peu de choses me touchent, ou pour
mieux dire, me tiennent... J'ay grand soin d'augmenter par estude et par
discours ce privilège d'insensibilité... J'espouse et me passionne par
conséquant, de peu de choses. J'ay la veuë clere, mais je l'attache à peu
d'objects. (III.10, p.1003).

Le «Je» barre la route victorieusement au déferlement des «objects»
mais un ennemi sournois et tout aussi dangereux le guette: c'est le Moi lui-
même, devenu objet de l'analyse et rattaché par mille liens au monde. Le
corps de l'écrivain, le Moi social offrent prise aux assauts venus de
l'extérieur. Nous pénétrons ainsi, au-delà des couches superficielles du Moi,
dans une arrière-boutique intérieure où se retranche un sujet lucide et
souverain dont l'activité essentielle semble consister en la pure jouissance
de sa liberté. Les dangers qui la menacent ainsi identifiés, Montaigne définit
un rapport personnel au monde extérieur, adapté à sa grande vulnérabilité:

(b) Mais aux affections qui me distrayent de moy et attachent ailleurs, à celles-là certes, m'opposé-je de toute ma force... Si ma volonté se trouvait aysée à se hypothéquer et à s'appliquer, je n'y durerois pas: je suis trop tendre, et par nature et par usage, * *fugax rerum, securaque in otia natus* * *(ibid)*.

L'écrivain a déterminé son objet: c'est le Moi; pour se rapprocher de ce Moi, pour focaliser sur lui ses forces d'analyse, il doit, suivant le mouvement du vers d'Ovide (21) fuir les choses pour se retrancher dans les retraites sûres de l'otium indispensables à la sérénité de sa recherche intérieure. Dans cette optique le loisir constitue un sas de protection. De la dichotomie Je/Moi, Montaigne revient à la dichotomie Moi/Autrui, perçue sous le mode de l'affrontement (22) et superposable à la distinction intérieur/extérieur qui ouvrait l'essai. Le danger, c'est que le monde extérieur et ses negotia envahissent le Moi en une prise de possession véritablement organique:

(b) Si quelquefois on m'a poussé au maniement d'affaires estrangières, j'ay promis de les prendre en main, non pas au poulmon et au foye; de m'en charger, non de les incorporer. (III.10, p.1004).

L'ennemi venu de l'extérieur tente de coloniser le corps même de l'auteur des *Essais*: ce dernier ripostera par une stratégie, si l'on peut dire, homéopathique; il combattra le *negotium* externe par un negotium interne. L'oisiveté se mue en champ de manoeuvres où le Je souverain ordonne ses forces, cosmise son chaos intérieur:

J'ay assez *affaire* à disposer et renger la presse domestique que j'ay dans mes entrailles et dans mes veines, sans y loger, et me fouler d'une presse estrangere; et suis assez interessé de mes *affaires essentiels, propres et naturels*, sans en convier d'autres forains. *(ibid)*.

Nous retrouvons ici l'oisiveté fébrile, étrangement peuplée du début de l'oeuvre: le sas de protection est devenu champ de bataille où l'écrivain affronte sa «presse domestique», refoule «la presse estrangère». Saurait-on mieux obéir à l'injonction du poète latin:

(b) *In solis sis tibi turba locis?* (I.39, p.241) (23).

L'oisiveté en libérant «les chimères et monstres fantasques» de l'esprit (nous dirions peut-être aujourd'hui en donnant la parole à l'inconscient, au Moi profond) suscite le besoin de régulation et d'assumption de ces forces hirsutes. L'otium sécrète le negotium intérieur «affaire essentiel» qui prévaut sur le «maniement d'affaires estrangières» (*ibid*). La répétition insistante du terme «affaire», l'approfondissement de la notion de negotium affinée, purifiée de ses scories, réduite à son essence: la gestion des «affaires essentiels, propres et naturels», éliminent toute forme d'oisiveté entendue au sens habituel de vacuité stérile. La conversion du regard vers l'intérieur révèle au sage la diversité de ses richesses, la multiplicité des *negotia* internes qui le requièrent impérieusement:

> Ceux qui sçavent combien ils se doivent et de combien d'offices ils sont obligez à eux, trouvent que nature leur a donné cette commission plaine assez et nullement oysifve. Tu as bien largement affaire chez toy, ne t'esloingne pas. (*ibid*).

Une progression dialectique conduit Montaigne de la fuite loin des affaires qui hypothèquent la volonté (rerum) à la gestion du seul negotium essentiel: le Moi, par la transition de l'oisiveté prélude à l'écriture, mais aussi comme le dit un critique, à «une nouvelle qualité d'existence» (24), chaos transmutable en cosmos.

Résumons: il existe pour Montaigne une forme d'oisiveté stérile, ennemie de sa complexion et une oisiveté créatrice, lieu propice et nécessaire à l'exploration du Moi - le negotium par excellence - lieu d'essai et temps des *Essais*. C'est elle qui ouvre l'accès à une forme supérieure d'otium, proche de l'«otium sapientis» mythique dont rêvait Montaigne au début de sa retraite et qui ne peut être (Les *Essais* en font foi) que le fruit d'un long, d'un patient travail sur soi: plénitude dans la jouissance épicu-rienne du vivre, coïncidence parfaite de l'âme et du corps. Le mariage attentif de l'esprit au mouvement informe de la vie en redouble la saveur:

> Je la jouys au double des autres, car la mesure en la jouyssance dépend du plus ou moins d'application que nous y prestons. (III.13, p.1111).

L'oisiveté se révèle une des mille formes possibles données au temps humain, mais sûrement une forme privilégiée dans la mesure où elle favorise l'exercice de vigilance lucide qui confère toute son intensité au sentiment de l'existence. Habitée par cette conscience toujours en éveil l'oisiveté se convertit en forme supérieure de sagesse et donne son plein sens à la seule affaire que nous ait impartie la divinité: vivre.

Nous sommes de grands fols: il a passé sa vie en oisiveté, disons nous; je n'ay rien faict d'aujourd'huy. - Quoy, avez vous pas vescu? C'est non seulement la fondamentale mais la plus illustre de vos occupations. - Si on m'eust mis au propre des grands maniements, j'eusse montré ce que je scavoy faire - Avez-vous sceu mediter et manier votre vie? Vous avez faict la plus grand besoigne de toutes. (III.13, p.1108).

Le temps et le thème de l'oisiveté paraissent décisifs dans la création des *Essais*; dire l'oisiveté, c'est dire la naissance des *Essais* et l'accomplissement de leur sagesse, c'est, en un mot, un moyen pour Montaigne de faire corps avec son livre.

Raymond ESCLAPEZ
Bordeaux

NOTES

1. «... Michel de Montaigne, depuis longtemps déjà ennuyé de l'esclavage de la Cour du Parlement et des charges publiques, se sentant encore dispos, vint à part se reposer sur le sein des Doctes Vierges dans le calme et la sécurité; il y franchira les jours qui lui restent à vivre...» *Les Essais* de Montaigne. Edition Villey-Saulnier, Paris, 1965 p.XXI. (le texte latin de l'inscription est donné p.XXXIV).
2. «La mode était aux inscriptions à l'époque de la Renaissance. On en gravait non seulement sur les édifices publics, mais sur les maisons des particuliers. Il y en a sur la façade du château de la Possonnière construit par Louis de Ronsard, le père du poète. A Paris, la maison de Lazare de Baïf que fréquentèrent les poètes de la Pléiade, était toute «brodée» d'inscriptions grecques.» (Plattard (J.) *Montaigne et son temps*, Paris, 1933; Genève, Slatkine reprints, 1972, p.107).
3. L'expression est de J. de Feytaud in: Le château de Montaigne, *S.A.M.*, 1971, p.43
4. Les *Essais* de Montaigne, p.XXXIV
5. «...Ii qui suum negotium gerunt otiosi...» (Cicéron, *De l'amitié.* 86).
6. L'expression se trouve dans le titre d'un opuscule de Sénèque: *De otio sapientis*; l'image idéalisée de l'*otium* se trouve également dans un autre traité de Sénèque: «Soli omnium otiosi sunt qui sapientiae vacant, soli vivunt; nec enim suam tantum aetatem bene tuentur: omne aevum suo adjiciunt; quicquid annorum ante illos actum est, illis adquisitum est.» *De brevitate vitae* XIV, 1. Rappelons aussi ce que dit Diogène Laerce à propos de Socrate: «Otium, ut possessionum omnium pulcherrimam laudabat ut in symposio testatur Xenophon.» (*Diogenis Laertii de vitis, dogmatis et apophthegmatis eorum qui in philosophia claruerunt*, libri X, 1570, édition Henri Estienne. Livre II, p.55 du texte latin).

7. *Les Essais de Michel de Montaigne.* Strowski-Gebelin-Villey, tome IV, Les sources
    des *Essais*, Bordeaux, 1920, p.17.Voici le texte de P. Messie: «Si la terre n'est
    labourée et ouverte, elle ne peut produire que ronces, espines, chardons et autres
    herbes inutiles.». Messie (P.) Les diverses leçons (traduction Claude Gruget) J.
    Berthelin, Rouen, 1643, p.169. Le chapitre du livre de Messie «Du travail et
    oysiveté» a pu rappeler à Montaigne d'autres textes de Cicéron et Sénèque qui
    glorifient l'otium sapientis ou le loisir du grand homme, repos légitime de ses
    tâches publiques: «car l'honneste repos et recreation est quelque fois licite. Pour
    cette cause Ciceron exalte et prise Scipion qui disoit n'estre jamais moins en repos
    que quand il se reposoit: et dit Ciceron, que ceste parole estoit notable pour ce
    que par icelle il monstroit qu'en son oysiveté il pensoit à ses affaires: et que lors
    de la solitude il se conseilloit avec soy-mesme. Le moral Seneque allegue
    qu'oysiveté sans lettre ou estude est la mort ou sepulthure de l'homme et que
    ceux là seulement qui s'exercent en sapience, sont ceux qui sçavent et ont la vraye
    oysiveté.» (*op.cit.*, p.173) Il est évident que Montaigne a en tête cette conception
    de l'oisiveté et ces exemples fameux lorsqu'il se retire dans son château.

8. «Quintilian uses the images of soil and cultivation sensitively and with variety.
    However, such images, though extremely frequent in educational writing in the
    sixteenth century, have fallen into more rigid categories, and are used almost
    entirely for cautionary or hortative purposes. Thus the image of the generous
    mind, like a rich soil, producing its own copious if irregular vegetation, has been
    metamorphosed into a standard sermon against idleness.» Clark (C.), *The web of
    metaphor*, Lexington, 1978, p.59

9. «Entre les plantes que la terre produit, il y en a aucunes qui non seulement de
    leur nature sont sauvages et ne portent aucun fruict mais qui pis est, en croissant
    nuisent aux bonnes et fructueuses plantes et semences et toutes-fois les jardiniers
    et laboureurs jugent que ce sont signes de terre qui n'est pas mauvaise mais
    bonne et grasse: aussi il y a des passions de l'ame qui ne sont pas bonnes quant
    à elles, mais ce sont comme fleurs et boutons d'une bonne nature et qui se laisse
    bien cultiver par raison. «Plutarque, *De la mauvaise honte*, (traduction Amyot),
    Genève, 1621, p.235.

10. *«Pragmat'ex apraxias* id est ex otio negotium. Hemistichium iambicum, usurpan-
    dum ubi res praeter opinionem evenit, et inde tumultus oboritur, unde tranquilli-
    tatem et otium sperabamus.» Erasme. *Adages.* Chil.II, Cent.IX (dans *Adagiorum
    Des. Erasmi Roterodami*, N. Chesneau, Paris, 1571, p.566).Le texte d'Erasme
    transcrit parfaitement l'expérience faite par Montaigne. Ne pourrait-il pas aussi
    être à l'origine de l'essai «De l'oisiveté»?

11. Pour C. Clark, il s'agit ici de bouffonnerie pure et simple: «The essay therefore
    ends on a self-deprecatory squib, but one which we cannot take seriously as
    motivation for the whole artistic undertaking.» (*op. cit.* p.128)

12. «... Quand nous voyons que bien peu de temps de vie nous est donné, ayons
    honte de demeurer oisif» Calvin. Commentaires sur le Nouveau Testament (Jean,
    ch. IX, 4) cité in Delumeau (J.) *Le péché et la peur.* Paris, Fayard, 1983, p.263.
    On pourra lire dans ce même ouvrage le chapitre tout entier intitulé «la paresse»
    (pp.255-264) pour une historique de l'oisiveté du Moyen Age à la Renaissance.

13. Starobinski (J.), *Montaigne en mouvement*, Paris, 1982, p.35.

14. «Le texte indique que ce chapitre a été composé assez peu de temps après la retraite de Montaigne (1570-1571), et, comme il est placé au milieu de chapitres qui sont tous datés de 1572 environ, il y a lieu de le rapporter à la même époque. «*Les Essais, op. cit.*, p.32 (Introduction au chapitre I.8)

15. » (b) Dequoy se faict la plus subtile folie, que de la plus subtile sagesse? ... (a) Quel saut vient de prendre, de sa propre agitation et allegresse, l'un des plus judicieux, ingenieux et plus formés à l'air de cette antique et pure poisie, qu'autre poëte Italien aye de long temps esté? N'a il pas dequoy sçavoir gré à cette sienne vivacité meurtrière? *Essais*, II.12, p.492

16. Dans son *Journal de voyage en Italie*, à l'étape romaine, Montaigne rappelle les dangers de l'oisiveté dont le séjour à Rome le garantissait: «Je n'ai rien si enemi à ma santé que l'ennui et l'oisifveté: là, j'avois tousjours quelque occupation, sinon plesante que j'usse pu desirer, au moins suffisante à me desennuïer.» Montaigne. *Oeuvres complètes*, Paris, 1962, p.1234.

17. «The Essays are largely an account of what went on inside Montaigne's «private room». But Montaigne could do what he did because he had a temperament fitted to it ... This calm withdrawal into self was the mark of the equable sanguine melancholic. Its greatest contrast is with the solitary wildness of the man suffering from melancholy adust, as Montaigne had been when he first came home to live in studious idleness.» (Screech (M.A.) *Montaigne and Melancholy. The wisdom of the Essays*. London, 1983, p.69)

18. Nous empruntons l'image de «Montaigne-Silène» à Baraz (M.) (*L'être et la connaissance selon Montaigne*, Paris, 1968, p.53).

19. L'expression est de Sénèque. *Lettres à Lucilius*, LVI: «Interdum quies inquieta est.»

20. Sur ce point, on lira l'article de F. Joukovsky: «L'essai «De la vanité» exercice de soustraction» dans *Montaigne. Les derniers essais*, Cahiers Textuel, Paris 7, 1986, p.87-95.

21. Ovide. *Tristes*, III, II.9.

22. «Les debats contestez et opiniastrez qui doneroyent en fin advantage à mon adversaire, l'issue qui rendroit honteuse ma chaude poursuite, me rongeroit à l'avanture bien cruellement». (*Essais*, III.10, p.1004).

23. Tibulle, *Elégies*, IV, XIII, 12.

24. «Montaigne's inertia, as explained in «De l'oisiveté» prepares not only for the act of creation, but for a new quality of existence.» (Norton (G.P.) *Montaigne and the introspective mind*, The Hague, Paris, Mouton, 1975, p.27)

25. Une addition d'après 1588 à l'essai «Du démentir», situé non loin du centre géométrique du livre II et de l'oeuvre, contient un jugement rétrospectif essentiel de Montaigne sur ses *Essais*. Elle s'articule autour de l'antithèse oisiveté/occupation qui présidait, nous l'avons vu, à la naissance de l'oeuvre: elle indique clairement comment l'opposition traditionnelle des deux notions se résout dans le mouvement de l'écriture qui fixe les traits du modèle: «(c) Et quand personne ne me lira, ay-je perdu mon temps de m'estre entretenu tant d'heures oisifves à pensemens si utiles et aggreables? Moulant sur moy cette figure, il m'a fallu si

souvent dresser et composer pour m'extraire, que le patron s'en est fermy et aucunement formé soy-mesmes. Me peignant pour autruy, je me suis peint en moy de couleurs plus nettes que n'estoyent les miennes premieres. Je n'ay pas plus faict mon livre que mon livre m'a faict, livre consubstantiel à son autheur, d'une occupation propre, membre de ma vie; non d'une occupation et fin tierce et estrangère comme tous autres livres.» (II.18, p.665).L'oisiveté ne connote plus la dispersion ou la vacuité de l'esprit, elle est devenue purement et simplement le temps imparti au «mestier» (*ibid.*) de Montaigne: la quête de soi.

L'ACCOMPLISSEMENT DES ESSAIS
DANS
«DE L'ART DE CONFÉRER»

On a choisi d'étudier l'accomplissement des *Essais* à partir du chapitre 8, au centre du livre III, où sont présentées les conditions de possibilité d'une parole libre. Situé entre une réflexion sur l'autorité (III, 7, «De l'incommodité des grandeurs») et l'acceptation de l'écriture au-delà de sa vanité même («Je ne puis tenir registre de ma vie par mes actions: fortune les met trop bas; je le tiens par mes fantasies.» III, 9, 945-946b), «De l'Art de Conferer» se trouve annoncé dès le chapitre 3 du livre III («De trois commerces») (1): «Ce n'est pas au subject des substitutions seulement que nostre esprit montre sa beauté et sa force, et aux affaires des Roys; il la montre autant aux confabulations privees» (p. 824b). La conférence est le lieu où l'on peut évoquer tous les sujets, tant publics que privés («Il me chaut peu de la matière, et me sont les opinions unes...» p. 925b), pourvu qu'on se départe de tout pédantisme et que l'on s'exprime librement.

Dans ce chapitre III, 8, Montaigne donne du prix à une parole qui n'est ni empêchée par l'émotion, ni empêtrée dans les pièges de la dialectique (comme l'était celle de Diodore le dialecticien, I, 2, p. 14a), ni enfin contrainte comme le langage des courtisans. Ce faisant, il nous affronte à un énoncé mimétique de la relation qu'il souhaite établir avec son lecteur, dans la mesure où une parole ouverte «ouvre un autre parler» (III, 1, p.794c).

On a donc cherché à étudier ce que M. Tetel a appelé la «trajectoire sémantique» de la conférence, qui passe de la conversation à l'interprétation, son but ultime (2). Comment la mention initiale de la condamnation judiciaire (3) et la nécessité de la correction s'articulent-elles dans ce chapitre à l'analyse des discours politiques et littéraires? A saisir les démarches de la pensée d'autrui, Montaigne propose une méthode (4) de jugement, qui est à la fois démystification des illusions par la discrimination, et définition d'une valeur qu'il appelle «l'ordre». Se trouvent ainsi posées de nouvelles règles du jeu herméneutique.

On étudiera d'abord la série des refus qui s'expriment ici, la notion de contre-exemple et de correction, pour s'arrêter sur l'«interne jurisdiction», et la réversibilité du jugement. Enfin, l'idée d'ordre et de méthode nous fera mieux comprendre les distinctions ici établies entre différents plans et différents types de situations herméneutiques.

I - Les Refus

Moins qu'un code de la conversation (5), «De l'Art de Conferer» définit avec agressivité un «esbat» qui conteste la scolastique et une rhétorique de l'affectation, tout comme diverses formes d'autorité et de faiblesse.

Outre des refus partiels, tels celui de la flatterie (6), du «son ceremonieux des parolles», et d'une conversation «civilisée et artiste [qui] craint le hurt» (p. 924c), neuf propositions interviennent dès le premier tiers du chapitre (p.926). Elles caractérisent la conversation de façon négative et répudient des attitudes scolastiques, telles que 1) se prendre à un mot et une similitude et ne plus sentir «ce qu'on luy oppose», 4) peser ses mots pour raisons, 7) assourdir le partenaire de préfaces et digressions inutiles (7), 9) préférer la clôture dialectique à la raison. Cette critique s'articule à celle des pédants et savants qui ne savent rien «que par livre» (p. 927c) et accablent leur interlocuteur de leur «doctrine», ou le rebutent de leur seule «troigne trop imperieuse et magistrale».

Plus largement encore, c'est toute «rejance» (p. 924b) et toute autorité (comme de «celuy qui se tient si haut à la main», p. 925c) qui se trouve ici rejetée. L'autorité qu'un tel allègue à partir de sa seule «experience» fausse même la «conference», si cette expérience n'est «alambiquée» (p. 931b). Indirectement enfin, Montaigne exclut les grands de la conférence. Non seulement leur autorité -qui leur vient du hasard, non de leur mérite- se trouve dissociée de la lucidité qui leur manque à l'égard de leurs sujets (p. 932b: ils ne nous connaissent pas et ne peuvent nous juger) (8), mais elle tient, par un renversement de perspective, à notre aveuglement qui seul la fonde: «Nous attribuons les effects de leur bonne fortune à leur prudence» (p. 934b) (9). A cela, Montaigne ajoute que la grandeur est difficile, car «il faut qu'il y ayt plus de vigueur et de pouvoir au porteur qu'en la charge». Il recommande ainsi aux grands le silence qui fait illusion sur leurs compétences, et que n'a pas su garder Mégabyse (p. 932b). Troisième coup porté aux grands: leur autorité, même et surtout si elle s'appuie sur la rhétorique (c'est le cas de Denys), ne peut soumettre l'entendement et manque donc à une des conditions de la conférence.

Le refus de la faiblesse (encore appelée «sottise» ou «fadese») se trouve enfin réitéré dans le chapitre.

Faut-il y voir un hasard? La réflexion sur la difficulté d'être un prince s'enchaîne sur l'idée qu'on montre sa faiblesse en succombant au poids de sa science, et que les «esprits bas corrompent» non seulement «nostre esprit», mais «la philosophie» en la maniant (10).

Cinq des neuf attitudes déjà évoquées réprouvées p.926 caractérisent le «sot»: 2) il refuse tout et «confond le propos» (fuit la lutte), 3) frappe en se découvrant (c'est-à-dire donne prise à l'adversaire), 5) emploie la voix et les poumons (soit des arguments non-rationnels), 6) «conclut contre soy mesme», 8) injurie (comme ce «maistre de parlerie», p.927, qui épuise son interlocuteur sans le convaincre). Pire encore: le «sot» contraint son partenaire à la mauvaise foi et à «une façon de desbattre testue, malicieuse et imperieuse» (p. 925b). Il concentre ainsi en lui les insuffisances du jugement.

II - Les risques de la conférence

Etant données ces lacunes du jugement, toute communication peut être une perte, et divers types d'aveuglement menacent la qualité de la conférence: ils consistent à attribuer de l'importance à «la gravité, la robbe et la fortune» (p. 930b), à apprécier quelqu'un selon son rang ou le caractère affecté de son langage (p. 935b), ou encore, par une fausse induction, à juger des «conseils par les evenemens» (p. 933b) qui sont «maigres tesmoings de nostre pris et capacité» (p. 934b). Cette cécité affecte jusqu'à la connaissance de soi (11), où se retrouve la confusion du propre et de «la suffisance estrangère» (p. 936b), dont souffre déjà la connaissance d'autrui. Quand on est lucide, d'ailleurs, c'est de façon univoque, pour ne considérer que les manquements d'autrui tandis qu'on reste aveugle aux siens (12).

De sorte que toute communication fait courir le risque d'une déperdition parce qu'elle engendre le soupçon. C'est ce que Montaigne indique dès le début du chapitre: «On ne parle jamais de soy sans perte, les propres condemnations sont tousjours accruës, les louanges mescruës» (p. 922b).

Par l'affrontement avec un esprit vigoureux, la conférence permet de compenser cette perte.

Présentée de façon récurrente comme une joute, ou «dispute» (13), la «conference» produit en effet une émulation positive «ses imaginations eslancent les miennes (...), me poussent et rehaussent au dessus de moy mesmes» (p. 923b). Et cette lutte (14) donne à la conférence son prix, comme à l'amour les morsures (p. 924b). Il s'agit, dans ce duel (15), de résister à telle assertion, ou de la combattre «pour taster (...) comment elle est logée en son auteur» (p. 936b); en aucun cas de rechercher «l'unisson», «qualité du tout ennuyeuse en la conference» (p. 923b). Tout se passe comme si la «discordance» était la condition initiale de la conférence: «Ce temps n'est à nous amender qu'à reculons, par disconvenance plus que par accord, par difference que par similitude» (p. 922b). Au point même que les contradictions tissent le discours qui définit la conférence. Montaigne, refusant la distinction cicéronienne (16) entre la conversation à bâtons rompus (*sermo*), et le discours soutenu (*contentio*), souhaite ainsi «mesler au tiltre de la conference et communication les devis pointus et coupez que l'alegresse et la privauté introduict entre les amis...» (p. 938b).

Parce qu'il est aussi la parade la plus efficace contre l'autorité et le didactisme, le contre-exemple constitue un pivot dans l'argumentation de Montaigne. «De l'Art de Conferer» s'ouvre du reste sur le problème du châtiment judiciaire, qui sert moins à ceux qui le subissent qu'à faire éviter aux autres un délit. Si Montaigne suggère ici ce que peut avoir d'absurde l'exemplarité de la peine, le contre-exemple n'en demeure pas moins lié quelques lignes plus loin à l'idée de la correction: «une mauvaise façon de langage reforme mieux la mienne» (p. 922b).

Un problème se pose cependant: alors que Montaigne érige en principe, dès le début, la valeur du contre-exemple telle que «les sages ont plus à apprendre des fols» (p. 922b), il ne cesse de revenir sur ce principe, pour montrer que la pratique de la conférence le dément: p.923, les esprits bas le corrompent (17); p. 925 (18); p. 928 (19). Il finit même par déclarer, pp.936-937, que la sottise est inguérissable. Comment cela s'explique-t-il? En société, «en commun», on ne peut que juger la sottise, et non la corriger (à moins de retomber dans le didactisme et la «doctrine», (20). L'«entr'advertissement», qui ne saurait se pratiquer qu'entre honnêtes hommes (21), apparaît donc comme la contrepartie positive du jugement.

Cet «entr'advertissement» est le but assigné à la conférence: «je cerche à la verité plus la frequentation de ceux qui me gourment» (p. 925b) (22). Mais à condition qu'il existe entre les partenaires une parité et une émulation (23): p. 938, Montaigne réserve explicitement cette «assiduité de correction» aux siens. La correction requiert donc une certaine privauté et, loin d'être un spectacle, la conférence se mène pour soi, précise Montaigne dès le début du chapitre p.924 (24). Elle exige encore une communauté d'intention: il faut que «la cause de la verité» soit «commune à l'un et à l'autre» des interlocuteurs (p.924b) (25).

Mais, si Montaigne n'évoque pas ici la conversation de cour, il ne laisse pas de vouloir la soumettre à un arbitrage. Ne propose-t-il pas que soient pris des paris sur les issues des disputes? Ces paris permettraient de mesurer la façon de débattre des interlocuteurs, et leur rappelleraient leurs «pertes», leurs échecs, dont la plupart procèdent de l'ignorance et de la mauvaise foi («l'opiniâtreté», qui est refus de la vérité). En coûtant quelque chose aux interlocuteurs, ces paris serviraient à les amender, tout en donnant du prix à l'exercice du débat lui-même (26). Pour fonctionner, la correction semble donc requérir à la fois la privauté d'une relation à deux (les interlocuteurs se corrigeant mutuellement) et la présence d'un tiers, qui assiste à ce dialogue (27). L'instabilité de cet équilibre exige encore une réversibilité de l'avertissement, autrement dit que celui qui corrige soit digne d'être corrigé à son tour. Montaigne l'exprime clairement p. 924c: «les hommes de mon temps (...) n'ont pas le courage de se corriger parce qu'ils n'ont pas le courage de souffrir à l'être». La correction ne sera d'ailleurs acceptée que si elle coïncide avec l'avertissement que donne «l'interne jurisdiction». La même page 924c en fournit un bon exemple: Montaigne y avoue d'abord avoir accepté des corrections concernant ses écrits, «plus par raison de civilité que par raison d'amendement»; ce qui limite considérablement le pouvoir de cette correction. Il fait ensuite semblant de se rattraper: s'il a accepté de se corriger, c'est afin d'encourager de nouvelles corrections (28). Et il ajoute enfin une nouvelle raison de son acceptation, qu'il nuance et module à son tour: «Mon imagination se contredit elle mesme si souvent et condamne, que ce m'est tout un qu'un autre le face: veu principalement que je ne donne à sa reprehension que l'authorité que je veux». (pp. 924-925c).

III - La conférence comme herméneutique

La meilleure façon de juger quelqu'un consiste ainsi à lui demander «combien il se contente de soy» (p. 939b) (29). Que le jugement se trouve validé par sa réversibilité n'est pas, dans les *Essais*, pour nous étonner (30). Ce qui est plus intéressant ici, c'est que Montaigne fait la preuve, dans la description de «l'art de conferer» et dans son écriture même, de ce retour sur soi qui institue un dialogisme. On a vu qu'il s'irritait à maintes reprises de la sottise. Il s'irrite encore de son irritation, et ce dans la même couche de texte: p.923, p.928 où il s'accuse d'«aigreur tyrannique» et reconnaît que son reproche se retourne contre lui: il y a «fadese» à ne pouvoir la supporter. P.929 enfin, il convient que son irritation à l'égard de la sottise d'autrui prouve la sienne propre: «cette vitieuse aspreté tient plus au juge qu'à la faute» (31).

L'enquête menée par la conférence vise en effet moins les actions ou les paroles que ceux qui les produisent. Le chapitre «De trois commerces», qui définissait la conférence, insistait déjà sur le fait que la «privauté» constitue le lieu privilégié de la compréhension: «Je connois mes gens au silence mesme et à leur soubsrire, et les descouvre mieux à l'adventure à table qu'au conseil» (p. 824b). D'où l'intérêt de Montaigne pour la place faite aux événements privés dans le récit historique, intérêt qui se double

d'une enquête sur la moralité des historiens dont il importe de savoir s'ils
«sont louables eux mesme» (p. 931b) (32). De même qu'il recherche «la
communication de quelque esprit fameux» «non pour qu'il m'enseigne, mais
pour que je le cognoisse» (p. 928c), Montaigne attend du débat oral comme
de la lecture, qui vient toujours sous sa plume (p. 924, et p. 936), le «plaisir
d'estre jugé et cogneu» (p. 924c). Or, dans la conversation, la «maniere du
dire» détermine la compréhension de l'autre. Montaigne n'avouait-il pas en
III, 3: «La froideur de ma conversation m'a desrobé, avec raison, la bien-
veillance de plusieurs, qui sont excusables de l'interpréter à autre et pire
sens» (p. 820b)?

Tout le chapitre «De l'Art de Conferer» se fonde sur la conscience des
modalités (33) du discours. Ainsi s'expliquent les refus réitérés d'un ton
autoritaire: «celuy qui se tient si haut à la main me faict rompre la paille»
(p. 925c). Dans le même ordre d'idées, un argument n'a pas la même valeur
s'il est situé dans une série destinée à étourdir l'adversaire, suivant qu'il est
donné «en nombre» ou «en poids» (p.936b).

Plus qu'une vérité résidant dans l'objectivité du message, c'est l'acte
d'énonciation qui se trouve en jeu dans la conférence: «Autant peut faire le
sot celuy qui dict vray, que celuy qui dict faux» (p. 928b). D'ailleurs, quand
Montaigne s'«amuse à lire en des autheurs sans soin de leur science», s'il
préfère la «façon» au «subject» (p. 928c), c'est qu'elle le modifie, au point
qu'on peut même abandonner le sujet pour «voir du moyen de le traicter»
(p. 926b). La «manière de dire» permet d'apprécier l'authenticité du
locuteur: elle la met en doute, comme l'injure du «maistre en parlerie» (p.
927b) suffit à discréditer tout son discours, parce qu'elle signifie un hiatus
entre ce qu'il prétend être et ce qu'il dit. La «manière» peut aussi faire
apparaître de façon détournée la vérité de l'être: ainsi, l'inadéquation chez
Tacite des conclusions aux narrations atteste la sincérité des dernières (p.
941b). Enfin, le rire de Socrate se jouant des contradictions qu'on lui
opposait était déjà une façon de les résoudre en témoignant de sa force
(34).

C'est à la saisie de ces modalités que doit s'ingénier la conférence. La
preuve de cette saisie est dans l'anticipation du discours de l'autre, dont
donnent l'exemple les «bergers et enfants de boutique»: «s'ils previennent
l'un l'autre, aumoins ils s'entendent» (p. 925c). Là où S. Guazzo déconseil-
lait l'interruption, Montaigne voit dans l'anticipation des arguments du
partenaire la marque d'un débat bien mené: «Quand vous gaignez l'avantage
de vostre proposition, c'est la verité qui gaigne. Quand vous gaignez
l'avantage de l'ordre et de la conduite, c'est vous qui gaignez» (p. 927b). Il
limite d'ailleurs cette anticipation à un adversaire capable de méthode:

«l'ordre et la pertinence de son entendement m'advertit et menace de loing» (p. 936b).

Cette anticipation fait bien apparaître que la conférence suppose une interprétation. Tout le chapitre l'indique, qui donne à lire un certain nombre de situations herméneutiques, qui montre aussi diverses formes d'exercice du jugement (35). Il s'agit bien sûr de l'affrontement oral des interlocuteurs, que Montaigne présente doublement, puisqu'à l'adversaire vigoureux et capable d'anticipation, il ne cesse d'opposer les erreurs de compréhension du «sot», qui s'applique à «donner quelque belle et solide interpretation» non seulement aux mots mais aux «grimaces de ces gens là» (p.930b). Mais intervient aussi la relation des princes, qui «trient [leurs sujets] par conjecture et à tastons» (p. 933b).

En ce qui concerne cet avatar de la conférence qu'est la lecture (36), à laquelle Montaigne revient fréquemment, les discriminations se multiplient. Non seulement il faut, chez les écrivains en général, débusquer les illusions des mots et déceler la part des emprunts (la «suffisance estrangere», p. 936b), mais encore Montaigne distingue, chez les historiens en particulier, les préceptes des récits, c'est-à-dire de l'enregistrement des événements. Sans oublier enfin le jugement que peut énoncer un écrivain - Montaigne- sur son écriture et le fait qu'il écrive.

Plus précisément, derrière cet échantillonnage de situations, sont présentés différents modes de jugements, grâce auxquels on peut mieux définir les conditions d'une herméneutique.

Ces niveaux sont 1) la condamnation judiciaire, 2) la description d'un événement observable, effectif, 3) l'appréciation esthétique, à partir de deux contre-exemples, d'où se déduit une méthode herméneutique.

Le premier exemple d'exercice du jugement appartient au domaine normatif. Il s'agit, à l'ouverture du chapitre, de la condamnation judiciaire d'un coupable pour l'édification des autres: «C'est un usage de nostre justice, d'en condamner aucuns pour l'advertissement des autres» (p. 921b). Bien que ce jugement atteste une inadéquation entre le juge et celui qui subit la sentence, et donc un échec de l'échange entre particuliers, il garde une validité publique, puisque la correction vise les spectateurs, ou coupables potentiels avec lesquels se trouve de facto établie une communication.

Le deuxième type d'exercice du jugement, Montaigne le trouve dans l'histoire telle que l'écrit Tacite. Elle s'apparente à la «conference» parce qu'elle sait mêler au «registre public» des «batailles et agitations universelles» (p. 940c) les événements de la vie privée, les «meurs et inclinations particulieres» (p. 940b) qui dépendent des hommes et non du hasard.

L'esprit courtisan de Tacite à l'égard de son lecteur (37) comme à l'égard des grands l'asservit cependant à l'histoire officielle et fausse ses jugements. Montaigne met ainsi en doute celui qu'il porte sur Pompée en le comparant (38) avec «l'advis des gens de bien qui ont vescu et traicté avec luy» (p. 941c). Peut-être est-ce la raison pour laquelle il souhaite que le jugement de Tacite n'interfère pas dans ses relations d'événements étonnants, comme le gel des mains d'un soldat, ou le miracle qu'aurait accompli Vespasien (p. 942b): c'est le fait des bons historiens de nous rendre «l'histoire plus selon qu'ils reçoivent que selon qu'ils estiment» (p. 943b). Cette conception des témoignages ne laisse cependant pas de surprendre: dans «Des livres» (II, 10, p. 417), Montaigne réservait explicite-ment cette tâche d'enregistrement aux historiens simples, par opposition aux excellents qui savent choisir ce qui est digne d'être su. De plus, dans «De l'Art de Conferer» même (quelque dix pages plus haut), il insistait sur la nécessité de juger les «experiences», pour en tirer les raisons et conclusions qu'elles portent» (p. 931b), juste avant d'enchaîner sur les historiens (39). Comment donc expliquer qu'après avoir souligné l'intérêt de l'histoire-«juge-ment» (p. 941) (40), Montaigne privilégie ici l'enregistrement pur et simple des événements? On pourrait interpréter ce parti-pris par le désir d'accorder une prévalence au moment de la lecture: il faut qu'au lieu de lui donner un sens, Tacite s'efface devant l'événement, pour que l'épistémologie en revienne au lecteur.

L'appréciation esthétique constitue le troisième type d'exercice du jugement, dont nous sont fournis deux contre-exemples. Si, de façon générale, Montaigne critique les «esprits foiblement fondez» de vouloir «faire les ingenieux à remarquer en la lecture de quelque ouvrage le point de la beauté» (p. 936c), c'est parmi les grands qu'il choisit ses deux contre-exemples. La fin du chapitre précédent (III, 7, «De l'incommodité des grandeurs») mettait face à face l'empereur Hadrien et Favorinus, sur «l'interpretation de quelque mot», puis l'empereur Auguste écrivant des vers et Asinius Pollion, pour montrer qu'en face de celui qui a le pouvoir, le savant Favorinus comme le poète Asinius Pollion renoncent à débattre. Il semble qu'ici, Montaigne donne un prolongement à sa réflexion. Dans l'affrontement entre Mégabyse (41) et Apelle, le peintre blâme le premier de son inaptitude à juger: «Tandis que tu as gardé silence, tu semblois quelque grande chose à cause de tes cheines et de ta pompe; mais mainte-nant qu'on t'a ouy parler, il n'est pas jusques aux garsons de ma boutique qui ne te mesprisent» (p. 932b). On peut s'étonner de voir ici l'autorité soumise au jugement, alors même que pour Montaigne, elle «se doibt reverer à credit et en bloc, qui en veut nourrir la reputation» (pp. 933-934-b). Mais outre que la conférence mêle les registres public et privé,

Montaigne met moins en cause l'ignorance du grand, que son incompétence à la reconnaître qui lui permettrait de la cacher (42). C'est d'ailleurs une incompétence de même nature que sanctionne le jugement de Melanthios sur le tyran Denys. Ecrivain de tragédies, Denys trahit le principe de coopération -sur lequel se fonde toute conférence (43)- en manquant de clarté, ce qui lui vaut le refus de lecture de Melanthios: «Melanthios interrogé ce qu'il luy sembloit de la tragedie de Dionysius: Je ne l'ay, dict-il, point veuë, tant elle est offusquée de langage» (p. 935b).

La superposition de ces deux exemples montre bien que la compréhension exige à la fois une privauté, une égalité de compétences de la part des interlocuteurs, et une recherche de la vérité.

En effet, pour saisir une signification, il faut être impliqué dans une communication (44). D'où l'importance accordée aux modalités du discours, et la condamnation des «jugements universels» (p. 936c). Bien comprendre implique de «suivre [l'autre] par espaulettes», de savoir discriminer ce qui lui appartient, «par où [il] se surmonte», «combien on luy doibt en consideration du chois, disposition, ornement et langage qu'il y a fourny» (p. 940b). Cela suppose également de savoir choisir: «les esprits foiblement fondez», «voulant faire les ingenieux à remarquer en la lecture de quelque ouvrage le point de la beauté (...) arrestent leur admiration d'un si mauvais choix qu'au lieu de nous apprendre l'excellence de l'autheur, ils nous apprennent leur propre ignorance» (pp. 936-937c) (45).

On le remarque: les qualités requises d'un bon interprète sont celles aussi que Montaigne exige de son interlocuteur. En particulier, cette faculté discriminatoire de choisir son moment, parler à son heure, changer ou rompre le propos, ainsi que l'ordre, c'est-à-dire non seulement la cohérence, mais la «suffisance» («dire ordonnéement, c'est-à-dire prudemment et suffisamment»). Tout se passe comme si, à tout moment, les rôles pouvaient être intervertis: la succession des deux anecdotes qui mettaient des grands en présence le premier d'un créateur, le second d'un interprète permet de lire une équivalence dans la substitution de l'interprète au créateur, tout en déniant à Denys tout caractère créateur. Plus encore, le métadiscours de Montaigne prouve que les *Essais* sont à la fois le lieu d'une énonciation et d'un jugement (46): «Pour moy, je ne juge la valeur d'aucune besongne plus obscurement que de la mienne: et loge les *Essais* tantost bas, tantost haut, fort inconstamment et doubteusement» (p. 939b). L'écrivain doit se faire interprète. Mais cette interprétation de soi ne cesse en même temps de solliciter celle du lecteur (47): «ce n'est pas à moy seul d'en juger» (p.943c). Et d'un lecteur averti: «Mon humeur n'est propre, non plus à parler qu'à escrire, pour les principians» (p. 938c).

On a donc reconnu dans ce chapitre un parcours qui, à travers des refus et des mises en garde, donne du prix à la conférence, exercice à la fois de jugement et d'«entr'advertissement». Les situations herméneutiques qu'on y a repérées permettent aussi de mieux comprendre la latitude réelle que Montaigne confère au geste interprétatif.

Ne peut-on en outre considérer comme un énoncé performatif de l'oeuvre tout entière ce chapitre III, 8, qui réalise la conférence même dont il parle? C'est ainsi que se trouve en quelque sorte dépassé le regret de n'avoir pas d'interlocuteur: «Si j'eusse eu à qui parler» (I, 40, p.252), et que se justifie méthodiquement le jeu d'anticipations qui règle la relation de Montaigne avec le lecteur des *Essais*: «Je me haste de me produire et me presenter; car je ne veux pas qu'on s'y mesconte» (II, 8, p. 396b) (48). De plus, l'ordre particulier de l'énonciation ici apparaît comme mimétique de l'ensemble des *Essais*, conversation avec soi-même que Montaigne cherche à délivrer de la discursivité de l'écrit (49). Se trouvent ainsi réunis les deux registres public et privé sur lesquels joue la conférence.

Bénédicte BOUDOU
Paris

NOTES

1. V. Thweatt, «De l'Art de Conferer: Art des *Essais*, art de vivre», *Romanic Review*, 68, 1977, pp.103-117; et K. Stierle, «Gespräch und Diskurs: ein Versuch im Blick auf Montaigne, Descartes und Pascal», *Poetik und Hermeneutik*, IX, Munich, 1984, pp.297-333, le rappellent.
2. Dans «Montaigne et Guazzo: De deux conversations», *Etudes montaignistes en l'honneur de P. Michel*, Genève, 1984, p.240.
3. M.L. Launay - à qui cet article doit beaucoup - soulignait déjà que le prologue juridique de ce chapitre le met sous le signe du jugement, in «Art de conférer, Art de raisonner», Textuel 34/44, *Montaigne, les derniers Essais*, 1986, pp.19-29.
4. J. Bemelmans et W.J. Bots voient dans «De l'Art de Conferer» «l'apprentissage de la modestie dans la recherche d'une méthode», comme l'indique le titre même de leur article in *Neophilologus*, LXVI, 1982, pp.504-507.
5. En quoi Montaigne diffère de la *Civil Conversatione* de S. Guazzo.
6. Que Guazzo justifie à l'égard des enfants, par exemple, p.93 dans la traduction de G. Chappuis, Lyon, 1579.
7. La critique des préfaces se retrouve au chapitre suivant, cette fois associée à l'obscurité, III, 9, 995 b (Ed. Villey- Saulnier, Paris, 1978).

8. «car la nature ne leur a pas donné la veuë qui se puisse estendre à tant de peuples, pour discerner de la precellence, et perser nos poitrines, où loge la cognoissance de nostre volonté et de nostre meilleure valeur».

9. «Qu'on regarde qui sont les plus puissans aus villes, et qui font mieux leurs besongnes: on trouvera ordinairement que ce sont les moins habiles».

10. Exemple de Mégabyse, p.932b. L'idée que le commerce «avec les esprits bas» «abastardit» notre esprit est déjà présente p.923, soit au tout début du chapitre.

11. p.939b: «on faut autant à juger de sa propre besongne que de celle d'autruy...».

12. p.929c: «Cent fois du jour, nous nous moquons de nous sur le subject de nostre voisin et detestons en d'autres les defauts qui sont en nous plus clairement...». Voir aussi la critique que Tacite fait à Pompée p.941b.

13. «atteintes de droict fil», p. 925b; «revirades», p. 936b, etc.

14. Encore soulignée par les additions, par exemple 924c.

15. La relation envisagée semble en effet une relation à deux.

16. Dans le *De Officiis*, I, 37-39. Voir l'analyse qu'en fait P.L. Assoun, «Ironie, langage, humanisme», *Analyses et réflexions sur «De l'Art de Conferer». L'Ironie*, Paris, 1980, p.183.

17. Ou corrompent la philosophie en la maniant, p.932.

18. A un faible qui consent aux oppositions, il préfère quelqu'un «qui le gourme».

19. La sottise et l'opiniâtreté de ses domestiques l'irritent au plus haut point.

20. Mais, p.924c, Montaigne évoquait une correction faite au sujet de ses écrits, et concluait en confondant jugement et correction: «Je prens si grand plaisir d'estre jugé et cogneu...».

21. «Je souffrirois estre rudement heurté par mes amis: Tu es un sot, tu resves. J'ayme, entre les galans hommes, qu'on s'exprime courageusement, que les mots aillent où va la pensée», p.924b.

22. Montaigne soulignait déjà en I, 17, (p.72a) que la communication d'autruy est «une des plus belles escholes qu'il puisse estre».

23. Telle est encore la raison pour laquelle la correction est «un des premiers offices d'amitié (I, 28, 185a), et c'est le malheur des princes de ne point y avoir droit: leur «suffisance, comme celle des prescheurs s'adresse principalement au peuple, juge peu exacte, facile à piper, facile à contenter», III, 7, 917b.

24. Se démarquant par là même des déontologies du bon courtisan qu'étaient *Le Courtisan* de B. Castiglione, et *La Civil Conversatione* de S. Guazzo.

25. M.L. Launay soulignait ce contrat, art. cité, p.22.

26. On retrouve, un peu plus loin dans le chapitre (p.926c) une variante de cette idée, puisque Montaigne imagine de punir les disputants pour «crime verbal» quand ils confondent les raisons avec les hommes.

27. On se rappelle la phrase liminaire du chapitre: «en condamner aucuns pour l'advertissement des autres».

28. «Aymant à gratifier et nourrir la liberté de m'advertir par la facilité de ceder».

29. Voir encore: «Je n'entens pas que nul n'accuse qui ne soit net, car nul n'accuseroit; (...). Mais j'entens que nostre jugement, chargeant sur un autre duquel pour lors il est question, ne nous espargne pas d'une interne jurisdiction», p. 930c.

30. Voir II, 8, p.395c: «Je tourne incontinent les yeux à moy, voir comment j'en suis», entre autres exemples.

31. Notons que le vocabulaire juridique employé permet d'appliquer ce principe aux juges de profession, dont Montaigne dénoncera «les condemnations plus crimineuses que le crime», III, 13, p.1071c.
32. La même idée était déjà présente en II, 1, pp. 414-415a, où Montaigne évoquait «la curiosité (...) de connoistre l'ame et les naïfs jugemens de mes auteurs».
33. On reprend le terme à M.L. Launay qui soulignait encore que S. Guazzo s'arrête davantage sur le contenu de certaines contradictions, art. cité, p.21.
34. «sa force en estoit cause», p. 925c.
35. J. Bemelmans et W.J. Bots définissent la «conference» comme l'exercice de la distinction et du jugement, «De l'Art de Conférer, ou l'apprentissage de la modestie dans la recherche d'une méthode», in *Neophilologus*, LXVI, 1982, p.505.
36. «mouvement languissant et foible qui n'eschauffe poinct», p. 923b.
37. «comme s'il craignoit nous facher de leur multitude et longueur», p. 941c.
38. N'oublions pas que «conferer» signifie aussi comparer: ainsi dans les expressions «...plusieurs volontez pour les conferer toutes à ce subject», I, 28,p. 191a; «conferer Lisander à Sylla», II, 32, p. 727a.
39. «Ce n'est pas assez de compter les experiences, il les faut poiser et assortir; et les faut avoir digerées et alambiquées, pour en tirer les raisons et conclusions qu'elles portent». J. Céard, dans *La Nature et les Prodiges au XVIe siècle*, Genève, Droz, 1981, p.423, différencie le témoignage, fait par qui a assisté à l'événement, et la relation.
40. «(b) Cette forme d'Histoire est de beaucoup la plus utile. Les mouvements publics dependent plus de la conduicte de la fortune, les privez de la nostre. C'est plustost un jugement que (c) deduction (b) d'Histoire...».
41. L'exemple est chez Guazzo, p.167 dans la traduction de G. Chappuis, mais Montaigne a remplacé Alexandre par Mégabyse.
42. De même, Cicéron est moins coupable d'écrire de mauvais vers que de ne pas en avoir conscience: «ce n'est pas grande imperfection que de mal faire des vers; mais c'est à luy faute de jugement de n'avoir pas senty combien ils estoyent indignes de la gloire de son nom» (II, 10, p. 415a).
43. Voir l'article de M.L. Launay, p.23, reprenant les maximes de Grice.
44. Voir J. Habermas, *Morale et Communication*, trad, Paris, 1983, p.44.
45. Une addition au chapitre II, 1, p. 408c, insiste déjà sur cette capacité de choix: «Qu'on voye, en ce que j'emprunte, si j'ay sçeu choisir de quoy rehausser mon propos».
46. Comme l'ont rappelé A. Tournon et J.Y. Pouilloux, dit G. Defaux, «Readings of Montaigne», in *Montaigne's Essays in Reading*, 1983, Yale French Studies.
47. Voir V. Thweatt, «De l'Art de Conferer: Art des *Essais*, art de vivre», in *Romanic Review*, 68, 1977, p.112. A. Tournon montre aussi combien le lecteur est sollicité de répondre et de choisir, dans *Montaigne, la Glose et l'Essai*, Lyon, 1981, et «Self interpretation in Montaigne's Essais», in *Montaigne's Essays in Reading*, 1983, op.cit.
48. Voir au chapitre qui suit «L'Art de Conferer», «La condemnation que je faicts de moy est plus vifve et plus roide que n'est celle des juges», III, 9, p. 967b.
49. Voir l'analyse de K. Stierle, «Das Gespräch», in *Poetik und Hermeneutik*, XI, Munich, 1984, p.315. De façon plus précise, G. Defaux explique que Montaigne et Erasme ont retenu du Phèdre de Platon non pas le discrédit de l'écrit, comme

l'interprète J. Derrida (dans *La Dissémination*), mais l'opposition entre deux façons de parler et d'écrire: Montaigne écrit comme il parle, et valorise au contraire une «écriture de l'âme», fondée sur la connaissance parfaite de son sujet, «Montaigne, Erasme, Platon, Derrida», in *Rivista di letterature moderne e comparata*, ott.-dic. 1985, fasc.4, Pise, p.342.

L'ACCOMPLISSEMENT DE L'«APOLOGIE DE RAIMOND SEBOND»: ESTHÉTIQUE ET THÉOLOGIE (1)

Parler de l'accomplissement de l'*Apologie de Raimond Sebond* pose des problèmes paradoxaux, parce que Montaigne semble avoir eu du mal à «accomplir» cet essai. La seule ampleur du chapitre lui donne un caractère insolite dans l'ensemble du livre. Montaigne attire l'attention du lecteur sur cette longueur dans les remarques qui encadrent l'essai. Tout au début, dans les premières phrases du préambule, mettant en question la notion que «la science est mere de toute vertu», il nous avertit: «Si cela est vray, il est subject à une longue interpretation» (p. 438). L'essai qui s'ensuit devient cette longue interprétation qui montre qu'en fait, cela n'est pas vrai. La fin de l'*Apologie* témoigne d'une résistance à s'accomplir, d'une difficulté à être menée à terme. D'abord, Montaigne passe la parole à un autre, à Plutarque, dans la longue paraphrase des *Moralia* que l'on connaît sur la nature atemporelle et ineffable de l'être. Ce passage, qui souligne l'impossibilité d'articuler Dieu, se termine par les mots: «sans fin» (p. 603). Mais non satisfait de laisser à Plutarque le dernier mot, Montaigne se réserve d'ajouter une conclusion -- il nous le signale -- «pour la fin de ce long et ennuyeux discours,...» (p. 603). On remarque, et dans la prose de Plutarque et dans celle de Montaigne, la fréquence de mots qui annoncent que la fin s'approche: «Finalement» (p. 601); «conclusion» (p. 603); «pour la fin» (p. 603); mais en même temps, on est frappé par la fréquence aussi importante d'expressions qui minent l'idée de conclusion, qui subvertissent l'accomplissement de l'essai: «eternel» (p. 603); «jamais fin» (p. 603); et, deux fois, «sans fin» (p. 603). Mais ces fins et leur caractère inachevable, comme nous allons le voir, sont radicalement différentes (2).

Pour Plutarque, c'est Dieu qui est sans fin. Parlant de l'essence divine, il insiste, dans le français que Montaigne lui prête, sur son caractère atemporel: «Mais qu'est-ce donc qui est veritablement? Ce qui est eternel, c'est à dire qui n'a jamais eu de naissance, ny n'aura jamais fin; à qui le temps n'apporte jamais aucune mutation» (p. 603). La dernière phrase de l'emprunt souligne cette idée: «Parquoy il faut conclurre que Dieu seul est, non poinct selon aucune mesure du temps, mais selon une eternité immuable et immobile, non mesurée par temps, ny subjecte à aucune declinaison;... et n'y a rien qui veritablement soit que luy seul, sans qu'on puisse dire: Il a esté, ou: Il sera; sans commencement et sans fin» (p. 603).

Montaigne fait écho aux mots «sans fin» de Plutarque, pour parler, non pas de Dieu, mais de son propre essai, de l'*Apologie* même: «A cette conclusion si religieuse d'un homme payen je veux joindre seulement ce mot d'un tesmoing de mesme condition,» - c'est Sénèque - «pour la fin de ce long et ennuyeux discours, qui me fourniroit de matiere sans fin:...» (p. 603)

Ce n'est pas pour rien que Montaigne lie à la fin de cet essai la notion de Dieu et celle de son propre discours, de son expérience d'écrivain. Car dans l'*Apologie* il examine de près et la théologie et le langage et en considère les rapports possibles, pour enfin les exiler l'un de l'autre. C'est dans cet énorme essai que Montaigne proclame la barrière qui existe entre Dieu et le discours humain. Et si c'est ici qu'il dissocie son langage de l'entreprise vaine et présomptueuse de vouloir parler de Dieu, c'est aussi dans l'*Apologie* qu'il forge en même temps un nouveau rôle pour le discours de l'homme en général, en trouvant une nouvelle entreprise pour le sien. Donc, la proximité d'une réflexion sur la nature de Dieu et d'une autre sur la composition d'un essai n'a rien de fortuite ici.

Montaigne met en retrait son langage du domaine de la théologie tout au début de l'*Apologie*. En abordant la première objection faite à l'oeuvre de Sebond, il déclare: «Ce seroit mieux la charge d'un homme versé en la Theologie, que de moy qui n'y sçay rien» (p. 440). C'est un aveu personnel, mais il annonce une conviction plus générale que Montaigne élabore dans l'*Apologie*: c'est que la théologie, telle qu'elle est pratiquée par les théologiens de son temps, est une discipline illusoire et présomptueuse, une activité plus révélatrice de ses sujets, les théologiens, que de son objet, Dieu. Montaigne exprime cette position plus générale dans un passage ajouté entre 1580 et 1588 à l'essai I:56, «Des prieres» - essai qui se relie à bien des égards à l'*Apologie*: «Qu'il se voit plus souvent cette faute que les Theologiens escrivent trop humainement, que cett' autre que les humanistes escrivent trop peu theologalement... Que le dire humain a ses formes plus basses et ne se doibt servir de la dignité, majesté, regence, du parler divin» (p. 322b). Les «formes plus basses» du discours humain ne le doivent pas parce qu'elles ne peuvent pas prononcer le «parler divin.» Plutarque et Montaigne l'avaient déjà déclaré en 1580 dans les «sans fin» de l'*Apologie*.

Dieu est sans fin parce qu'il est hors du temps, et donc hors du domaine du langage, phénomène temporel. Dans le contexte du discours humain, Dieu est donc une absence, et l'*Apologie* affirme que cette absence est tout à fait dans l'ordre de la doctrine chrétienne. Montaigne cite les Actes des Apôtres pour invoquer St. Paul sur le Dieu caché, Deus absconditus: «Et, de toutes les religions que St. Paul trouva en credit à Athenes, celle qu'ils avoyent desdiée à une Divinité cachée et inconnue luy sembla la plus excusable» (p. 513a). La prose de Montaigne, par contre, est sans fin à cause d'une présence, d'une plénitude dans le temps: «ce long et ennuyeux discours qui me fourniroit de matiere sans fin» (p. 603). Nous pourrions citer plusieurs passages qui parlent de cette abondance, de cet aspect copieux de la prose de Montaigne, mais il suffit de rappeler le début du chapitre «De la vanité,» essai qui fait l'éloge, paradoxalement, de la plénitude du discours: «Qui ne voit que j'ay pris une route par laquelle, sans cesse et sans travail, j'iray autant qu'il y aura d'ancre et de papier au monde?» (p. 945)

L'opposition conceptuelle de l'absence de Dieu et de la plénitude du langage devient un élément dynamique de l'*Apologie* (3). Elle n'y figure pas simplement en tant que thématique. Elle devient force motrice et dans l'articulation de l'épistémologie et dans l'élaboration de l'esthétique du chapitre, et à partir de là, du livre entier. Cela vient du fait qu'il y a un rapport séquentiel entre les deux membres de cette opposition dans l'expérience humaine. C'est-à-dire qu'en reconnaissant l'un, l'absence de Dieu, on peut entrer dans l'autre, la plénitude du langage. Quand l'homme se résigne à l'inaccessibilité de Dieu dans cette vie, quand il renonce à «cette maladive curiosité» (p. 511) de connaître Dieu avec certitude par le moyen de son discours, l'univers infini - sans fin - du discours purement humain s'ouvre devant lui. Ici il nous conviendrait de faire un détour, démarche à laquelle l'esthétique des *Essais* incite souvent ses commentateurs. C'est dans l'essai «De l'experience» (III:13), autre chapitre profondément lié à l'*Apologie*, que Montaigne déclare: «Il n'y a point de fin en nos inquisitions; nostre fin est en l'autre monde» (p. 1068). Cette phrase - jeu sérieux sur les deux sens du mot «fin» - résume bien l'opposition: plénitude du langage/absence de Dieu. La deuxième proposition, donnée à l'affirmatif, rappelle l'absence de Dieu parce qu'il est notre fin dans l'autre monde. Cette proposition explique la première proposition de la phrase, exprimée ici au négatif: il n'y a point de fin en nos inquisitions. Le côté positif de cette infinitude de nos inquisitions est la plénitude du langage. Cette plénitude est paradoxale: c'est parce que le langage n'a pas la «pleine» puissance d'articuler Dieu, de découvrir le Dieu caché, qu'il devient l'instrument inépuisable de nos inquisitions. Retournant à l'*Apologie*, nous pouvons nous rappeler que Montaigne a constaté en parlant des Pyrrhoniens, «il leur faudrait un nouveau langage,» et qu'entre 1580 et 1588, en essayant de préciser ce nouveau langage, il a ajouté: «cette fantaisie est plus seurement conceuë par interrogation: "Que sçay-je?" comme je la porte à la devise d'une balance» (p.527). Inquisition/interrogation: ces deux mots sont intimement liés dans l'épistémologie et l'esthétique des Essais. Libéré de la tâche vaine et présomptueuse d'articuler la fin, l'écrivain se trouve devant des perspectives illimitées s'ouvrant sur «le vague champs» de la connaissance humaine, pays où il peut suivre ses inquisitions et faire des interrogations sans fin.

Le mouvement inquisiteur de l'esprit procède par détours, digressions, proliférations, «par sauts et par gambades,» par tout ce qu'on voudra sauf la ligne droite, forme qui réprésenterait le vain espoir d'arriver à la fin. Le détour le plus étonnant de l'*Apologie* est celui qui éloigne Montaigne de Sebond. On a déjà étudié le rapport Sebond/Montaigne au niveau de la théologie et de l'épistémologie, et on a remarqué le trajet selon lequel Montaigne, au cours de l'essai, passe d'un rôle de défenseur à un rôle de critique et même de contradicteur (4). Il faudrait ajouter que l'on pourrait signaler un trajet analogue en parlant de la structure de l'*Apologie*, de sa forme, bref, de ses aspects esthétiques. Si, comme Montaigne le dit en parlant de Sebond, il a trouvé «belles les imaginations de cet autheur, la contexture de son ouvrage bien suyvie, et son dessein plein de pieté,» (p. 440) il n'a pas essayé d'imiter cette contexture ni de reproduire ce dessein dans son essai. Le livre de Sebond, le *Liber creaturarum*, est organisé selon l'image d'une échelle, l'échelle de la hiérarchie des créatures. Ce dessein permet à l'homme - Sebond nous le dit dans sa préface - de monter sans difficulté vers la connaissance de Dieu: «ceste doctrine apprend à tout homme de veoir à l'oeil sans difficulté et sans peine la verité...» (vi) (5) Son livre de la nature se lit facilement, sa forme et son style n'incitant le lecteur ni à l'interrogation ni à l'inquisition. Montaigne dans l'*Apologie* utilise aussi l'image du livre de la nature, mais à des fins - ou à des sans fins - très différentes. Il remarque par exemple, «Ay-je pas veu en Platon ce divin mot, que nature n'est rien qu'une poësie oenigmatique? Comme peur estre qui diroit une peinture voilée et tenebreuse, entreluisant d'une infinie varieté de faux jours à exercer nos conjectures» (p. 536c). Le mot «conjecture,» qui suggère des hypothèses ou des opinions provisoires, exprime le produit de l'interrogation et des inquisitions, produit non-définitif, sujet à être changé et revisé. La métaphore de la poésie énigmatique et celle de la peinture voilée et ténébreuse suggèrent un procédé épistémologique qui ralentit le progrès de l'apprenti dans le «texte» de la nature, le ralentit afin d'améliorer l'expérience d'apprentissage - ici, pour mieux «exercer [ses] conjectures.» Dans l'épistémologie de l'*Apologie*, l'énigme, les voiles et les ténèbres représentent ce qui cache le *Deus absconditus*. Ces métaphores rappellent la phrase de St. Paul, *per speculum in aenigmate*, (6) devise de l'exégèse chrétienne et de toute la tradition de l'interprétation qui en est sortie. Dans le deuxième livre de *De doctrina christiana*, ouvrage si important pour le développement de l'exégèse et de la notion d'épistémologie qui l'a engendrée, St. Augustin dit que Dieu a fait exprès de composer la Bible d'une façon obscure:

Sed multis et multiplicibus obscuritatibus decipiuntur, qui temere legunt,
aliud pro alio sentientes, quibusdam autem locis, quid uel falso suspicentur,
non inueniunt: ita obscure dicta quaedam densissiman caliginem obducunt.
Quod totum prouisum esse diuinitus non dubito ad edomandam labore
superbiam et intellectum a fastidio reuocandum, cui facile inuestigata
plerumque uilescunt. (II:vi, 7) (7).

Il y avait donc deux motifs divins pour l'obscurité des Saintes Ecritures.
Il fallait d'abord dérouter les indignes, «qui temere legunt.» Montaigne a
compris ce raisonnement de Dieu: il n'a pas écrit son livre «pour le service
des oreilles foibles et nonchallantes» de «l'indiligent lecteur» (III:9, pp. 995,
994) car «Qui est celuy qui n'ayme mieux n'estre pas leu que de l'estre en
dormant ou en fuyant?» (p. 995) La deuxième raison, selon St. Augustin, est
liée à la première: c'était pour dompter l'orgueil de ceux qui méprisent une
recherche facile, «cui facile inuestigata plerumque uilescunt,» en les faisant
travailler à déchiffrer le texte obscur. St. Augustin précise que, dans le
deuxième cas, Dieu, comprenant la nature de ses créatures, savait qu'elles
trouveraient un curieux plaisir dans cette difficulté. Le rôle des saints dans
l'église, par exemple, peut être présenté d'une façon directe, mais dans ce
cas on procurerait moins de plaisir à son public, «minus delectat audientem»
(II:vi,7), que si on citait des vers du *Cantique des Cantiques* (4,2) pour
représenter les saints comme les dents de l'Eglise. Est-ce que l'on apprend
autre chose par la poésie que ce que l'on apprend quand on entend la
même idée exprimée en mots simples? «...quam cum illud planissimis uerbis
sine similitudinis huius adminiculo audiret?» (II:vi,7). St. Augustin répond
à sa propre question par son expérience personnelle:

Et tamen nescio quomodo suauius intueor sanctos, cum eos quasi dentes
ecclesiae uideo praecidere ab erroribus homines atque in eius corpus emollita
duritia quasi demorsos mansoque transferre (II:vi,7).

La métaphore permet à Augustin de considérer les saints avec un plaisir
difficile à définir, «nescio quomodo suauius.» Il souligne son impuissance à
articuler ce plaisir et remet la question à un autre discours: «Sed quare
suauius uideam... difficile est dicere et alia quaestio est.» Mais il arrive
néanmoins à préciser que ce plaisir se trouve dans la difficulté même: «cum
aliqua difficultate quaesita multo gratius inueniri.» (II:vi,8);: «on découvre
avec plus de plaisir les choses quand on les cherche avec une certaine
difficulté» (8).

Ce principe, la base de toute une tradition littéraire des plaisirs de
l'obscurité et de la fonction pédagogique de la difficulté, ressort souvent
dans les *Essais* (9). Avec les observations sur la poésie énigmatique et la

peinture voilée et ténébreuse on pourrait évoquer ici deux autres passages qui rappellent l'Augustin de *De doctrina christiana* et le St. Paul de *per speculum in aenigmate*. Au début de l'essai I:26, «De l'institution des enfans», Montaigne, parlant de l'essai de ses facultés naturelles, écrit:

> Mes conceptions et mon jugement ne marche qu'à tastons, chancelant, bronchant et chopant; et, quand je suis allé le plus avant que je puis, si ne me suis-je aucunement satisfaict: je voy encore du païs au delà, mais d'une veuë trouble et en nuage, que je ne puis desmeler. (p. 146).

Ici Montaigne décrit un procédé épistémologique digne de St. Augustin. L'homme apprenti et travailleur éprouve de la difficulté en s'approchant du «païs au delà», le lieu de la connaissance parfaite (10). La prose représente par son style le ralentissement de son sujet, les participes présents agissant comme autant de pierres d'achoppement, d'*impedimenta* pour gêner son progrès. La satisfaction lui échappe, mais l'attire d'une façon séduisante en même temps, comme «entreluisant» son chemin «d'une infinie variété de faux jours» (p. 536). L'autre passage est celui de l'essai «De la presomption» (II:17) où Montaigne dit:

> (a) J'ay tousjours une idée en l'ame (c) et certaine image trouble, (a) qui me presente (c) comme en songe (a) une meilleure forme que celle que j'ay mis en besongne, mais je ne la puis saisir et exploiter. Et cette idée mesme n'est que du moyen estage. (p. 637).

Il ne peut pas la saisir et exploiter, mais il n'abandonne pas pour autant l'effort. Dans ces deux passages, Montaigne ne parle pas de la connaissance de Dieu mais de son propre effort pour écrire, pour réaliser son *imitatio* des modèles Anciens. La «meilleure forme», l'idéal qui correspond au «païs au delà», se trouve cachée par une «image trouble» mais fait signe d'une façon séduisante à l'auteur, «comme un songe». Elle agit comme la «Divinité cachée» de Saint Paul, éludant celui qui veut la «saisir et exploiter». Le lieu de l'écrivain n'est pas le domaine de la satisfaction. L'«idée en l'ame» n'est jamais définitive; elle «n'est que du moyen estage». Ce «moyen estage» est le creuset d'où, pendant plus de vingt années, sont nés les *Essais*.

Donc, et dans la théorie et dans la pratique de son esthétique, Montaigne se sert d'un principe que St. Augustin avait élaboré dans un cadre théologique. Ce principe contredit la notion de Sebond que la nature est un livre qui se lit facilement, «sans difficulté et sans peine.» L'esthétique de l'*Apologie* est plutôt celle de la «poësie oenigmatique» et de la «peinture voilée et tenebreuse» (p. 536c), celle de la *densissima calligo* - on y pourrait ajouter celle de l'«embrouilleure». Dans «De la vanité», après la critique «des oreilles foibles et nonchallantes» et la remarque sur l'auteur qui préfère «n'estre pas leu que de l'estre en dormant ou en fuyant» (p. 995b), Montaigne donne - non sans un certain humour - une défense de la forme de ses essais, de leur «embrouilleure». Cette défense évoque d'une façon frappante l'esthétique de l'obscurité dans *De doctrina christiana*:

> Puisque je ne puis arrester l'attention du lecteur par le pois, «manco male» s'il advient que je l'arreste par mon embrouilleure. --«voire, mais il se repentira par après de s'y estre amusé.»-- C'est mon, mais il s'y sera toujours amusé; Et puis il y a des humeurs comme cela, à qui l'intelligence porte desdain, qui m'en estimeront mieux de ce qu'ils ne sçauront ce que je dis: ils conclurront la profondeur de mon sens par l'obscurité,... (p. 995b).

L'«embrouilleure» de Montaigne rappelle la *densissimam calliginem* d'Augustin [*caligo* = le brouillard]. Les deux ont la fonction d'arrêter le progrès du lecteur: l'une dans les *Essais*, l'autre dans la Bible. Dans les deux cas le lecteur éprouve un plaisir: «il s'y sera toujours amusé;» -- *et tamen nescio quomodo suauis intueor sanctos*. Enfin, chaque situation est créée par un auteur, soit Montaigne, soit Dieu, qui saisit un aspect curieux de la condition humaine: «il y a des humeurs comme cela à qui l'intelligence porte desdain»; -- *Quod totum prouisum esse diuinitus non dubito ad edomandam labore superbiam et intellectum a fastidio reuocandum, cui facile inuestigata plerumque uilescunt*». Avec de tels lecteurs Montaigne aussi s'amuse, remarquant qu'ils «conclurront la profondeur de mon sens par l'obscurité». Il est difficile d'imaginer que Montaigne ait composé ce passage sans avoir reconnu l'esthétique de l'obscurité telle qu'Augustin l'a énoncée (11). En tout cas, son «embrouilleure» va à l'encontre de la «belle contexture» de Sebond.

Il en est de même pour le caractère «descousu» de l'*Apologie*. Dans le même passage où il parle du «divin mot» de Platon sur la «poësie oenigmatique», Montaigne dit que la source et l'autorité de toute la philosophie est la poésie, et il ajoute, «Platon n'est qu'un poëte descousu» (p. 537c). Le mot «descousu» nous arrête parce que Montaigne s'en est servi à plusieurs reprises pour décrire ses *Essais*: «ces petits brevets descousus» (p. 1092c) et leur composition «par articles descousus» (p. 1076b). Il est évident que Montaigne a suivi l'exemple de Platon plutôt que de Sebond, et que dans l'«Apologie» il a «descousu» la «belle contexture» de Sebond.

Un autre aspect pertinent à cette histoire de contexture et de dessein nous ramène à la fin de l'*Apologie* et à celle du livre de Sebond. Etant donné la structure linéaire et hiérarchique du *Liber creaturarum*, ce n'est pas étonnant que la conclusion soit une description du Jugement dernier. C'est

- 62 -

la culmination logique d'un livre basé sur l'idée que l'homme, par son discours, peut arriver à la connaissance de Dieu. La forme linéaire du livre imite ainsi son concept de l'épistémologie et de l'histoire: «Le jour du jugement sera le dernier jour, et jour terminant et finissant tous les jours precedens: ce jour là seront mis en un et ensemble en evidence toutes les actions des autres jours depuis l'origine du monde» (p. 440) (12). Le livre de Sebond, par sa forme ainsi que par sa philosophie, est téléologique. Le chapitre pénultième (p. 329) est intitulé: «La memoire du dernier jour doit continuellement estre presente à l'homme chrestien» (p. 442). Le moment de rencontrer Dieu, «face à face», comme le dit St. Paul, c'est le point culminant du drame chrétien. «Ce dernier jour, et jour de nostre createur, clorra donc tous les jours des hommes...» (p. 442), mais, en voulant le décrire, Sebond commet l'erreur de vouloir pénétrer par son langage dans le «païs au dela». Le dernier chapitre de son livre (p. 330) décrit la séparation entre les bons et les mauvais, la punition des méchants et la «souveraine beatitude» de la «suitte de Jesus Christ» (p. 445). C'est l'autre monde, l'ineffable, le domaine de «l'estre», avec lequel, Plutarque le souligne, «nous n'avons aucune communication».

Il n'y a pas de Jugement dernier à la fin de l'*Apologie*. Il n'en est pas question. Les dernières phrases de l'essai dans les éditions parues du vivant de Montaigne soulignent que de vouloir transcender le domaine de l'homme, c'est:

> impossible et monstrueux. Ny que l'homme se monte au dessus de soy et de l'humanité: car il ne peut voir que de ses yeux, ny saisir que de ses prises. Il s'eslevera si Dieu lui preste extraordinairement la main; il s'eslevera, abandonnant et renonçant à ses propres moyens, et se laissant hausser et soublever par les moyens purement celestes, par la grâce divine: mais non autrement. (p. 604a).

Après 1588, il a rayé les sept derniers mots et il a donné à son essai la conclusion suivante: «C'est à nostre foy Chrestienne, non à sa vertu Stoïque [il s'agit de Sénèque], de prétendre à cette divine et miraculeuse metamorphose» (p. 604c). L'*Apologie* s'accomplit par le mot «metamorphose», seul moyen d'exprimer le procédé qui rend à l'homme la puissance «d'aller outre» (p. 1035), de passer dans le «païs au dela» où la «poësie oenigmatique» devient claire. Cette métamorphose ne s'effectue pas par le langage, mais par la grâce et la foi, système non-verbal de connaître Dieu (13).

Pour Montaigne l'impuissance d'écrire la fin ne pose pas de problèmes par ce que -comme il l'explique dans l'*Apologie*- chaque individu n'est qu'une partie dans l'effort collectif de la connaissance humaine. L'homme ne peut pas se servir de son langage pour aller outre, dans le sens de transcender la barrière entre lui et Dieu, mais il existe d'autres façons de transcender les bornes de l'esprit humain.

> ce que ma force ne peut descouvrir, je ne laisse pas de le sonder et essayer; et en retastant et petrissant cette nouvelle matiere, la remuant et l'eschaufant, j'ouvre à celuy qui me suit quelque facilité pour en jouir plus à son ayse, et la luy rends plus souple et plus maniable... Autant en fera le second au tiers; qui est cause que la difficulté ne me doit pas desesperer, ny aussi peu mon impuissance, car ce n'est que la mienne (pp.560-61a).

La véritable plénitude du langage n'appartient pas à un seul individu. La force du langage inquisitoire consiste dans son mouvement d'ouverture vers «celuy qui me suit», vers le «second» et le «tiers», les lecteurs qui assumeront la quête que Montaigne leur a léguée. L'accomplissement de l'*Apologie de Raimond Sebond* se trouve dans son non-accomplissement, dans son ouverture sur les lecteurs éventuels qui reprendront le travail de la recherche. L'essai qui domine le centre de l'oeuvre de Montaigne n'est pas insolite; au contraire, c'est une apologie des *Essais* même, d'une entreprise d'inquisition et d'interrogation qui est forcément inachevable.

Mary B. McKINLEY
University of Virginia

NOTES

1. Dans cette communication je repars sur la piste d'un travail que j'ai fait il y a dix ans, non pas pour en faire une *recusatio*, mais pour reprendre certaines questions que pose le texte, pour les approfondir et les pousser davantage. Voir «The City of God and the City of Man: Limits of Language in Montaigne's *Apologie*,» *Romanic Review* 71 (1980), pp.122-140.

2. Deux études récentes ont examiné les conclusions des essais. Voir François Rigolot, «Excipit et Alongeails, ou: comment Montaigne termine ses essais,» dans Montaigne: regards sur les *Essais*, édité par Lane M. Heller et Felix R. Atance (Waterloo, Ontario, University Press, 1986), pp.121-135; et Marcel Tetel, «Les Fins d'essais: Mise en question ou début du convaincre,» in *BSAM* (1985), pp.191-199.

3. La notion de la plénitude du langage dans la littérature de la Renaissance a été soulignée par Terence Cave dans *The Cornucopian Text: Problems of Writing in the French Renaissance* (Oxford, 1979). Ma lecture de Montaigne doit beaucoup à ce livre.

4. Pour des perspectives variées sur le caractère apparemment contradictoire de ces deux rôles, voir Joseph Coppin, *Montaigne traducteur de Raymond Sebond* (Lille, 1925); Donald M. Frame, «Did Montaigne Betray Sebond?» *Romanic Review*, 38 (1947), pp.315-329; Floyd Gray, «The "Nouveaux Docteurs" and the Problem of Montaigne's Consistency in the *Apologie de Raimond Sebond*,» *Symposium*, 18 (1964), pp.22-34; Floyd Gray, «Montaigne and Sebond: the Rhetoric of Paradox,» *French Studies*, 28 (1974), pp.134-145; Marcel Gutwirth, «Montaigne pour et contre Sebond,» *Revue des Sciences Humaines*, 34 (1969), pp.175-188; Robert Aulotte, Montaigne: *Apologie de Raimond Sebond* (Paris, SEDES, 1979, pp.61-74); André Tournon, *Montaigne: la glose et l'essai* (Lyon, 1983), pp.228-256; et Claude Blum, «"L'Apologie de Raymond Sebond" et le déplacement de l'apologétique traditionnelle à la fin du XVIe siècle», dans L. Kritzmann, *The sign and the text*, Lexington, a.p.

5. *La Théologie naturelle de Raymond Sebond*. Vol. 9 et 10 dans *Oeuvres complètes* de Michel de Montaigne, éd. A. Armaingaud. (Paris, 1924-41), p. vi.

6. I Corinthiens, ch.13, 12.

7. *Sancti Avrelii Avgvstini De doctrina christiana* dans *Avrelli Avgvstini Opera, pars IV*,i; vol. XXXII du *Corpus Christianorvm*: Series Latina (Tvrnholti: MCMLXII), pp.35-36. Voir aussi l'excellente édition de la Bibliothèque augustinienne, *Le Magister chrétien*, ed. M. le chânoine Combes et M. l'Abbé Farsches, vol. 11, (Paris, 1949), traduction en français des passages cités, pp.245-247.

8. Je cite la traduction de la *Bibliothèque augustinienne*, p.247.

9. Pour le rôle d'Augustin dans le déroulement du «plaisir de l'obscurité» voir Joseph Anthony Mazzeo, «Saint Augustine's Rhetoric of Silence: Truth versus Eloquence and Things versus Signs,» dans *Renaissance and Seventeenth-Century Studies* (New York, 1964), pp.1-28.

10. Voir l'article de Ian Maclean, «le Païs au delà»: Montaigne and Philosophical speculation,» dans Montaigne: *Essays in memory of Richard Sayce*, ed. I.D. McFarlane et Ian Maclean (Oxford, 1982), pp.101-132.

11. La question des lectures que Montaigne a faites dans St. Augustin reste problématique. Villey affirme que «Montaigne nomme saint Augustin avec révérence, et parle de lui comme d'un auteur de grande autorité...» Il ajoute que «Montaigne a beaucoup étudié la Cité de Dieu, mais de tous les ouvrages de saint Augustin, il semble n'avoir pratiqué que celle là». Pierre Villey, *Les Sources et l'Evolution des Essais de Montaigne* (1908, réimprimé New York, 1968) I, pp.72-73. Voir aussi Nigel Abercrombie, *Saint Augustine and French Classical Thought* (Oxford, 1938), ch. 2, «Montaigne and the City of God», and Elaine Limbrick, «Montaigne et St Augustin», *BHR*, 34 (1972), 49-64, ce dernier pour une analyse soigneuse des emprunts de la Cité de Dieu dans l'«Apologie». Limbrick juge, d'après cette analyse, que «la lecture de la Cité de Dieu a surtout enrichi la pensée religieuse de Montaigne, Saint Augustin servant à garantir son

orthodoxie et à fournir une base doctrinale à son fidéisme» (49). La thèse récente d'Andrée Comparot, *Augustinisme et Aristotélisme de Sebon à Montaigne* (Lille, 1985) donne un riche arrière-fond historique pour suivre les avatars de cet héritage théologique. L'héritage rhétorique et stylistique de Saint Augustin dans les *Essais* est plus difficile à préciser. On ne peut pas dire avec certitude que l'absence de citations d'autres oeuvres augustiniennes indique que Montaigne ne les a pas «pratiquées». Voir les observations de Richard Regosin dans son *The Matter of My book: Montaigne's Essais as the Book of the Self* (Berkeley, 1977) p.251 n.11. Augustin parle de la fonction de l'obscurité dans la *Cité de Dieu* (par exemple dans XI:19 et 22), mais aucun de ces passages ne donne des résonances aussi frappantes avec l'«embrouilleure» de Montaigne que celles de *De doctrina* II:7-8.

12. *Théologie naturelle*, vol. II.
13. Voir McKinley, article cité. André Tournon souligne le caractère extraordinaire de cette «metamorphose»: [Montaigne] présente cette irruption de la grace comme un événement aussi imprévisible que l'illumination de Paul sur le chemin de Damas: un miracle, non la réponse à une prière ni le terme d'un itinéraire spirituel. La conversion ne s'inscrit pas plus dans l'ordre de la vie que la vérité révélée dans l'ordre de la connaissance». *Montaigne: la glose et l'essai*, éd. cit. p. 250.

QUELQUES REMARQUES SUR LES ALLONGEAILS
DE L'«APOLOGIE» EN 1588

«Tout est dit, et l'on vient trop tard...

En parlant des «allongeails» de l'*Apologie*, j'emploie un terme impropre, même s'il est consacré par l'usage (1) puisque ce mot, du cru de Montaigne, ne figure qu'une fois dans les *Essais*, au singulier, pour désigner l'ensemble du IIIe Livre (2). J'en fais ici un synonyme d'«ajout» ou de «remaniement» et c'est en ce sens que je l'utiliserai à propos des variantes de l'édition de 1588 par rapport à l'originale: en somme la couche B de l'édition Villey-Saulnier. Toutefois, on prendra garde que les premières variantes du texte de Montaigne ne datent pas de 1588 mais de 1582 (3) et que, si elles ne sont pas nombreuses, elles ne sont pas pour autant dépourvues d'importance ni de signification: il arrive qu'il soit difficile de considérer les allongeails de 1588 en ignorant ceux de 1582.

Quoi qu'il en soit, c'est au texte de 1588 que je m'intéresserai, au risque d'en éprouver certains surprises. On fréquente plus souvent aujourd'hui, en effet, les *Essais* de 1580 quand ce ne sont pas ceux de l'exemplaire de Bordeaux (4) faute de moyens d'ailleurs (5). Ce texte de 1588 constitue pourtant un état important et intéressant de l'oeuvre: on doit à la mémoire de Villey de rappeler que c'est celui qu'il considérait comme le meilleur. («En somme, c'est dans l'édition de 1588 que l'originalité de Montaigne s'est pleinement révélée, et que sa manière a atteint son plus haut degré de perfection») (6); c'est le dernier texte dont Montaigne ait préparé la publication; enfin, le titre de ce colloque du quatrième centenaire, «Montaigne et l'accomplissement des *Essais*», n'invite-t-il pas à un nouvel examen? Toutefois, si je relis l'*Apologie* dans la «cinquième» édition, je le ferai sans m'interdire de tenir compte, à l'occasion, de ce qui s'est déjà passé en 1582 et en signalant éventuellement ce qui arrivera par la suite. Lecture d'un moment des *Essais* dans une perspective diachronique, à propos d'un chapitre capital.

-=-=-=-

Comme partout dans les *Essais*, les ajouts de l'*Apologie* sont de taille, de nature, de portée variable (7). Il s'agit souvent de simples mises au point stylistiques: c'est le père de Montaigne qui, au début du chapitre, a «joui... cinquante ans et plus» de sa maison dans le texte de 1580 et qui, en 1588, l'a «commandée»: correction conforme par anticipation à la recommandation de Pasquier (8)! Ou bien c'est la correction d'un mot: «si nous tenions à Dieu par luy, non par nous..., les occasions humaines n'auroient pas le pouvoir de "l" esbranler, lisons-nous en 1580 où "l"» désigne notre foi; «... des "les" esbranler» en 1582, ce qui apparaît comme une fausse correction, rectifiée en 1588 pour donner: «... de "nous" esbranler» (9). (Ces menues corrections, d'ailleurs nombreuses, ne sont pratiquement jamais signalées par l'édition Villey-Saulnier) (10). Certains de ces allongeails enfin sont de vraies insertions, plus ou moins longues, parfois considérables, réparties de façon variable, susceptibles, mais irrégulièrement, d'être complétées d'autres allongeails dans l'édition posthume.

Le début de l'*Apologie* servira d'exemple commode à ce propos. Hormis les menues corrections comme celles dont je viens de parler («commandée» pour «joui», etc.), le préambule et la réponse à la première objection, qui occupent seize pages de l'édition de 1580 (11), ne comportent en 1588 que sept ajouts:
- une précision supplémentaire mais rapide: à propos de son père qui «n'avoit aucune connoissance des lettres», Montaigne note en 1588 «non plus que ses predecesseurs» (12);
- deux citations latines de Lucrèce sont ajoutées dans le passage:

Nam cupide concultatur nimis ante metutum (13),

Non jam se moriens dissolvi conquereretur;
Sed magis ire foras, vestemque relinquere, ut anguis,
Gauderet, praelonga senex aut cornua cervus (14).

- de même, quatre commentaires de longueur différente, le premier (le plus long) pour flétrir l'indignité des Chrétiens en la comparant désavantageusement aux moeurs des Mahométans et des Païens (15), le second (fort bref) qui constitue l'une des phrases-maximes les plus célèbres des *Essais*:

Nous sommes Chrestiens à mesme titre que nous sommes ou Perigordins ou Alemans (16).

On observera qu'il s'agit toujours du même thème: notre indignité, notre faiblesse qui sont telles que c'est par insuffisance que nous adhérons à la meilleure des religions: la phrase de Montaigne ponctue par un exemple le développement qui précède. Les deux derniers allongeails montrent cette insuffisance, l'un à propos des grandes âmes «mais grandes d'humaine nature seulement» (17) qui n'ont pas eu la chance de connaître la Révélation, l'autre pour préciser par une image empruntée à Plutarque (non nommé) un thème de réflexion «sebondien» sur l'argument des merveilles de la nature, non pas tant comme preuve de l'existence de Dieu que comme signe de sa bonté et manifestation de sa grâce. On lisait en 1580 des remarques telles que celles-ci: Sebond «nous monstre comment il n'est nulle piece du monde qui desmante son facteur. Ce seroit faire tort à la bonté divine si l'univers ne contentoit à nostre creance...», appuyées par une citation de saint Paul: «Les choses invisibles de Dieu, dit saint Paul, apparoissent par la creation du monde, considerant sa sapience eternelle et sa divinité par ses oeuvres» (18), parole elle-même confirmée par quelques vers de Manilius («l'anti-Lucrèce») (19) illustrant la même idée. En 1588, Montaigne ajoute donc, en guise de nouvel argument sur ce thème les mots suivants, placés avant la citation de saint Paul:

> Car ce monde est un temple tressainct, dedans lequel l'homme est introduict pour y contempler des statues, non ouvrées de mortelle main, mais celles que la divine pensée a faict sensibles: le Soleil, les estoilles, les eaux et la terre, pour nous representer les intelligibles (20).

Je cite cet ajout entier pour deux raisons: parce qu'il me semble en légère dissonance avec nombre de développements qui suivront dans la mesure où il obéit encore à la leçon de Sebond et place l'homme («nous») au centre de la création, et à cause de la tonalité platonisante du vocabulaire («sensibles», «intelligibles») - on notera toutefois que dans le texte d'Amyot que Montaigne reprend largement, Platon était expressément mentionné alors que l'auteur des *Essais* a supprimé cette référence (21).

Nous sommes au début du chapitre. L'ensemble des ajouts énumérés ne modifie nullement le sens général de ces pages. On se trouve devant des développements limités et contenus «en puissance» par le texte primitif de 1580 sans que celui-ci soit rejeté en marge, comme ce sera le cas ailleurs: ajouts quantitatifs et citations d'ornements, dirai-je pour reprendre deux termes de François Rigolot (22).

Il n'empêche que le texte de 1588 n'est pas celui auquel nous sommes habitués dans les éditions posthumes (23). C'est qu'ici comme ailleurs, Montaigne n'a cessé jusqu'à sa mort d'introduire de nouveaux et abondants allongeails qui, par endroits, modifient sensiblement la portée sinon la signification du texte; je pense à un allongeail de 1595 (situé dans la réponse à la première objection dont il est à présent question) sur les abus et les mensonges auxquels donne lieu l'alibi religieux des guerres civiles:

> Sentez si ce n'est par noz mains que nous la [la religion] menons, à tirer comme de cire tant de figures contraires d'une regle si droitte et si ferme. Quand s'est-il (24) veu mieux qu'en France en noz jours?... Voyez l'horrible impudence dequoy nous pelotons les raisons divines... (25).

La force de la conviction est considérablement accrue. Il ne s'agit plus seulement d'appliquer aux événements contemporains des considérations générales sur l'homme et la religion, mais d'un véritable cri d'indignation. Cependant, si le ton est autre, l'ajout de 1595 ne bouleverse pas la structure du texte non plus que sa signification profonde.

Certains de ces ajouts, on le sait, se superposent en 1595 à ceux de 1588, les effaçant rarement, il est vrai («j'adjouste, mais je ne corrige pas») (26), mais modifiant quelquefois et créant ainsi un effet de «surallongeail» (si l'on veut bien me permettre cet hapax sur un hapax) dont on trouve de nombreux autres exemples dans l'oeuvre de Montaigne. Un comptage, nécessairement approximatif, d'après l'édition Porteau (27) - dont les lignes sont numérotées en continu - permet de donner une idée des apports successifs dans ces pages du début du chapitre XII:

- texte de 1580   317 lignes (28)
- texte de 1588   36 lignes
- texte de 1595   106 lignes.

Les allongeails de 1588 sont peu importants, comme on voit: un peu plus de 10 % du texte de 1580, alors que les ajouts de 1595 en représentent le tiers.

On le sait, un grand nombre de ces allongeails sont des citations, parfois annoncées:

> J'ai veu (dict Arrius [«comprenez Arrien»]) autresfois un elephant... (29).

> Pourtant disoit plaisamment Xenophanes que... (30).

Plus souvent implicites: les notes des éditions modernes des *Essais* regorgent d'informations à cet égard sans être jamais complètes. Intertexte... A ce sujet, tout a été dit, et notamment que «dans les *Essais*, la citation fonctionne dans tous les sens» (31). Lorsque Montaigne écrit, en effet, il emprunte ou il allègue plus souvent encore qu'il ne cite expressément. Et quand il prend son bien dans la prose des autres, il la remanie, l'abrège

(32), la paraphrase quelquefois; toujours il s'en empare (33), il la fait sienne au point que la plupart du temps on ne saurait dire si c'est la citation qui inspire le commentaire (34) ou l'inverse. Nul n'a oublié cette intéressante confidence, de 1588 précisément:

> En mes escris mesmes je ne trouve pas tousjours l'air de ma premiere imagination: je ne sçay ce que j'ay voulu dire, et m'eschaude souvent à corriger et y mettre un nouveau sens, pour avoir perdu le premier, qui valloit mieux (35).

«Corriger», «nouveau sens»: autant de commentaires nouveaux, autant de citations parfois (36). L'exemple en est fourni par la suite de cet allongeail important. Montaigne ayant écrit (parce qu'il s'est pris sur le fait?) qu'il ne s'y retrouve pas toujours poursuit:

> Je ne fay qu'aller et venir; mon jugement ne tire pas tousjours en avant; il flotte, il vague (37).

D'où l'image, empruntée à Catulle - hors de son contexte, mais ce n'en est pas le seul exemple:

> *velut minuta magno*
> *Deprensa navis in mari vesaniente vento* (38).

Puis vient un long et passionnant développement sur les intermittences de l'opinion en chacun, miroir de ce qui se passe en Montaigne lui-même. L'ajout de 1588 le spécifie d'ailleurs sans ambiguïté: «Je m'entraine quasi où je penche, comment que ce soit, et m'emporte de mon pois. *Chacun à peu pres en diroit autant de soy, s'il se regardoit comme moy* (39).

Comparé à celui de 1580 (40), ce passage dans la version de 1588 apparaît bien comme «une mise en question des significations déposées par l'écriture précédente» (41), mais celle-ci restera sans suite puisque, à cet endroit, l'édition de 1595 n'apportera rien.

Quand Montaigne donc ajoute une simple citation au texte qu'il relit (étant entendu que cette citation est toujours susceptible d'entraîner un commentaire), c'est qu'il retrouve chez un autre ce qu'il a déjà lui-même dit, écrit ou pensé - façon dans certains cas de découvrir aussi un sens acceptable pour un texte dont il a perdu l'intention première.

C'est dès 1580 que les *Essais* signalent cette possibilité - on me pardonnera de sortir ici un instant de l'*Apologie* -, qu'il lui advienne, dit-il, dans le chapitre «De l'institution des enfans»,

... de rencontrer de fortune dans les bons autheurs ces mesmes lieux que j'ay entrepris de traiter, comme je viens de faire chez Plutarque tout presentement... (42).

Mais la réaction de Montaigne évoluera. Ce qui est d'abord, dans le texte de 1580, source de confusion:

... à me reconnoistre, au prix de ces gens là, si foible et si chetif, si poisant et si endormy, je me fay pitié ou desdain à moy mesmes... (43)

devient prétexte à ironiser en 1588 dans un passage de l'*Apologie*:

J'en laisse plus librement aller mes caprices en public: d'autant que, bien qu'ils soyent nez chez moy et sans patron, je sçay qu'ils trouveront leur relation à quelque humeur ancienne; et ne faudra quelqu'un de dire: Voylà d'où il le print! (44).

Car entre-temps, Montaigne a non seulement découvert, mais appris à oser le dire, que «la Philosophie... a tant dict, que tous nos songes et resveries s'y trouvent. L'humaine phantasie ne peut rien concevoir en bien et en mal qui n'y soit» (45). A ce compte, comme on voit, les *Essais* se révèlent comme un immense emprunt, à moins que ce ne soit tout le savoir du monde qui se trouve, dans ce livre extraordinaire, offert sous une forme à la fois toujours nouvelle et pourtant reconnaissable.

De sorte que vouloir recenser et mesurer les emprunts de Montaigne en 1588 s'apparenterait à la tâche des Danaïdes. C'est pourquoi, puisque je prétends examiner les citations ajoutées en 1588, je me bornerai désormais à parler de celles qui sont en vers tout simplement parce qu'elles sont aisées à repérer avant toute interprétation. Etant bien entendu cependant que les résultats ainsi obtenus seront approximatifs, comme le seront les conclusions qu'on pourra essayer d'en tirer. Et étant bien entendu aussi que «de tous les auteurs de l'antiquité, celui dont l'influence l'emporte chez Montaigne» (46), plus que tous les poètes, plus que n'importe quel autre prosateur, et même si le recensement des emprunts directs et dénombrables que lui fait Montaigne dans l'*Apologie* et ailleurs, en 1580 comme en 1588, est impossible à établir précisément, c'est Plutarque (47). Il fallait le redire.

Je me suis hasardée à faire un tableau de ces citations en vers de l'*Apologie*, en me limitant toutefois aux textes latins, les plus nombreux (48). On trouvera ci-dessous la liste alphabétique des poètes à qui Montaigne s'est adressé.

	1580	1582	1588	1595	Total
CATULLE			1		1
CLAUDIEN				1	1
HORACE	13		3		16
JUVENAL			7		7
LUCAIN			2		2
LUCRECE	27	3	46	1	77
MANILIUS	5				5
MARTIAL	4				4
OVIDE	11		2	5	18
PERSE			1		1
PROPERCE			1		1
TIBULLE			1		1
VIRGULE	9		8		17
	69	3	72	7	151

Plus que Virgile, donc, plus qu'Horace (49), on constate que le poète le plus cité dans l'*Apologie*, et de loin, est Lucrèce. D'une manière générale, on le sait, Montaigne est «l'utilisateur le plus abondant de Lucrèce au XVIe siècle: les *Essais* citent ou paraphrasent plus du sixième du poète», rappelle Friedrich (50). Cette préférence se vérifie dans l'*Apologie*. Sans doute le goût de Montaigne pour l'auteur du *De natura rerum* n'entraîne pas l'adhésion du Bordelais à l'athéisme ni aux spéculations cosmologiques du Romain. Montaigne apprécie par-dessus tout le poète, il est sensible au fonds de philosophie naturelle et morale de l'oeuvre et il ne se fait pas faute d'emprunter au grand texte épicurien des passages isolés dont il n'hésite pas à fausser le sens premier (51) - cela aussi bien en 1588 qu'en 1580. Toutefois, voyant cette persévérance à citer si abondamment Lucrèce jusque dans l'édition de 1588, je me demande s'il faut rejeter aussi catégoriquement qu'on le fait d'ordinaire, toute influence des idées de Lucrèce sur Montaigne (52). Certes, celui-ci n'est pas épicurien au sens philosophique et cosmologique du terme et il prend soin de se séparer des «sectes dogmatistes» (53), mais il s'appuie si continuellement dans l'*Apologie* sur les arguments de Lucrèce contre la sollicitude des cieux à l'endroit de l'homme, contre l'anthropocentrisme, contre la «dignitas hominis», qu'on ne peut pas ne pas être troublé par la sympathie qu'expriment tant de références pour une doctrine si contraire au christianisme. En fait, et c'est un point capital, ce qui différencie Montaigne des tenants de l'épicurisme, c'est que jamais il ne se sert de Lucrèce dans une intention «dogmatiste et résolutive» (54). Ces mots, il est vrai, n'appartiennent pas aux *Essais* de 1588 mais à la dernière série d'ajouts de l'*Apologie*, rédigés alors que c'est le Cicéron des *Académiques* et des *Tusculanes* qui sera cité plutôt que Lucrèce (55).

Les ajouts de Montaigne sont de toutes tailles et de toutes formes: tantôt une citation isolée est posée en guise d'illustration, de confirmation ou d'éclaircissement dans le texte de 1580; tantôt c'est à une série de citations que nous avons affaire. Montaigne souligne ainsi les rencontres entre ses «caprices» et «quelque humeur ancienne» (56). Les exemples n'en sont pas rares. Dans la page où il est question du langage des bêtes, l'édition de 1582 insère une des rares citations italiennes de l'*Apologie*, en l'occurrence de Dante (57) que complète une allusion à Lactance (58) sur le rire des animaux; puis on revient au texte de 1580 avec Aristote qui «allegue... le chant divers des perdris» (59), ce qui entraîne l'ajout d'une citation de Lucrèce, la première d'une série de trois dans la même page, mais qui vient elle-même après une autre de ce poète, cité dès 1580 dans la page précédente (60). Ce premier allongeail de 1588 est composé d'extraits d'un passage où l'auteur du *De natura rerum* parle d'oiseaux et d'autres animaux:

> *variae volucres*
> *Longe alias alio jaciunt in tempore voces,*
> *Et partim mutant cum tempestatibus una*
> *Raucisonos cantus.* (61)

Il vient donc illustrer le propos de Dante, de Lactance et d'Aristote. Puis Montaigne entreprend de soutenir la thèse de l'égalité entre les créatures, alléguant sans le nommer l'*Ecclésiaste* (61bis): «Tout ce qui est sous le Ciel, dit le sage, court une loy et fortune pareille» (62) - cela dès 1580. En 1588, il confirmera l'universalité de cette pensée par une note de couleur plus sombre empruntée une fois encore à Lucrèce:

> *Indupedita suis fatalibus omnia vinclis* (63).

Dans le texte original de 1580, Montaigne enchaînait en représentant la même idée par d'autres termes: «Il y a quelque difference, il y a des ordres et des degrez; mais c'est soubs le visage d'une mesme nature». En 1588, il ponctue cette reprise d'une nouvelle citation de Lucrèce:

> *res quaequo suo ritu procedit, et omnes*
> *Foedere naturae certo discrimina servant* (64).

«Purs ajouts quantitatifs» (65) mais dont la répétition n'est sans doute pas dépourvue de sens. D'autant plus qu'en examinant l'origine de ces citations, on s'aperçoit qu'elles sortent toutes de pages très rapprochées chez le fournisseur, en l'occurrence Lucrèce. Je reprends par commodité la pagination de l'édition Villey-Saulnier, de même que les références offertes par les notes de cette édition (66):

Pages	457	457	459	459	459
Date de la citation	1588	1580	1588	1588	1588
Référence dans le texte de Lucrèce	v.1032	v.1157	v.1077, 80, 82, 83	v.874	v.921
Ampleur	1 vers	5 vers	4 vers	1 vers	2 vers

On pourrait faire la même expérience sur d'autres textes: sans que ces séries au double sens du terme (suite de citations rapprochées du même auteur, tirées en outre de passages très voisins) soient absolument régulières, on observe qu'elles sont fréquentes, ce qui semble indiquer que Montaigne relisait et reprenait son texte parallèlement à d'autres lectures. Il est tout à fait frappant en effet que les citations de Lucrèce ajoutées en 1588 aux pages 453-459 de l'édition Villey-Saulnier sortent du livre V du *De natura rerum* (ces citations sont au nombre de sept); celles des pages 519-552 (18 au total) viennent du livre III; celles des pages 592-598 (4 citations) sont extraites du livre IV (67). Cela se vérifie de la même façon pour les citations de 1580. Sans doute serait-il imprudent de tirer de ces observations des conclusions tranchées, mais tout cela confirme ce que Montaigne écrit ailleurs, dans un allongeail de 1588 au chapitre «De la praesumption» (II, xvii) sur «les vers et exemples [qu'il a] entassez»: «ne les ay mendiez», écrit-il, «qu'és portes connues et fameuses, ne me contentant pas qu'ils fussent riches, s'ils ne venoient encore de main riche et honorable» (68). «Mendiez», «de main riche et honorable»: c'est un principe de travail qui apparaît ici, conforme à l'esprit d'un temps où l'on conçoit mal un ouvrage de réflexion qui ne se place pas sous le patronage de quelque autorité. Avec Montaigne, il se trouve simplement que c'est à la contestation de la notion d'autorité elle-même que serviront ces emprunts prestigieux. Emprunts qu'on peut dès lors apercevoir comme systématiques dans leur principe et méthodiques dans leur pratique. Sachant où son «caprice» rencontrera «quelque humeur ancienne», Montaigne va y puiser des armes ou, tout le moins, des boucliers. Eventuellement en série.

-=-=-=-

Reste à parler de ce que j'ai proposé plus haut de nommer les «surallongeails» (69): il s'agit d'ajouts sur un ajout (ajout de 1588 sur un premier ajout de 1582 ou, plus fréquemment, ajout de 1595 sur un précédent ajout de 1588). Ainsi, au début de l'*Apologie*, Montaigne remarque amèrement que les Chrétiens ne se distinguent guère des païens ni des hérétiques:

Une si divine et celeste institution ne marque les Chrestiens que par la langue (69).

Ce texte enchaîne en 1580 sur cette phrase:

Si nous avions une seule goute de foy, nous remuerions les montaignes... (70).

Mais en 1588, s'insère à la jointure de deux phrases, un double développement. D'une part, alors que les Chrétiens devraient se faire remarquer par leur vertu, c'est tout le contraire:

Comparez nos meurs à un Mahometan, à un Payen: vous demeurez tousjours au dessoubs (71).

Puis second développement à propos de «nostre bon S. Loys» (72) qui retint un roi Tartare fraîchement converti d'aller à Lyon rendre ses devoirs au pape de peur qu'il ne découvre toutes les turpitudes de la chrétienté - avant une dernière note humoristique sur les vertus de la contradiction. Dans l'édition posthume, surallongeail sur le précédent: c'est une nouvelle réflexion qui s'insère entre les deux développements de 1588, prolongeant la première remarque sur la vertu qui devrait être la marque du Chrétien.

Voici l'ensemble (1588 en italiques, 1595 en capitales):

... et une si divine et celeste institution ne marque les Chrestiens que par la langue. *Voulez-vous voir cela? comparez nos meurs à un Mahometan, à un Payen; vous demeurez tousjours au dessoubs: là où, au regard de l'avantage de nostre religion, nous devrions luire en excellence, d'une extreme et incomparable distance; et devroit-on dire: Sont-ils si justes, si charitables, si bons? ils sont donq Chrestiens.* TOUTES AUTRES APPARENCES SONT COMMUNES A TOUTES RELIGIONS: ESPERANCE, CONFIANCE, EVENE-MENTS, CEREMONIES, PENITENCE, MARTYRES; LA MARQUE PECULIERE DE NOSTRE VERITE DEVROIT ESTRE NOSTRE VERTU, COMME ELLE EST AUSSI LA PLUS CELESTE MARQUE ET LA PLUS DIFFICILE, ET QUE C'EST LA PLUS DIGNE PRODUCTION DE LA VERITE. *Pourtant eust raison nostre bon S. Loys, quand ce Roy Tartare qui s'estoit faict Chrestien desseignoit de venir à Lyon baiser les pieds du Pape et y reconnoistre la sanctimonie qu'il esperoit trouver en nos meurs, de l'en destourner instamment, de peur qu'au contraire nostre desbordée façon de vivre ne le degoustast d'une si saincte creance. Combien que depuis il advint tout diversement à cet autre, lequel, estant allé à Romme pour mesme effect, y voyant la dissolution des prelats et peuple de ce temps là, s'establit d'autant plus fort en nostre religion, considerant combien elle devoit avoir de force et de divinité à maintenir sa dignité et sa splendeur parmy tant de corruption et en mains si vicieuses.* Si nous avions une seule goute de foy, nous remuerions les montaignes de leur place...

Dans les trois états du texte, même signification, même préoccupation. D'une édition à l'autre, Montaigne précise simplement sa pensée et montre de plus en plus clairement sa préoccupation devant l'écart entre les principes et les comportements chrétiens. L'affinement n'est pas seulement stylistique. Il traduit l'aggravation de l'inquiétude - qui n'exclut pas l'humour - engendrée par le déclin des valeurs dans le monde contemporain. De ce point de vue, le texte de 1588 est un moment dans une progression.

Si l'on s'en tient à l'*Apologie* de 1588, on constate qu'elle contient trois surallongeails particulièrement importants (73).

1) Le premier est au coeur du chapitre. Montaigne en est à la présentation des Pyrrhoniens et il s'efforce de faire comprendre ce qu'est la pratique non dogmatique du doute. Le texte de 1580 enchaînait les deux phrases suivantes:

Et par cette extremité de doubte qui se secoue soy mesme, ils se separent et de divisent de plusieurs opinions, de celles mesmes qui ont mintenu en plusieurs façons le doute et l'ignorance. Leurs façons de parler sont: Je n'establis rien; il n'est non plus ainsi qu'ainsin, ou que ny l'un ny l'autre...(74).

L'édition de 1588 introduit un allongeail entre ces deux remarques, une justification sur la valeur philosophique du doute et sur la légitimité de cette pratique. Il n'est pas interdit de voir, dans l'attaque de l'allongeail, une réponse à quelques détracteurs implicites. On a affaire à une série de questions, le ton est vif, l'argumentation serrée:

> Pourquoy ne leur sera il permis... à eux aussi de doubter? Est il chose qu'on vous puisse proposer pour l'advouer ou refuser, laquelle il ne soit pas loisible de considerer comme ambigue?... Pourquoy à ceux icy ne sera il pareillement concedé de maintenir leur liberté, et considerer les choses sans obligation et servitude? Vaut il pas mieux demeurer en suspens...? Vaut il pas mieux se tenir hors de cette meslée? Il vous est permis d'espouser... la creance d'Aristote sur l'eternité de l'ame, et desdire et desmentir Platon là dessus; et à eux il sera interdit d'en doubter? (75).

Puis le mouvement d'indignation contre l'exclusive dont sont menacés les Pyrrhoniens s'apaise et l'allongeail de 1588 se poursuit par une remarque, elle-même peut-être ajoutée avant ou après celles qui l'entourent:

> Si c'est un enfant qui juge, il ne sçait que c'est; si c'est un sçavant, il est praeoccupé.

Quelques lignes enfin exposent dans un style démonstratif l'avantage philosophique de la position pyrrhonienne:

> Ils se sont reservez un merveilleux advantage au combat, s'estant deschargez du soing de se couvrir et de se deffendre? Il ne leur importe qu'on les frappe, pourveu qu'ils frappent, et font leurs besongnes de tout... (76).

Or, dans son livre *Le Scepticisme et le phénomène*, Jean-Paul Dumont souligne à propos de l'*Apologie* combien Montaigne a su comprendre et repenser le scepticisme antique. Sur ce passage en particulier, concernant la définition de l'*époché*, Dumont écrit que «pour rendre compte de l'intention pyrrhonienne, Montaigne renonce à citer à la lettre tel ou tel passage de Sextus Empiricus ou de Diogène Laërce, mais résume et repense: "Leurs façons de parler sont..."» (77). parmi les mots de Montaigne cités par Dumont, se trouve celui-ci, de 1580, qui par anticipation justifie pleinement l'ajout important de 1588 que nous venons de lire:

> J'exprime cette fantaisie [«Le Pyrrhonisme»] autant que je puis, parce que plusieurs la trouvent difficile à concevoir; et que les auteurs mêmes la représentent un peu obscurément et diversement(78).

Dernière remarque sur ce passage: en 1588, on n'y trouve pas de citation directement alléguée, mais Montaigne n'a pas fini d'«exprimer cette fantaisie» et il y reviendra dans l'exemplaire de Bordeaux. Surallongeail alors: trois citations de Cicéron, toutes trois venues des *Académiques* (79), et trois commentaires qui épouseront le rythme et le ton des ajouts de 1588 puisqu'ils seront constitués de nouvelles séries de questions. C'est un texte deux fois complété à partir de 1580 qui nous est aujourd'hui le plus familier.

2) Autre long allongeail (et surallongeail): celui qui s'insère à la suite du passage de 1580 dénonçant la «fole fierté de langage» des hommes qui prétendent «ramener Dieu à leur mesure» (80). Ce passage, en 1580, se termine sur une citation de saint Paul:

Les hommes, dict sainct Paul, sont devenus fols, cuidans estre sages, et ont mué la gloire de Dieu incorruptible en l'image de l'homme corruptible. (81)

Puis Montaigne poursuit sur l'impuissance de l'homme à connaître même ce qui relève de l'humain et de la nature:

Voyons si nous avons quelque peu plus de clarté en la congnoissance des choses humaines et naturelles (82).

Entre ces deux phrases, consécutives en 1580, l'édition Villey-Saulnier comporte six pleines pages (529-536) composées d'ajouts de 1588 et d'additions postérieures. Le premier allongeail, de 1588, dénonce l'entêtement des hommes à faire des dieux à leur image:

Pourtant disoit plaisamment Xenophanes que, si les animaux se forgent des dieus, comme il est vray-semblable qu'ils facent, ils les forgent certainement de mesme eux, et se glorifient comme nous (83).

Faute de bon sens, qui trahit une faiblesse majeure, même chez les plus grands: l'inaptitude à percevoir ses limites, en un mot la présomption.

Archimedes, maistre de cette science qui s'attribue la presseance sur toutes les autres en verité et certitude: Le Soleil, dict-il, est un dieu de fer enflammé. Voylà pas une belle imagination producte d'inevitable necessité des demonstrations geometriques! (84).

Voilà pour 1588. Le thème du passage tel qu'on le trouvait dans la première édition n'est pas modifié par l'allongeail qui renforce seulement

- mais considérablement - l'argumentation. En 1595, le passage s'accroîtra encore de nouvelles citations et de nouveaux arguments, toujours dans le même sens.

3) Quant au troisième grand allongeail de 1588 - futur surallongeail de 1595 - il se situe dans le passage où Montaigne traite du thème, extrêmement important dans l'*Apologie*, de l'imbécillité de la science humaine et des divisions des philosophes entre eux. D'une édition à l'autre, le travail de réflexion et d'écriture est considérable. Voici ce qu'on lit en 1580:

> ... C'eust esté Pyrrhoniser, il y a mille ans que de metre en doute la science de la cosmographie, et les opinions qui en estoint receues d'un chacun. Voilà, de nostre siecle, une grandeur infinie de terre ferme, non pas une isle ou une contrée particuliere, mais une partie esgale à peu prez en grandeur à celle que nous cognoissions, qui vient d'estre descouverte. Les geographes d'à céte heure ne faillent pas d'asseurer que eshuy tout est trouvé et que tout est veu:
>
> *Nam quod adest praesto, placet, et pollere videtur.*
>
> Sçavoir mon, si Ptolomée s'y est trompé autresfois sur les fondemens de sa raison, si ce ne seroit pas sottise de me fier maintenant à ce que ceus cy en disent. Il me semble, entre autres tesmoignages de nostre imbecillité, que celuy cy ne merite pas d'estre oublié... (85).

En 1582, un ajout (indiqué en italiques):

> ... si ce ne seroit pas sottise de me fier maintenant à ce que ceux cy en disent. *Aristote dict que tous les opinions humaines ont esté par le passé et seront à l'advenir infinies autresfois; Platon, qu'elles ont à renouveller et revenir en estre aprés trente six mill'ans. Si nature enserre dans les termes de son progrès ordinaire, comme toutes autres choses, aussi les creances, les jugements et opinions des hommes; si elles ont leur revolution, leur saison, leur naissance, leur mort, comme les chous; si le ciel les agite et les roule à sa poste; quelle magistrale authorité et permanante leur allons nous attribuant?* Il me semble, entre autres tesmoignages de nostre imbecillité...

Une fois de plus, Montaigne ajoute, il ne corrige pas.

En 1588, les additions sont beaucoup plus copieuses et la seule correction (ci-dessous en capitales) substitue une expression moins familière à la précédente. A cela près, il est vrai que Montaigne continue d'ajouter sans corriger:

... C'eust esté pyrrhoniser, il y a mille ans, que de mettre en doute la science de la cosmographie, et les opinions qui en estoient receuës d'un chacun; *c'estoit heresie d'avouer des antipodes.* Voilà de nostre siecle... Les geographes DE CE TEMPS ne faillent pas d'asseurer...

L'ajout de 1582 («Aristote dict...») est à présent coupé, à la fin de la première phrase, par un très long allongeail de plusieurs pages:

... et revenir en estre aprés trente six mille ans; *Epicurus, qu'en mesme temps qu'elles sont icy, elles sont toutes pareilles et en mesme façon en plusieurs autres mondes,* etc. (86)

La deuxième partie de l'ajout de 1582 («Si nature enserre dans les termes de son progrez ordinaire...») se trouve ensuite reprise (87) et suivie elle-même d'un autre allongeail nouveau d'une trentaine de lignes avant qu'on ne retrouve le texte de 1580 («Il me semble, entre autres tesmoignages de nostre imbecillité...»), scindé comme on voit par une coupure considérable (88).

Mais ce n'est encore rien à côté des modifications qu'imposera au texte la dernière édition, qui supprime la première phrase de l'ajout de 1582 pour la remplacer par un allongeail d'une page dans l'édition Villey-Saulnier (89). On retrouve alors le texte qui en 1588 coupait en deux la première addition de 1582 («Epicurus...») (90).

Un certain nombre de corrections de détail (style, vocabulaire) interviennent en outre dans ce texte de 1588 (91) que couperont d'autres allongeails posthumes.

Trois grands ajouts donc, sur trois grandes questions: sur le scepticisme et la valeur du doute, sur la folie des hommes qui prétendent se hausser à la place des dieux, sur l'infirmité du savoir humain. Ne s'agit-il pas des trois thèmes majeurs du chapitre? Or, si ces trois thèmes donnent lieu, dans les allongeails des éditions successives, à des développements particulièrement importants, on constate que tous trois se trouvaient déjà non seulement en germe mais bien posés dès 1580. Le premier texte n'est nullement un brouillon des suivants. Plus concis, plus dense, il possède ses propres qualités et, en plusieurs endroits, une saveur bien particulière.

Toutefois, il est vrai qu'avec le temps, certains thèmes prennent corps et annoncent des pages capitales du IIIe Livre, plus nettement que ne le faisait la version originale. Ainsi, dans le passage où Montaigne expose l'impuissance de la science à rendre l'homme heureux, il ajoute, en 1588 seulement, cette remarque:

J'ay veu en mon temps cent artisans, cent laboureurs, plus sages et plus heureux que des recteurs de l'université, et lesquels j'aimerois mieux ressembler. (92)

Peut-on lire ces lignes sans penser à une autre phrase fameuse, de 1588 elle aussi, dans le chapitre «De la phisionomie» (III,xii):

... Tenons d'ores en avant escolle de bestise. C'est l'extreme fruict que les sciences nous promettent auquel cette-cy conduict si doucement ses disciples... (93)?

-=-=-=-

Faut-il donc considérer, comme nous y invite le titre de ce colloque, que les *Essais* trouvent leur accomplissement en 1588 plutôt qu'en 1580 ou dans la version posthume? Je ne peux répondre ici qu'à propos de l'*Apologie* et de façon bien personnelle et subjective mais, pour dire la vérité, je ne le crois pas. J'aime l'*Apologie* telle que je la lis dans le texte plus rapide, plus nerveux, de 1580. J'aime l'*Apologie* de 1588, plus riche et plus suggestive. Mais si l'un de mes points communs avec Montaigne - qu'on me pardonne cet accès de vanité -, c'est d'être toujours influencée par ce que je viens de lire (94) et si pour cette raison je préfère toujours les *Essais* dans la dernière version que j'aie eue sous les yeux, je crois que tout bien pesé je préfère quand même le texte complexe et subtil de l'édition posthume. Texte «ouvert». Avouerai-je qu'il m'arrive souvent de regretter que l'encre et le papier aient manqué à cet homme-là et qu'il ne nous ait pas laissé un quatrième état de ses *Essais*, qui serait sans doute mon favori? Mais je rêve.

Yvonne BELLENGER
Université de Reims

NOTES

Abréviations: A: édition Armaingaud (texte posthume)
                DM: édition de 1580 pp. Daniel Martin (Slatkine Reprints)
                MJ: édition Motheau et Jouaust (texte de 1588)
                VS: édition Villey-Saulnier (texte posthume)

1. Voir Fr. Rigolot, *Le Texte à la Renaissance*, Genève, 1982, 5e partie, p. 226, p.ex.
2. VS, III, ix, p. 963 (b). Cf. R. Leake *et al.*, *Concordance des Essais de Montaigne*, (Genève).
3. 1587 n'apporte rien.
4. Dans un texte quelquefois un peu «arrangé» pour permettre les raccords et où certains choix, de l'aveu de l'éditeur, sont arbitraires (VS, p. XIV et XV).
5. Les *Essais* de 1580 ont été «reprintés» récemment (1976) chez Slatkine par les soins de Daniel Martin (nous renverrons ci-dessous au tome II). Pour l'édition de 1588, rien de semblable (la vieille édition Motheau et Jouaust même est depuis longtemps introuvable).
6. *Les Sources et l'évolution des Essais de Montaigne*, Paris, 1908, II, p. 490.
7. Voir Fr. Rigolot, *op.cit.*
8. VS, p. 438. Pour ces variantes, il est utile aussi de voir l'édition Armaingaud (la seule édition critique des *Essais*), III, p. 251, 1. 11-12 et var. Cf. Pasquier, «Choix de lettres sur la littérature...», éd. Thickett, Genève, 1956, p. 45.
9. VS, p. 441; A, III, p. 260, 1.2 et var.
10. VS, pp. 438, 439, etc.: aucune correction de détail n'est signalée. Elles le sont plus souvent par rapport à l'allongeail posthume.
11. DM, pp. 147-163 (dix pages dans la vieille édition Dezeimeris et Barckhausen: II, pp. 17-27). Ces pages correspondent aux pp. 438-448 de VS (texte posthume) et aux pp. 249-276 d'A (III, texte posthume).
12. VS, p. 439 (variante non signalée); A, III, p. 252, 1.2 et var.
13. VS, p. 439. Citation de Lucrèce (V, p. 1139): «Car on foule aux pieds passionnément ce qu'auparavant on avait trop redouté» (trad. VS).
14. VS, p. 445. Citation de Lucrèce (III, p. 612): «Alors le mourant ne se plaindrait plus de sa dissolution; mais plutôt il se réjouirait de partir, de laisser sa dépouille, comme le serpent quitte sa peau et le cerf devenu vieux ses cornes trop longues» (trad. VS).
15. VS, p. 442; A, III, pp. 261-262.
16. VS, p. 445; A, III, p. 269.
17. VS, p. 447; A, III, p. 272.
18. VS, p. 447; A, III, p. 274; DM, p. 164. Texte de 1580.
19. VS, p. 447 (Manilius, IV, p. 907). J'emprunte l'expression «l'anti-Lucrèce» au livre de R. Martin et J. Gaillard, *Les Genres littéraires à Rome*, Paris, 1981, t. I, p. 204.

20. VS, p. 447; A, III, pp. 273-274; MJ, III, pp. 184-185. Ajout de 1588. La source indiquée par Villey (VS, p. 1277) est Plutarque, trad. Amyot, *De tranquillitate animi*, XIX (titre d'Amyot: *Du contentement ou repos de l'esprit*).

21. Comme à son habitude, Montaigne suit en effet de très près son modèle en le resserrant. Sur les connotations platoniciennes du vocabulaire du passage, il est curieux de voir que, si Plutarque cite nommément Platon (en tout cas dans la traduction d'Amyot), la référence au philosophe grec est une des suppressions effectuées par Montaigne: «Car ce monde est un temple tressainct, et tres-devot, dedans lequel l'homme est introduit à sa nativité, pour y contempler des statues non oeuvrées et taillées de mains d'homme; et qui n'ont aucun mouvement, mais celles que la divine pensée a faites sensibles pour nous representer les intelligibles, comme dit Platon, ayans en elles les principes emprains de vie et de mouvement, c'est à sçavoir, le Soleil, la Lune, les estoilles, et les rivieres jettans tousjours eau fresche dehors, et la terre qui envoye et fournit sans cesse aliments aux animaux et aux plantes», *Les Oeuvres morales de Plutarque*, Paris, 1606, t. I, 152 col. A.

22. *Op.cit., loc.cit.* Voir notamment p. 226, n.6.

23. Exemplaire de Bordeaux, édition de 1595: les différences pour les passages que j'ai examinés sont pratiquement nulles. J'utiliserai donc indifféremment les deux références et parlerai souvent de «1595» par commodité.

24. Le texte donne: «c'est il» que VS glose par: «cela est-il» en notant toutefois: «peut-être faut-il lire "s'est"» (VS, p. 443, n.7), ce qui me paraît évident.

25. VS, p. 443.

26. VS, III, ix, p. 963.

27. Malgré les critiques qu'on peut au demeurant adresser à cette édition souvent confuse et prétendument critique, qui présente cette singulière lacune, fâcheuse quand on veut examiner les variantes du texte, de négliger une partie (et une partie seulement) des citations de l'édition posthume avec cette simple observation: «On a rejeté dans les notes les citations pédantesques dont s'encombrent les marges de l'exemplaire de Bordeaux» (p. XIX). En fait, les citations sautées par Porteau ne sont pas seulement celles que les exécuteurs testamentaires de Montaigne auraient laissées manuscrites dans les marges de l'exemplaire de Bordeaux mais certaines (et non pas toutes, sans que les critères d'adoption ou d'exclusion soient précisés) qui figurent dans l'édition de 1595: ainsi, p. 108 de l'édition Porteau, l'éditeur, à la ligne 3012 (après «desmordre»), saute une citation de Cicéron qui est imprimée dans l'exemplaire de 1595 (cote B.N. gr Z 238 fol., p. 327) mais retient la suivante (ligne 3015), du même auteur, ni plus ni moins citée dans l'édition de 1595.

28. Voici le détail (approximatif en ce qu'il ne tient pas compte des demi-lignes, des lignes inachevées, des vers comptés pour une ligne entière, etc.):

Lignes	1580	1588	Ed. posthume
1-53	53		
54		1	
55-174	120		
175-180		6	
181-186	5		
187-199		13	
200-204	5		
205-210			6
211-222	12		
223-250			28
251-265	15		
266-275			10
276-284	9		
285-304			20
305-308	4		
309-311		3	
312-328	17		
329-330		2	
331-338	8		
339			1
340-342	3		
343-378			36
379-384		6	
385-410	26		
411-415		5	
416-460	45		
	317 lignes	36 lignes	106 lignes

(Ces chiffres incluent tout, c'est-à-dire les citations en prose, avouées ou non, et les commentaires propres à Montaigne).

29. VS, p. 465; A, III, p. 317.
30. VS, p. 532; A, III, p. 483.
31. A. Compagnon, *La seconde main*, Paris, 1979, p. 292.
32. On l'a vu plus haut dans la comparaison entre le texte de Plutarque-Amyot et celui de Montaigne (voir à la n. 21).
33. L'exemple le plus flagrant est constitué par la fin de l'*Apologie* (VS, pp. 601-604) empruntée à Plutarque-Amyot.
34. Comme dans cet exemple peut-être:

> serpente ciconia pullos
> *Nutrit, et inventa per devia rura lacerta,*
> *Et leporem aut capream famulae Jovis, et generosae*
> *In saltu vanantur aves.*

Nous partons le fruict de nostre chasse avec nos chiens et oyseaux, comme la peine et l'industrie; et au dessus d'Amphipolis en Thrace, les chasseurs et les faucons sauvages partent justement le butin par moitié; comme, le long des palus Moeotides, si le pescheur ne laisse aux loups, de bonne foy, une part esgale de sa prise, ils vont incontinent deschirer ses rets», VS, p. 462; A, III, p. 309. La citation en vers est de Juvénal (XIV, 74): «La cigogne nourrit ses petits de serpents et de lézards trouvés dans les lieux écartés, et les nobles oiseaux, ministres de Jupiter, chassent dans les forêts le lièvre et le chevreuil» (trad. VS).

35. VS, p. 566; A, IV, p. 25.
36. Voir Fr. Rigolot, «op.cit.», p. 249.
37. VS, p. 566. Tout ce passage est un ajout de 1588.
38. Catulle, XXV, 12: «Comme une frêle barque surprise sur la vaste mer par un vent furieux» (trad. VS).
39. *Loc.cit.*, souligné par moi.
40. DM, pp. 339-340.
41. Fr. Rigolot, *op.cit.*, p. 249.
42. VS, p. 146; A, II, p. 96.
43. *Ibid.*
44. VS, p. 546; A, III, p. 516.
45. *Ibid.*
46. H. Friedrich, *Montaigne*, trad. franç., Paris, 1968, p. 82.
47. «Ce n'est que dans les dernières années de sa vie qu'il semble avoir un peu délaissé Plutarque en faveur de Platon et de Cicéron», *ibid.*, p. 84.
48. Parmi les poètes français, Montaigne ne cite qu'une fois Ronsard et une fois La Boétie, tous deux dans le texte de 1580 (VS, pp. 493 et 514). Parmi les Italiens, en 1580 toujours, il cite une fois l'Arioste (VS, pp. 497-498). En 1582, après le voyage d'Italie, il cite une fois le Tasse (VS, p. 454) et une fois Dante (VS, p. 458). Parmi les Grecs, on trouve une fois Sophocle (VS, p. 496) et une fois Euripide (VS, p. 498) dans le texte de 1580.
49. «En tête de ses préférés, il y a Virgile», H. Friedrich, *op.cit.*, p. 57. Et: «Seul Horace est cité à peu près aussi souvent que Lucrèce dans les *Essais*», «ibid.», p. 58. Mais Friedrich observe que les citations d'Horace dans les «Essais» se trouvent surtout avant 1588 (p. 59): ce que confirme notre tableau pour l'*Apologie*.
50. *Ibid.*, p. 81.
51. Je suis ici Friedrich (*ibid.*). Le fait de fausser le sens des emprunts est courant chez Montaigne et n'est nullement réservé aux citations qu'il puise dans le poème de Lucrèce.
52. Cf. Friedrich qui écrit d'un côté que «dans l'éclectisme de Montaigne, Lucrèce exerce assurément une influence littéraire considérable, mais cette influence reste, quant aux idées, accessoire, auxiliaire, comparable en somme à celle de Cicéron» (p. 82) alors que quatre pages plus haut il notait: «Nous pouvons seulement constater que sa sagesse représente, avec son goût immodéré et très réfléchi de jouissance, un sommet de l'épicurisme de la Renaissance, et supposer pour le

reste qu'il doit beaucoup plus qu'il ne l'avoue aux littératures épicuriennes de l'antiquité» (p. 79).

53. VS, p. 592: «Au cas que ce que disent les Epicuriens soit vray, asçavoir que nous n'avons pas de science si les apparences des sens sont fauces; et ce que disent les Stoïciens, s'il est aussi vray que les apparences des sens sont si fauces qu'elles ne nous peuvent produire aucune science: nous conclurrons, aux despens de ces deux grandes sectes dogmatistes, qu'il n'y a point de science» (ajout de 1588).

54. VS, p. 509.

55. Dans l'édition posthume de l'*Apologie*, le texte de Lucrèce ne fournit plus qu'une nouvelle citation et la plus belle part revient à Cicéron, cité 45 fois dans les allongeails posthumes de l'*Apologie*. A titre indicatif, voici le nombre de citations ajoutées dans le dernier état de ce texte: Cicéron: 45; saint Augustin: 11; Sénèque: 8; saint Paul: 3. (Citations de Cicéron: VS pp. 451, 486, 489, 493, 494 (3 citations), p. 495 (2 citations), pp. 500, 501 (2 citations), p. 504 (3 citations), pp. 505, 507 (3 citations), pp. 522, 529 (3 citations), pp. 532, 533, 536, 538, 543 (2 citations), pp. 546, 552, 553, 554, 559, 561, 562, 568, 575, 577, 580, 583 (2 citations), p. 595. De saint Augustin: VS pp. 499, 513, 517, 522, 523, 529, 531, 535, 539, 553, 572. De Sénèque: VS pp. 483, 495, 496, 511 (2 citations), pp. 552, 554, 583. De saint Paul: VS pp. 488, 552, 553). Cela invite à nuancer ce que Thibaudet, voyant les choses de façon un peu large, croyait pouvoir écrire de l'antipathie de Montaigne pour Cicéron: «Antipathie pour Cicéron. Trop extérieur et trop conventionnel. Il est des rares anticicéroniens de son temps, etc.», *Montaigne*, Paris, Gallimard, 1963, p. 486.

56. VS, p. 546; DM, p. 182.

57. VS, p. 458.

58. *Ibid.* Villey note que ce passage de Lactance est cité dans l'*Ercolano* de Varchi (VS, p. LXI).

59. VS, p. 459.

60. VS, p. 457; DM, p. 178.

61. VS, p. 459. Lucrèce, V, pp. 1077, 1080, 1082, 1083 (références à l'édition Budé: pp. 1078, 1081, 1083, 1084): «Divers oiseaux ont des accents très différents selon les divers temps et il en est qui avec les variations de l'atmosphère modifient leurs ramages aux sons rauques» (trad. VS).

61bis. Cette sentence était inscrite dans la librairie.

62. VS, p. LXVIII, n° 4.

63. VS, p. 459. Lucrèce, V, p. 874 (éd. Budé: p. 876): «Toutes choses sont enchaînées par les liens de leur propre destinée» (trad. VS).

64. *Ibid.* Lucrèce, V, p. 921 (éd. Budé: pp. 923-924): «Chaque chose se développe à sa manière et toutes conservent les différences établies par l'ordre immuable de la nature» (trad. VS).

65. Fr. Rigolot, *op.cit.*, p. 226.

66. Alors que, pour le passage en question, les références données par l'édition Budé sont décalées (voir ci-dessus n. 61, 63, 64).

67. En voici quelques échantillons, rien que pour Lucrèce:

VS	453	453	456	457	459
De nat. rerum V,1058	V,1029	V,223	V,1032	V, 1077	
	459	459			
	V, 876	V, 923			
VS	519	519	519	542	542
	III, 756	III, 562	III, 872	III,113	III,100
	543	543	547	548	549
	III,103	III,142	III,144	III,671	III,674
	549	550	550	550	550
	III,446	III,505	III,176	III,498	III,494
	551	552	552		
	III,464	III,459	III,111		

68. VS, p. 651.
69. Voir VS, p. 442.
70. *Ibid.*
71. *Ibid.*
72. *Ibid.*
73. Etant entendu que parfois une longue citation vaut pour un commentaire: ainsi de la longue citation (13 vers) de Lucrèce évoquant le lieu commun de l'homme jeté nu sur terre (VS, p. 456); et que des suites de citations peuvent jouer le même rôle: citations de Manilius en 1580 (VS, pp. 450-451; DM, pp. 170-172), citations de Lucrèce ailleurs assez souvent en 1588: voir ci-dessus n. 67. - Les trois allongeails annoncés figurent aux p. 503 sq., 528 sq. et 571 sq. (VS).
74. VS, pp. 503-504.
75. MJ, III, p. 286.
76. VS, p. 504.
77. *Op.cit.*, Paris, 1972, chap. III, p. 42.
78. *Ibid.*, p. 43. Je cite ici la forme modernisée reprise par Dumont (cf. VS, p. 505).
79. Que l'édition Porteau néglige de citer toutes.
80. VS, p. 528.
81. VS, p. 529; DM, p. 291.
82. VS, p. 536; DM, p. 291.
83. VS, p. 532; MJ, IV, p. 39.
84. VS, p. 535; MJ, IV, pp.42-43. On remarque qu'ici encore VS n'indique pas la variante de 1595 qui donne à la fin de cette phrase: «... producte «de la beauté» et inevitable necessité...». Bref surallongeail.
85. VS, pp. 571-572. La citation est de Lucrèce (V, p. 1411): «Car ce que nous avons sous la main et nous paraît préférable à tout» (trad. VS).
86. VS, p. 573; MJ, IV, p. 109.
87. VS, p. 575.

88. VS, p. 576.
89. VS, pp. 572-573.
90. VS, p. 573.
91. Aucune n'étant signalée par VS. A les note exactement.
92. VS, p. 487.
93. VS, p. 1052.
94. Voir VS, III, v, p. 875: «J'ay une condition singeresse et imitatrice...». Il est évident que je déforme un peu les propos de Montaigne pour me les approprier.

II

S'ACCOMPLIR DANS L'ECRITURE

De I, 20 («Que philosopher c'est apprendre à mourir») à III; 12 («De la phisionomie»):

ECRITURE et «ESSAI» chez MONTAIGNE

«Comment, mon frere, me dit-il,
me voulez-vous faire peur?»
Etienne de la Boétie

«Combien en a rendu de malades la
seule force de l'imagination?»
Montaigne, *Essais* (II,12)

Partons, pour essayer de rester fidèles au thème de ce Congrès - «Montaigne et l'accomplissement des *Essais*», «les relations entre les différents "états" du texte», ou encore «le processus et la nature générique de son écriture» - d'une donnée en apparence incontournable, d'une vérité qui paraît encore aujourd'hui avoir su résister victorieusement au temps, je veux dire à toutes les tentatives critiques, à tous les efforts que nous avons pu faire pour la remettre en question ou pour la nuancer (1): en deux endroits stratégiques de son essai «De la phisionomie» (III, 12), Montaigne déconstruit point par point, systématiquement, avec une sorte de lucidité rétrospective tout à la fois implacable et joyeuse qui donne au terme «déconstruction» toute sa pertinence, les propos qu'il a antérieurement tenus dans son essai «Que philosopher c'est apprendre à mourir» (I,20) au sujet de l'attitude du sage face à la mort inéluctable. Comme l'a depuis longtemps fait remarquer Pierre Villey, dont les analyses et les conclusions, restent, en ce quatrième centenaire, singulièrement vivantes, palinodie ne saurait être plus radicale, ni plus éclatante. Montaigne, en 1588, semble se renier, il brûle ce qu'il avait d'abord adoré, il se livre à une rétraction en règle, voire à une véritable *confession de ses erreurs passées*. Pour tout ce qui touche à cette question cruciale de la «préparation à la mort», de la vie comme «meditatio» ou *commentatio mortis*, question dont nous savons tout ce qu'elle doit de son urgence à la disparition exemplaire d'Etienne de la Boétie, et qui ne cessera de hanter Montaigne jusqu'à la fin, le douzième essai du troisième livre est «en contradiction formelle», nous affirme Pierre Villey, avec le vingtième du premier livre. La «méthode vulgaire» - ne pas y penser -, que Montaigne traitait en 1572 de «nonchalance bestiale» et qu'il jugeait «entierement impossible» de «loger dans la teste d'un homme d'entendement», lui paraît maintenant la seule raisonnable. Et c'est, inversement, la méthode de Sénèque et des «philosophes», celle de la «préparation» et de l'«apprentissage», qui lui semble désormais «contraire au bon sens le plus élémentaire» (2). Là où Montaigne avait commencé par nous conseiller - et avec quelle force persuasive! - de «prendre voye toute contraire à la commune» et de nous «accoustumer» à elle, de l'«attendre par tout», de nous la «representer en tous visages et à tous instants», de l'avoir toujours présente, voire «parmy les dames et les jeux» (87a), «non seulement en l'imagination» - «en la teste» -, mais encore «continuellement en la bouche» (88a-90a), il finit, dans un renversement total du pour au contre, par reconnaître que la lecture des *Tusculanes* ne le fera pas mourir plus «allegrement» - «je sens», dit-il (1039c), que ma langue s'est enrichie, mon courage de rien» - et qu'il est finalement non seulement inutile, mais aussi bien dangereux, de nous aller ainsi «gendarmant par ces efforts de la science», puisque toute une «tourbe» d'hommes simples et ignorants, une «nation» entière vient, sous ses yeux, au moment même où il écrit, et comme naturellement, sous la pression des circonstances et de l'«usage», se «loger en une marche qui ne le cede en roideur à aucune resolution estudiée et consultée» (1049b); puisque, de tous ces «pauvres gens» qui «ne sçavent ny Aristote ny Caton, ny exemple, ny precepte» et qui, sans l'avoir voulu, se trouvent pris dans l'affreux tourbillon des guerres civiles, de la famine et de la peste, «nature tire tous les jours des effects de constance et de patience plus purs et plus roides que ne sont ceux que nous estudions si curieusement en l'escole» (1040b). La critique, on le voit, est à la fois mordante, détaillée et précise. On a l'impression, en la lisant, que Montaigne l'a rédigée avec le texte de I, 20 sous les yeux, et que son souci dominant a été de n'omettre aucun point important, de n'épargner rien de cet édifice rhétorique si superbement édifié en 1572, et si richement orné depuis d'«allongeails», de citations et de réflexions de toutes sortes (3). Singulière stratégie, dont la complexité donne quelque peu le vertige: ce qui, à l'origine, nous était clairement présenté comme la chose à faire, comme l'exemple à suivre, prend en 1588, et en dépit même de toutes les additions que Montaigne continue de greffer sur son texte premier - additions qui, comme l'a fort justement noté J. Brody dans ses *Lectures de Montaigne* (4), ne nuisent en rien à la validité et à la cohérence du message -, toutes les allures d'un exemple à fuir.

Pour essayer de comprendre et de situer un peu mieux les enjeux, la méthode la plus efficace me semble en l'occurrence consister en un examen des arguments qu'en 1588 Montaigne invoque successivement pour justifier l'entreprise de démolition à laquelle il se livre fort consciemment. Le premier de ces arguments est justement celui auquel je viens de faire allusion - le plus important de tous, sans doute, et le plus contraignant, je veux dire l'expérience que l'histoire de son temps procure à Montaigne, les exemples qu'elle lui met quotidiennement sous les yeux, les observations qu'il en tire, lui qui, comme acteur de cette «tragique comedie», se trouve littéralement sur le terrain. Rien, chez Montaigne, sinon peut-être, dans un autre domaine, l'Ecriture sainte, ne semble posséder une autorité comparable à celle du fait, de la donnée brute, de la réalité non encore prise en charge et interprétée par le «discours». C'est sans conteste possible cet argument-là qui, venant corroborer l'«instruction» qu'en 1573-74 Montaigne a pu tirer de sa chute de cheval et de son évanouissement, instruction dont il nous fait part dans son chapitre «De l'exercitation» (II, 6), et qui pour lui revient tout simplement à dire que la meilleure façon de «s'aprivoiser à la mort», de l'«essayer aucunement», est encore de «s'en avoisiner» (377a), lui permet maintenant d'affirmer avec force, dans son essai III, 12 (1051b), qu'«il est certain qu'à la plus part la preparation à la mort a donné plus de tourment que n'a fait la souffrance». A vrai dire, se préparer à mourir n'est plus, comme en 1572, se rendre libre et heureux, c'est au contraire «troubler la vie par le soin de la mort et la mort par le soing de la vie». D'où la rétractation fameuse et sans équivoque, qui montre bien le chemin parcouru par Montaigne en l'espace d'une quinzaine d'années, et la volonté qui est la sienne de tenir à distance un discours qui ne le satisfait plus (1051c): «Ils s'en venteront tant qu'il leur plaira. *Tota philosophorum vita commentatio mortis est.* Mais il m'est advis que c'est bien le bout, non le but de la vie». Montaigne, désormais, n'assume plus la responsabilité de la célèbre sentence de I, 20: «Le but de notre carriere, c'est la mort, c'est l'object necessaire de nostre visée». Son attitude est toute de retrait et de désengagement. «Ils s'en venteront tant qu'il leur plaira», dit-il à son lecteur. Mais moi, Montaigne, je ne me plais plus de ce vent.

C'est en fonction de cet argument de fait, à partir des données convergentes que lui fournit son expérience personnelle, que Montaigne développe son réquisitoire antisénéquien et qu'il le nourrit. Etroitement lié au premier, aussi étroitement qu'une conséquence peut l'être à sa cause, le second argument utilisé par Montaigne est tout entier centré sur l'idée de «nature». Celle-ci lui apparaît maintenant comme l'unique recours possible, comme la seule autorité concevable - ce qui, soulignons-le, n'était apparemment pas le cas en 1572, où les «bons advertissemens» qu'elle nous prodiguait venaient se mêler, semble-t-il harmonieusement, et dans un crescendo rhétorique savamment calculé, au «discours de la raison» (5). Désormais, seule sa voix mérite d'être entendue, car elle seule enseigne à l'homme la sagesse, lui procure le viatique dont, dans son angoisse et sa faiblesse, il a le plus grand besoin. Tout notre mal, dit en substance Montaigne, et notre erreur, vient en définitive de ce que «nous avons abandonné nature et luy voulons apprendre sa leçon, elle qui nous menoit si heureusement et si seurement» (1049b). L'avantage du «vulgaire» et du «commun» sur les philosophes - sur ce «ils» dont Montaigne, maintenant, se désolidarise -, la raison qui leur permet d'accueillir la mort avec nonchalance, de se livrer à elle comme ils se livreraient au sommeil, est là: dans le fait que, n'ayant jamais rien appris, ils n'ont rien à oublier; et que, par conséquent, ils gardent «empreintes» en eux les «traces» de cette «bonne mere» à qui ils doivent d'être ce qu'ils sont, ils portent encore, gravés en eux, les traits de «son propre visage constant et universel» (1050b). Rien d'étonnant, donc, à ce qu'ils soient, eux, encore capables d'entendre sa voix et de bénéficier de ses avertissements. «Nature», nous dit Montaigne (1052b), apprend au paysan «à ne songer à la mort que quand il se meurt. Et lors il y a meilleure grace qu'Aristote, lequel la mort presse doublement, et par elle, et par une si longue prevoyance». Ou encore: (1051b): «Si vous ne sçavez pas mourir, ne vous chaille; nature voue en informera sur le champ, plainement et suffisamment; elle fera exactement cette besongne pour vous; n'en empeschez vostre soing».

De cet éloge d'une nature encore toute «naïfve» et non dénaturée jaillit, d'une façon tout ensemble nécessaire et logique, une critique inspirée et moqueuse de la «doctrine» et de la «raison». Le leitmotiv, le clou que Montaigne maintenant ne cesse d'enfoncer, c'est que «nostre medecine porte infection» (1041b), que la raison est notre *pharmakon* (6). Et ce troisième argument nous ramène tout droit au coeur de l'*Apologie* et de ce que P. Villey, je crois à tort, appelle «la crise pyrrhonienne» (7). C'est le même climat négateur, le même jeu paradoxal, la même volonté de joyeux dénigrement. Et le même résultat. Voilà encore une fois l'homme en chemise, anéanti et humilié, «dénéantisé». Car enfin, cette raison dont nous sommes si fiers, que pouvons-nous lui assigner comme fonction, sinon celle de nous rendre heureux? Montaigne le proclame avec force au début de son essai I, 20, et la longue addition c) qu'il insère après 1588 - une bonne page de l'édition Villey-Saulnier - ne peut que renforcer l'urgence du message, nous faire comprendre que son «stoïcisme» est bien davantage pour lui un moyen qu'une fin, un expédient qu'une éthique, la seule façon qu'il ait alors trouvée pour «passer à son aise» et se «mettre à l'abri des coups» (85a). La raison, dit-il, ne doit «viser qu'à nostre contentement», tout son «travail» doit «tendre en somme à nous faire bien vivre», à «fournir nostre vie d'une molle tranquillité» (81a-82c). D'où l'anecdote du pourceau de Pyrrho, que Montaigne rapporte dans son essai I, 14 («Que le goust des biens et des maux depend en bonne partie de l'opinion que nous en avons»). D'où aussi, l'inquiétude qu'il manifeste déjà, par le biais de questions qui ne sont pas seulement de nature rhétorique:

> Pyrrho le philosophe, se trouvant un jour de grande tourmente dans un bateau, montroit à ceux qu'il voyoit les plus effrayez autour de luy, et les encourageoit par l'exemple d'un pourceau, qui y estoit, nullement soucieux de cet orage. Oserons-nous donc dire que cet avantage de la raison, dequoy nous faisons tant de feste, et pour le respect duquel nous nous tenons maistres et empereurs du reste des creatures, ait esté mis en nous pour nostre tourment? A quoy faire la cognoissance des choses, si nous en perdons le repos et la tranquillité, où nous serions sans cela, et si elle nous rend de pire condition que le pourceau de Pyrrho? L'intelligence qui nous a esté donnée pour nostre plus grand bien, l'employerons nous à nostre ruine, combatans le dessein de nature, et l'universel ordre des choses, qui porte que chacun use de ses utils et moyens pour sa commodité? (54a-55a)

Montaigne a certes toutes les raisons du monde de se poser ainsi d'entrée de jeu des questions au sujet de cette raison stoïcienne si péremptoire et si sûre d'elle-même, lui qui aurait plutôt spontanément tendance, dans ses tout premiers chapitres, à accumuler des témoignages de «l'imbécilité humaine» (I, 2: 14a), ou à estimer que «nous ne dirons jamais assez d'injures au desreglement de nostre esprit» (I, 4: 24a). Et cette «confiance orgueilleuse en la raison» et en sa «toute puissance» que, selon Villey (8), il manifesterait en I, 20 est une confiance toute passagère, une confiance dont on aurait beaucoup de mal à dire, même en cherchant bien, qu'elle se découvre ailleurs. Il est vrai qu'en I, 20 Montaigne pille allègrement les *Epîtres* de Sénèque et que, pour Sénèque, l'homme est avant tout «un animal rationnel», un «être doué de raison», un être qui, pour parvenir à la maîtrise des choses et de soi, doit d'abord obéir à la voix de cette divinité qui habite en lui: «Rationale enim animal est homo [...] si uis omnia tibi subicere, te subice rationi. Multos reges, si ratio te rexerit...» (9). Mais pour le Montaigne qui, en III, 12, relit et déconstruit I, 20, cette raison prétendûment maîtresse de toutes choses nous vend trop cher ses denrées. Elle est en l'homme non comme une divinité, mais comme un tourment, une «maladie». Jamais, si nous en croyons Montaigne, «commodité» ne fut plus incommode, jamais instrument ne fut à la fois plus inutile et plus dangereux. Inutile, puisque, nous venons de le voir, un paysan meurt avec meilleure grâce et plus nonchalamment qu'un philosophe (10). Dangereux, puisque tout en se prétendant remède, il est poison. Loin en effet de soulager nos misères et nos angoisses, la raison les augmente, elle les étend et elle les multiplie. Elle est semblable à ces «fines gens» dont nous parle Montaigne en son chapitre «Des cannibales»: elle ne nous représente jamais «les choses pures», à leur juste prix, elle les altère et elle les glose, elle les masque, les allonge et les amplifie. Non seulement elle ne laisse chez nous «aucune trace apparente de la nature» (1049b), elle «esclave nostre naturelle franchise, et nous desvoye, par une importune subtilité, du beau et plain chemin que nature nous a tracé» (I, 30: 198c), mais encore, et surtout, elle est semblable à ce médecin de III, 10 («De mesnager sa volonté», 1023b) qui ne désire rien tant que de nous voir attraper la peste, afin de pouvoir enfin «mettre son art en practique». L'accusation, ici, est précieuse et précise, elle vise, nous le verrons bientôt, l'une des faiblesses majeures du discours tenu en I, 20, par la «sagesse du monde» et la «raison». Ailleurs, comme par exemple dans la fameuse *Apologie* ou dans l'essai III, 9, «De la vanité», l'anti-intellectualisme de Montaigne aboutit généralement à des formules beaucoup moins spécifiques et beaucoup moins centrées - à des formules du genre: «Lors que les vrais maux nous faillent, la science nous preste les siens» (II, 12: 491a); ou bien: «Ces exquises subtilitez ne sont propres qu'au presche [...] A quoy faire ces pointes eslevées de la philosophie sur lesquelles aucun estre humain ne se peut rassoir, et ces regles qui excedent nostre usage et nostre force? [...] Je veus mal à ceste raison trouble-feste, et ces projects extravagants qui travaillent la vie, et ces opinions si fines, si elles ont de la verité, je la trouve trop chère et incommode» (III, 9: 988c, 989b, 996b) (11). Au contraire, en III, 12, Montaigne a définitivement en tête quelque chose de beaucoup plus défini. Ecoutons-le encore:

> Les livres m'ont servi non tant d'instruction que d'exercitation. Quoy? si la science, essayant de nous armer de nouvelles deffences contre les inconveniens naturels, nous a plus imprimé en la fantaisie leur grandeur et leur pois, qu'elle n'a ses raisons et subtilitez à nous en couvrir. Ce sont voirement subtilitez par où elle nous esveille souvent bien vainement.
> (1039b-c)

Et plus loin, cet autre passage, où l'accusation se fait à la fois plus implacable, et plus détaillée:

> A quoy nous sert cette curiosité de preoccuper tous les inconveniens de l'humaine nature, et nous preparer avec tant de peine à l'encontre de ceux mesme qui n'ont à l'aventure point à nous toucher? *Parem passis tristitiam facit, pati posse.* Non seulement le coup, mais le vent et le pet nous frappe.

Ou comme les plus fievreux, car certes c'est fiévre, aller des à cette heure vous faire donner le fouet, par ce qu'il peut advenir que fortune vous le fera souffrir un jour, et prendre vostre robe fourrée dés la S. Jean, parce que vous en aurez besoin à Noël? Jettez vous en l'experience des maux qui vous peuvent arriver, nommément les plus extremes: esprouvez vous là, disent-ils, asseurez vous là. Au rebours, le plus facile et plus naturel seroit en descharger mesme sa pensée. Ils ne viendront pas assez tost, leur vray estre ne nous dure pas assez; il faut que nostre esprit les estende et alonge et qu'avant la main il les incorpore en soy et s'en entretienne, comme s'ils ne poisoient pas raisonnablement en nos sens. [...] La philosophie nous ordonne d'avoir la mort tousjours devant les yeux, de la prevoir et considerer avant le temps, et nous donne apres les reigles et les precautions pour prouvoir à ce que cette prevoiance et cette pensée ne nous blesse. Ainsi font les medecins qui nous jettent aux maladies affin qu'ils ayent où employer leurs drogues et leur art. (1050-1051b-c).

Tout lecteur du *Malade imaginaire* sait que cette poignante comédie tire sa dimension réflexive, c'est-à-dire une grande partie de son intérêt, du parallèle extrêmement éclairant que Molière y a introduit entre la comédie et la médecine. Comme la comédie, en effet, la médecine est un art tout verbal, une rhétorique qui, donnant «des mots pour des raisons, et des promesses pour des effets», n'apporte à l'homme qu'un soulagement tout illusoire. Personne, je pense, ne s'étonnera de m'entendre dire qu'il en va de la raison chez Montaigne comme de la médecine chez Molière. Là où la nature tient volontiers «escolle de bestise» (1052b), la raison, elle - la raison et ses satellites, la «science», la «curiosité», la «doctrine» -, tient «escolle de parlerie». Et, cette fois encore, l'argument de Montaigne étonne par sa précision, il constitue en quelque sorte le point d'aboutissement logique et nécessaire de la déconstruction à laquelle Montaigne se livre systématique-ment. A étendre et à allonger les choses, à donner comme elle le fait dans des subtilités infinies, la raison finit par devenir pur babil, par n'étreindre que du vent. Elle ne règne, en fin de compte, et elle n'existe, que sur et par des mots:

Les autheurs, mesme plus serrez et plus sages, voiez autour d'un bon argument combien ils en sement d'autres legers et, qui y regarde de pres, incorporels. Ce ne sont qu'arguties verbales, qui nous trompent. Mais d'autant que ce peut estre utilement, je ne les veux pas autrement esplucher. Il y en a ceans assez de cette condition en divers lieux, ou par emprunt, ou par imitation. Si se faut il prendre un peu garde de n'appeler pas force ce qui n'est que gentillesse, et ce qui n'est qu'aigu, solide, ou bon ce qui n'est que beau: *quae magis gustata quam potata delectant.* Tout ce qui plaist ne paist pas. (1040c).

En somme, s'il est en l'occurrence une chose que nous ne pourrons pas reprocher à Montaigne, ce sera de ne pas nous avoir, même rétrospectivement, prévenus. Le dernier tour d'escrime qu'il nous offre ici n'est pas sans évoquer celui de l'*Apologie*. Montaigne dénonce non seulement les «arguties verbales» de Sénèque, auteur «sage», «serré» et «aigu» s'il en fut, mais il reconnaît en outre que son propre ouvrage n'en est nullement exempt. Serait-il possible, à qui «y regarde de pres», que l'essai I, 20, «Que philosopher c'est apprendre à mourir», soit à ranger dans la catégorie de ces textes plus «aigus» que «solides» - de ces textes qui «plaisent» et ne «paissent» pas? Et si, comme on peut maintenant raisonnablement le supposer, tel est bien le cas, qui faut-il en blâmer? Sénèque, dont Montaigne est bien près, en III, 12, d'«esbranler la reputation», ou Montaigne lui-même?

-=-=-=-

Temptavi quid in eo genere possem.
                        Cicéron (*Tusculanes*)

C'est pitié que nous nous pipons de nos
propres singeries et inventions,
                Quod finxere, timent,
comme les enfants qui s'effrayent de ce
mesme visage qu'ils ont barbouillé et
noircy à leur compaignon.
                        Montaigne (II,12)

Quelques rares exceptions mises à part - les plus récentes étant, je crois, celles de Jules Brody et de Claude Blum -, la critique spécialisée accepte généralement cette déconstruction *literaliter* et, dans le sillage de P. Villey, elle utilise la distance ainsi introduite par Montaigne entre lui et un discours qu'il semblait pourtant, à l'origine avoir totalement assumé, pour étayer la thèse, entre toutes «forte» et «solide», de l'évolution. On sait que pour Villey Montaigne serait passé d'un stoïcisme «éclectique», «objectif» et «très livresque», c'est-à-dire d'un stoïcisme qui n'aurait tenu à son auteur que par un «filet assez mince», à une morale toute personnelle centrée sur l'expérience, la connaissance de soi et une foi «robuste» en l'excellence de la nature. On sait aussi que cette évolution de nature idéologique se serait accompagnée et doublée, au niveau du livre lui-même et de son écriture, de «métamorphoses» qui, pour être prévisibles, n'en demeurent pas moins d'une ampleur, d'une nécessité et d'une netteté étonnantes, l'«homme» Montaigne se substituant à l'«auteur» et au «pédant», et les «leçons» impersonnelles du début, ces «collections» sans originalité de «sentences et d'exemples», cédant peu à peu la place, sous l'influence conjuguée de Plutarque, de la «crise pyrrhonienne» de 1574-76 et de «l'étude du Moi», aux «essais» personnels de 1579-80 et du troisième livre.

Nous avons beau penser, beau dire et beau faire, comme je l'ai déjà suggéré, et en dépit de tous les aménagements que nous avons pu introduire ici et là, ce bel édifice aujourd'hui tient toujours. Et plus le temps passe et plus nécessairement il tient. Sans doute la résistance en général victorieuse qu'il nous oppose vient-elle du fait qu'il comporte sa part de vérité. Sans doute, et parallèlement, cette résistance s'explique-t-elle aussi par notre impuissance à fournir ou notre désintéressement, par l'impossibilité dans laquelle nous nous trouvons de proposer un scénario de rechange, une synthèse aussi documentée, aussi vraisemblable et aussi convaincante que celle dont nous nous employons à ébranler les fondements. Il est vrai que l'époque que nous venons de traverser, et dont nous sortons à peine, se prête bien peu à ce genre d'exercice. Nous n'en sommes plus aujourd'hui à édifier patiemment, comme naguère H. Friedrich ou P. Villey, de vastes et cohérents ensembles interprétatifs. Nos préoccupations sont devenues scolastiques, et les seules synthèses que nous nous permettions encore en cette fin de siècle concernent la théorie de l'interprétation, voire la méta-théorie de l'interprétation, et non plus simplement sa pratique. Et même si ces remarques très rapides et trop générales valent davantage peut-être pour la critique universitaire américaine que pour la critique française, il demeure clair, néanmoins, qu'en mettant à notre disposition des raisons de douter, en érodant, d'une façon d'ailleurs très positive et très saine, notre positivisme, en révélant ce qu'il pouvait contenir en lui d'insuffisant, de mécanique et de naïf, la critique structuraliste et post-structuraliste a surtout fait de nous des démolisseurs, des experts de la dérive du signifiant, des sectateurs zélés de la pluralité et de l'ambiguïté, des critiques, enfin, pour qui la vérité, le sens, la présence en général, constituent autant d'illusions, de pièges dont il faut avant tout savoir se garder.

On verra facilement, dans les quelques pages qui suivent, ce que mon propos accepte de ces tendances critiques, et ce qu'il en refuse. Je pense, sans doute comme tout un chacun, que la thèse de P. Villey est séduisante et commode mais que, mise à l'épreuve du texte, elle manque terriblement de nuances. Il m'arrive même parfois de me dire qu'au fond, en y regardant bien, il se pourrait, même qu'elle fût moins valide que fausse; que Montaigne n'a jamais, même superficiellement, adhéré au stoïcisme, qu'il n'a jamais - pas même en 1572 - manifesté «une confiance illimitée dans le pouvoir de la raison et de la volonté pour façonner notre bonheur individuel» (12), qu'il a toujours été, en son «essence» et en sa «forme maistresse», non pas «docteur», mais «douteur», et que si la lecture des *Hypotyposes* lui a appris quelque chose, c'est seulement à mieux dire ce qu'il savait déjà, à exprimer avec plus de précision et de force persuasive des convictions qui depuis toujours avaient été les siennes, à s'approprier et à maîtriser définitivement une attitude d'esprit et une démarche qui lui étaient naturelles, et qu'il avait adoptées d'entrée, sans même avoir à y penser. Il m'est même arrivé d'écrire, non d'ailleurs sans quelque imprudence (13), que Montaigne, dans ses *Essais*, n'a jamais rien affirmé - sinon, peut-être, qu'on ne peut rien affirmer, et que toute affirmation dissimule son lot de contradictions, d'inconséquences et d'illusions; que, comme le nôtre aujourd'hui, son projet a, dès le début, été de nature essentiellement *critique*; qu'il a consisté à soumettre à l'examen de son jugement les discours en place, et à se surprendre, à se représenter et à se critiquer dans cette activité même; et que, par conséquent, son texte n'est nullement le lieu d'une quelconque cohérence idéologique, mais au contraire, et par excellence, celui de la liquidation radicale de toutes les idéologies; que ce qui s'y fait entendre n'est pas l'adhésion successive à plusieurs systèmes philosophiques - stoïcisme, scepticisme, naturalisme, la grande, l'inévitable, trilogie -, mais la résistance de l'esprit à toute forme possible d'endoctrinement, le pouvoir que possède ce dernier de remettre légitimement en question l'autorité de tout discours - y compris le sien propre.

C'est dans cette même perspective que je voudrais maintenant examiner l'essai «Que philosopher c'est apprendre à mourir», et en mettant à profit non seulement certains acquis de la critique récente, mais tout aussi bien quelques remarques et quelques analyses de Villey lui-même - remarques et analyses qui, à mon sens, auraient pu être poussées plus loin. J'ai toujours, en particulier, été fasciné par ce que Villey appelle «l'impersonnalité des premiers essais», et par les démonstrations auxquelles il se livre. Tous les essais qu'il choisit pour illustrer sa thèse, «Coutume de l'isle de Cea» (II, 3), «De la solitude» (I, 39), «Que le goust des biens et des maux depend en bonne partie de l'opinion que nous en avons» (I, 14), sans oublier naturellement celui qui nous occupe ici, sont bien en effet des «mosaïques» qui «puent un peu à l'estranger», des «marqueteries» faites de sentences empruntées pour la plupart à Sénèque et agrémentées de quelques citations de poètes, Horace, Virgile, Ovide ou Lucrèce. Il est tout à fait exact, par exemple, que l'essai I, 20 constitue en son genre un véritable «petit cours de philosophie stoïcienne» et que, comme l'a récemment suggéré J. Brody, nous avons toutes les raisons du monde de soupçonner «qu'à l'exception d'une poignée d'interventions personnelles, l'étude approfondie des sources de Montaigne dans son essai sur la mort ne révèlerait guère une seule phrase originale» (14). Même le titre est emprunté; il vient, nous dit Montaigne, de Cicéron; et nous savons que Cicéron l'a tiré du *Phédon*, et que, si Montaigne n'avait pas lu les *Tusculanes*, il aurait pu tout aussi bien trouver cette citation chez Erasme, qui l'utilise dans son *De praeparatione ad mortem*, dans son *Enchiridion* et dans son *Encomium moriae*, ou chez Marsilio Ficino, qui en fait usage dans sa *Theologia platonica*, voire chez Sénèque lui-même, qui y fait allusion dans l'un de ses *Epîtres* (15). A qui donc devons-nous, nous lecteurs, attribuer, cette sentence? A Montaigne lui-même, qui après tout la fait figurer dans un livre dont il se reconnaît l'auteur, ou à toutes ces autres voix qui, à travers la sienne, se font toujours clairement entendre et qui, parallèlement à la sienne, et avec une présence et un statut comparables en tous points à celle-ci, même aujourd'hui, continuent d'exister? Et cette question qui, fort légitimement, se pose au sujet du titre, peut et doit se poser, nous le savons pertinemment, au sujet du texte lui-même - de ce texte qui n'est rien d'autre, littéralement parlant, qu'un centon de citations, qu'un «amas de fleurs estrangeres», où Montaigne n'a «fourny du sien que le filet à les lier» (III, 12: 1055b). Car enfin, qui parle dans cet essai? Montaigne, ou Sénèque? Montaigne, ou Lucrèce - et «Nature» derrière Lucrèce? Montaigne, ou Cicéron? - et Platon derrière Cicéron, et Socrate derrière Platon? Questions qui n'ont ici rien de déplacé, d'anachronique ou de spécieux, puisque Montaigne lui-même reconnaît dans son chapitre I, 25 qu'il est semblable à ces «pedantes» qui «vont pillotant la science dans les livres et ne la logent qu'au bout de leurs levres, pour la degorger seulement et mettre au vent». Car c'est bien ce qu'il fait, précise-t-il dans une addition tardive (136c): «Je m'en vay, escorniflant par cy par là des livres les sentences qui me plaisent, non pour les garder, car je n'ay point de gardoires, mais pour les transporter en cettuy-cy, où, à vray dire (je souligne), *elles ne sont non plus miennes qu'en leur premiere place*». Ou encore ces formules qui montrent bien à quel point, quand il écrit ces lignes, il a en tête son essai I, 20: «Nous sçavons dire: Cicero dit ainsi: voilà les moeurs de Platon; ce sont les mots mesmes d'Aristote. Mais nous, que disons nous nous mesmes? Que jugeons nous? Que faisons nous? Autant en diroit un perroquet. [...]. Nous nous laissons si fort aller sur les bras d'autruy, que nous aneantissons nos forces. *Me veux-je armer contre la crainte de la mort? c'est aux despens de Seneca. Veux-je tirer de la consolation pour moy, ou pour un autre? Je l'emprunte de Cicero.* Je l'eusse prise en moy-mesme si on m'y eust exercé. Je n'ayme point cette suffisance relative et mendiée» (137a-138b). Et pourtant, lorsque Montaigne, dans son essai I, 20, égrène par exemple ce beau et noble chapelet d'admirables sentences, toutes marquées au coin de ce style inimitable par lequel nous le reconnaissons tous:

> Il est incertain où la mort nous attende, attendons la par tout. La premeditation de la mort est premeditation de la liberté. Qui a appris à mourir, il a desapris à servir. Le sçavoir mourir nous afranchit de toute subjection et contrainte. Il n'y a rien de mal en la vie pour celuy qui a compris que la privation de la vie n'est pas un mal.
> (87a)

Et lorsque le lecteur, le lecteur qui connaît ses classiques, ou qui a lu les notes de la grande édition Villey, sait qu'en réalité chacune des perles de ce précieux chapelet n'est qu'une perle de culture, qu'une «incrustation empruntée» aux *Epîtres* 26 et 78 de Sénèque, que Montaigne n'a changé quasiment rien, aucun mot, à ses «larrecins», et que pillage ne saurait être plus éhonté ni plus entier, que va-t-il être contraint d'en conclure? Ne sera-t-il pas nécessairement amené à se dire que si, en un certain sens, Montaigne nous parle dans cet essai, il n'est décidément pas le seul à se faire entendre?

> *Incertum est quo loco te mors expectet: itaque tu illam omni loco exspecta. Meditare mortem: quod hoc dicit, meditari libertatem jubet. Qui mori didicit, servire dedidicit: supra omnem potentiam est, certe extra omnem. Contemne mortem: nihil triste est, cum huius metum effugimus* (16).

Et ce genre de question est en l'occurrence d'autant plus pertinent que, dans son essai, Montaigne se livre de surcroît, et d'une façon fort consciente à ce qu'on pourrait sans exagération aucune appeler un brouillage systématique du locuteur, du sujet comme du lieu de l'énonciation. Montaigne réutilise ici une stratégie discursive dont il a déjà eu l'occasion de vérifier l'efficacité en I, 14. «Il faut une éloquence puissante», fait remarquer Cicéron dans ses *Tusculanes* (17), pour «amener les hommes soit à souhaiter la mort, soit seulement à cesser de la craindre». Et Montaigne est tellement, en cette occurrence, convaincu de la difficulté de convaincre et de «se» convaincre - il se trouve au fond, face à soi-même et à son interlocuteur, dans une situation qui n'est pas sans rappeler celle du Pascal des *Pensées* face à son libertin - qu'il a recours à toutes les manipulations rhétoriques possibles et imaginables. Dans ce «prodigieux monologue dramatique» - la formule est de Marc Fumaroli, qui ajoute: «On n'attend qu'un comédien pour montrer la vertu scénique d'une parole aussi vivante» (18) -, rien n'est laissé au hasard. Tout est au contraire conçu pour embarquer le lecteur, et lui interdire toute échappatoire. Certes, et à considérer les choses de haut, d'une manière aussi globale que possible, le discours philosophique de I, 20 est confié à deux instances dont l'autorité ne saurait être mise en question, «raison» et «nature». Mais si nature assume sa prosopopée sans faillir, raison, elle, délègue ses pouvoirs à un «je» et à un «nous» sur l'identité exacte desquels il est permis de s'interroger. Bien sûr, la logique veut que ce «je» qui parle en I, 20 ne puisse être que Michel de Montaigne en personne: «Je nasquis entre unze heures et midi, le dernier jour de Febvrier mil cinq cens trente trois... Il n'y a justement que quinze jours que j'ay franchi trente neuf ans» (84a). Là, aucun doute n'est possible. Et pourquoi d'ailleurs douterait-on? Montaigne, à plusieurs reprises dans ses *Essais* - voyez par exemple II, 37 (19) - nous parle de sa crainte de la mort; et nous savons trop le rôle capital d'exemple qu'occupe dans son univers la mort d'Etienne de la Boétie pour que nous puissions douter, ne serait-ce qu'un instant, de l'engagement personnel de Montaigne dans ce discours, même si ce discours n'est à proprement parler pas le sien. Le problème, cependant, est que ce «je», ce «je» qui est censé être Michel de Montaigne, se double soudain d'un «tu», qui, lui aussi, ne peut logiquement être que ce même Montaigne, de telle sorte que le lecteur se trouve confronté à un dialogue de Montaigne avec soi: «D'avantage, pauvre fol que tu es, qui t'a estably les termes de ta vie? Tu te fondes sur les contes des Medecins. Regarde plustost l'effect et l'experience. Par le commun train des choses, tu vis pieça par faveur extraordinaire» (*ibid.*). Et, paradoxalement, ce dialogue de soi à soi, ce dialogue si personnel est en même temps si général et si universel, il touche tellement chacun d'entre nous de si près, que nous sommes irrésistiblement amenés à nous l'attribuer en nous substituant à Montaigne, à nous identifier à lui. Notre adhésion est d'ailleurs si totale que lorsqu'un peu plus loin (85a) Montaigne pille Ravisius Textor pour nous offrir son catalogue de morts «si ordinaires», nous ne savons plus très bien si le «je» qui dit «Je laisse à part les fiebvres et les pleuresies» est celui de Montaigne ou le nôtre. Somme toute, si Montaigne dit «je» dans cet essai, c'est pour mobiliser le «nous», pour faire en sorte que ce «nous», littéralement, *prenne la parole et devienne "je"*. Ses raisons participent au moins autant d'un jeu rhétorique que d'une conviction personnelle. Et il peut alors en toute quiétude s'offrir le luxe d'engager le dialogue avec ce «nous» qui n'est plus nous, puisqu'il est devenu «je». Il sait que toutes les objections qu'il placera dans la bouche de ce «nous» momentanément devenu «vous» -«Qu'import'il, me direz-vous, comment que ce soit, pourveu qu'on ne s'en donne point de peine? (85a); «On me dira que l'effect surmonte de si loing l'imagination qu'il n'y a si belle escrime qui ne se perde, quand on en vient là. Laissez les dire» (90a) - seront balayées sans difficulté aucune. Il est même tellement persuadé d'avoir gagné la partie qu'il se permet d'abonder dans le sens de ce «vous» qui, momentanément, le contredit. Car celui qui concède ainsi ne peut être que quelqu'un qui a raison, et qui se sent fort d'avoir raison: «Je suis de cet advis, et en quelque maniere qu'on se puisse mettre à l'abri des coups, fut ce soubs la peau d'un veau, je ne suis pas homme qui y reculasse. [...] Mais c'est folie d'y penser arriver par là» (85a-86a). Qui en effet, parmi ce «nous», oserait se ranger du côté du «vulgaire» ou de «nos gens», et adopter cette «nonchalance bestiale» en tous points indigne d'un «homme d'entendement»? Nous tenons, nous aussi, à faire partie de ces honnêtes têtes pensantes, de ces interlocuteurs sensés et, parvenus à ce point du texte, notre plus grand désir est de prendre en charge, et d'assumer pleinement, la responsabilité des mandements de la «sagesse et discours du monde».

Il serait facile de montrer avec quelle minutie et quelle habileté Montaigne entretient tout au long du discours de «raison» cette complicité qu'il a su si bien créer, les additions qu'il introduit à son texte primitif trahissant toujours clairement son souci de respecter, sans l'interrompre, le passage et l'échange continuels du «je» au «nous» qui n'ont cessé de caractériser sa démarche. De montrer aussi le triomphe définitif qu'il remporte quand, dans sa prosopopée, «nature» s'adresse désormais à un «vous» et à un «tu» qui ont perdu toute identité précise. De telle façon, qu'à la fin de l'essai, on pourrait presque dire que Montaigne est parvenu, subrepticement et sûrement, à quitter son texte, puisque, d'un côté, ce n'est plus lui le locuteur et que, de l'autre, il s'est fondu dans la masse anonyme des «vous» et des «tu» auxquels la «nature» s'adresse. Et lorsque, dans l'ultime tableau sur lequel se clôt l'essai - «les cris des meres, des femmes et des enfants, la visitation des personnes estonnées et transies, l'assistance d'un nombre de valets pasles et éplorés, une chambre sans jour, des cierges allumés», etc. (96a) -, le «je» fait sa réapparition, c'est aussitôt pour entraîner le «nous» à sa suite.

L'essai «Que philospher c'est apprendre à mourir» est donc, sur le plan de son énonciation, un essai polyphonique. Plusieurs voix s'y mêlent, et s'y font clairement entendre, au creuset desquelles s'estompe celle de Michel de Montaigne. Cette constatation n'est pas pour nous surprendre. Elle me renvoie, pour ce qui me concerne, aux conclusions naguère avancées touchant l'essai «Des cannibales» (I, 31) (20). Si Montaigne, en I, 20, n'est pas le seul à parler, s'il s'estrange sans le dire du discours que pourtant il tient, c'est que, pas plus que le discours cosmographique, ce discours n'est à proprement parler le sien, mais celui d'une tradition philosophique nourrie de Sénèque, d'Epictète et de Platon, de Lucrèce et de Cicéron: c'est-à-dire un discours qu'il essaye le temps d'un essai pour voir, comme en I, 14 (51a), «s'il se peut maintenir».

C'est ici, je crois, si nous voulons réellement parvenir à ébranler les thèses de Villey et à les dépasser, que l'occasion pour nous s'offre d'agir. Et ce, de deux façons. D'abord, en soutenant contre lui que c'est l'«impersonnalité» même des premières compositions de Montaigne, leur caractère de «mosaïque» et de «marqueterie», qui fait d'elles de véritables «essais» - et non, comme il le prétend (21), des «leçons», des «discours» ou des morceaux d'«anthologie». Et nous retrouvons ici, pour nous appuyer sur elles, les conclusions de Jean-Yves Pouilloux et celles d'André Tournon (22). Car ce que Pouilloux et Tournon nous ont rappelé, c'est essentiellement que le texte de Montaigne est à la fois le lieu d'une *énonciation* et d'un *jugement*. L'énonciation a vocation apodictique; sa fonction, sa raison d'être essentielle, est de transmettre une *vérité*. l'argumentation à laquelle elle a recours pour convaincre est de nature soit dialectique (syllogisme), soit rhétorique (enthymème): d'où, par exemple, la dimension logique extrêmement rigoureuse et voulue du discours de «raison» dans I, 20, discours qui a tendance à progresser, surtout au début, de syllogisme en enthymème, et d'enthymème en syllogisme - le lecteur se trouvant confronté à des raisonnements du genre: 1) le but de notre visée, c'est la volupté; 2) la crainte de la mort constitue un obstacle à la possession de cette volupté; 3) donc la philosophie s'emploie à supprimer en nous la crainte de la mort; ou encore: 1) la mort est inévitable; 2) la mort nous fait peur; 3) donc elle est un sujet continuel de tourment - avec la variante suivante, dont nous aurons bientôt l'occasion de mesurer l'importance: 1) la mort est inévitable; 2) donc, si elle nous fait peur; 3) c'est un sujet continuel de tourment. Raisonnements en forme qui prennent volontiers dans l'essai une tournure interrogative et toute rhétorique: «Le but de nostre carriere, c'est la mort, c'est l'objet necessaire de nostre visée: si elle nous effraye, comme est il possible d'aller un pas en avant sans fiebvre?» (84a). Naturellement, et comme le montre toujours excellemment I, 20, cette argumentation s'effectue à partir d'un discours préexistant, d'un discours déjà constitué, canonisé, et faisant dans sa sphère autorité. Ce discours en place - ici, celui de la tradition issue d'Epicure et de Sénèque - constitue le matériau de base de Montaigne, ce à partir de quoi va se déployer sa propre écriture - A. Tournon dirait son propre commentaire. Pour un temps, mais pour un temps seulement, Montaigne s'approprie le discours de l'autre, il le fait sien: il le fait sien ou, comme je l'ai déjà dit de façon plus exacte, il l'*essaye*.

Cette pratique explique que, dans l'écriture de Montaigne, plusieurs voix se fassent entendre. Elle permet de comprendre, contrairement à ce que dit Villey, que cette pluralité doit en réalité beaucoup moins à une prétendue pauvreté de l'invention montaignienne, ou à une timidité de principiant, qu'à une volonté délibérée de mettre à l'épreuve les discours dominants et les savoirs qu'ils véhiculent. Elle permet aussi de définir un premier sens du mot «essai», sens dont le chapitre «Que philosopher c'est apprendre à mourir» offre une illustration quasi parfaite: Montaigne essaye, dans ses *Essais*, les discours d'autrui.

Le jugement définit pour sa part le second niveau de l'écriture de Montaigne. Il a naturellement l'énonciation pour objet. Il affronte cette dernière, la défie, l'entraîne dans une sorte de joute intellectuelle à la fois subtile et serrée, la soumet à une critique où lui-même non seulement s'éprouve et se fortifie, mais encore se révèle au lecteur attentif, prend corps dans l'écriture, y enregistre son activité - on devrait sans doute dire sa *performance* -, y laisse les traces visibles de ses échecs, de ses efforts et de ses progrès. Il a donc, comme le dit Pouilloux, vocation analytique. C'est sa présence dans l'essai I, 20 qui fait dire à Marc Fumaroli que Montaigne, dans un registre au fond très «shakespearien», reste à la fois «détaché» et «engagé», que, tout en se laissant dans une certaine mesure prendre en charge par ce discours qu'il profère, il n'en perd cependant jamais le «contrôle», et «le commente lui-même» au moment même où il se déroule, «dans un dédoublement virtuose d'une suprême ironie» (23). C'est aussi par lui que s'explique ce que Pouilloux appelle fort justement «le double jeu du discours des *Essais*», le passage de ce premier moment de l'écriture «où les affirmations étaient accumulées en fonction d'une vérité qu'elles disaient», à ce second où «elles sont *démontées* pour que soit découvert le mensonge qu'elles cachent» (24). Exercice conduit avec ordre et rigueur, qui deviendra, au troisième livre, «art de conferer», et qui nous permet de dégager ici le second sens du mot «essai» tel que l'emploie Montaigne: en essayant, dans ses *Essais*, les discours d'autrui, en voyant, comme il le dit lui-même, si ceux-ci «se peuvent maintenir», Montaigne essaye son propre jugement.

-=-=-=-

«Est-il quelqu'un qui desire estre
malade pour voir son medecin en
besoigne, et faudroit-il pas foyter
le medecin qui nous desireroit
la peste pour mettre son art en
practique?»
Essais, III, 10

«Ce ne sont qu'arguties verbales,
qui nous trompent [...] Tout ce
qui plaist ne paist pas».
Essais, III, 12

Nous sommes alors, parvenus à ce point de notre étude, beaucoup
mieux en mesure de comprendre en quoi la thèse de l'évolution n'est qu'un
leurre, en quoi P. Villey - une fois n'est pas coutume - s'est laissé prendre
aux apparences. Il nous suffit en effet, après avoir rappelé dans un premier
temps que l'écriture de Montaigne est de nature réflexive, qu'elle se
caractérise par l'existence en elle d'un «double registre», ou encore d'une
«structure de commentaire», de montrer que ce double registre et cette
structure réflexive existent dans l'essai I, 20 dès 1572, que le «commentaire»
de Montaigne n'attend pas 1588 pour se mettre en place, et que tous les
arguments que celui-ci développe dans son essai «De la phisionomie» ne
font rien d'autre qu'expliciter une distance et une critique présentes dès
l'origine.

Partons, cette fois encore, d'une évidence assez forte pour se dérober
à toute contestation: dès sa version primitive, l'essai «Que philosopher c'est
apprendre à mourir» frappe le lecteur par l'ampleur et l'aspect classique de
sa rhétorique. Nous avons là indiscutablement affaire à un grand morceau
d'éloquence «suasoire», à un texte qui correspond parfaitement, dans son
esprit comme dans sa forme, à l'idéal que Cicéron exprime justement dans
ses *Tusculanes*, et qui consiste selon lui à pouvoir parler des grandes
questions philosophiques *copiose ornateque: Hanc enim perfectam philoso-
phiam semper judicavi, quae de maximis quaestionibus copiose posset ornateque
dicere* (25). A un texte qui, de même correspond trop aux préceptes et aux
normes définis par Quintilien au troisième livre de son *Institution oratoire*
pour que l'adéquation soit fortuite. Que nous apprend en effet Quintilien?
Que le «genre délibératif» - *deliberativus genus* -, dans lequel se range
incontestablement I, 20, a pour fonction essentielle de persuader ou de
dissuader. Que c'est un genre de discours dans lequel l'orateur doit procéder

avec ordre et rigueur (*docere*), sans pour autant oublier d'exciter les passions (*movere*) (26). Que, lorsqu'il s'agit de «suasio» ou de *dissuasio*, trois choses importent avant tout: ce dont on délibère, ceux qui délibèrent, et celui qui a pour tâche de persuader ou de dissuader - *quod sit de quo deliberatur, qui sint qui deliberent, qui sit qui suadeat* (III, 15). Quant à ceux qui délibèrent, c'est-à-dire les auditeurs, ceux que l'orateur cherche à persuader, l'important pour les convaincre est de savoir exciter en eux deux ressorts puissants, que Quintilien appelle *malorum timor* et *spes bonorum*, la crainte des inconvénients et l'espérance des avantages. Et quant à l'orateur lui-même, son identité est très importante - *multum refert etiam quae sit persona suadendis* (III, 48). Plus sa crédibilité et son autorité seront grandes, et plus il aura de chance de persuader. C'est pourquoi Quintilien recommande fortement d'avoir recours à la prosopopée (III, 49): car l'orateur y parle alors par la bouche d'un personnage qui a nécessairement plus de prestige et plus d'autorité que lui.

Il est clair que, dans son essai I, 20, Montaigne joue à plein ce jeu, qu'il en respecte scrupuleusement toutes les règles, et que ce respect affiché fait de lui un auteur semblable à ceux que lui-même dénonce en III, 12, c'est-à-dire l'un de ces auteurs qui, autour d'un bon argument, par désir de subtilité, en «sement» d'autres qui ne sont que «legers» ou «incorporels». Fi de l'éloquence: «ce ne sont qu'arguties verbales, qui nous trompent». La réaction, chez Montaigne, va de soi. Et elle ne peut, dans cc cas précis, qu'être encore plus intense. Car enfin, à qui se donne la peine d'«y regarder de pres», quoi de plus «incorporel» qu'un discours sur la mort? Et quoi de plus creux? Quand il disserte sur la mort, l'homme parle nécessairement de ce qu'il ignore. Tout ce qu'il sait, c'est que sa condition fait de lui un être mortel. Il ne débat donc que du mot, et non pas de la chose. Montaigne proclame cette évidence avec force en I, 14, et il se répètera en II, 6 avec la même conviction tranquille (27). «La mort ne se sent que par le discours, d'autant que c'est le mouvement d'un instant: *Aut fuit, aut veniet, nihil est praesentis in illa*» (56a). Pour ce qui la concerne, contrairement à la douleur et aux autres maux de la vie, «tout consiste en l'imagination» (55a). Nos sens ne peuvent être juges, l'expérience et «l'exercitation» ne nous y peuvent aider. Ne pouvant l'«essayer qu'une fois», «nous y sommes tous apprentifs quand nous y venons» (371a). Il s'ensuit nécessairement de là que celui qui, comme le philosophe stoïcien ou épicurien, veut nous apprendre à la combattre et à la regarder en face, doit commencer par l'amener à l'être, par lui donner ce poids de réalité et de présence qu'en soi, ontologiquement, elle ne possède pas. Et que, pour ce faire, il devra - toujours nécessairement, inévitablement - émouvoir chez celui qu'il veut persuader et instruire ces deux ressorts que sont la peur et l'imagination. C'est par la peur et l'imagination qu'il parviendra à donner corps et être à ce qui n'en a pas. Et, une fois qu'il y sera parvenu, qu'il aura su faire naître ce «visage» redoutable (96a), cet autre *mormolukeion*, vrai croquemitaine, épouvantail et «fantôme à estonner les gens» (161c) (28), il pourra alors convaincre son interlocuteur que, s'il veut vivre en paix et heureux, il lui faut de toute nécessité maîtriser cette crainte qui désormais, s'est installée en lui, affronter l'ennemi, le pratiquer, se raidir et s'efforcer. D'où les critiques que Montaigne adresse en III, 12, à cette «medecine qui porte infection» et à ces médecins «qui nous jettent aux maladies affin qu'ils ayent où employer leurs drogues et leur art» (1051b).

Montaigne est tellement, dès l'origine, conscient du caractère foncière-ment sophistique de cette démarche qu'il insère son essai I, 20, et son essai I, 19, lui aussi consacré à la mort - et d'ailleurs tout nourri du souvenir de celle d'Etienne de la Boétie -, entre deux essais portant respectivement pour titre «De la peur» (I, 18) et «De la force de l'imagination» (I, 21). Cette stratégie n'a certainement rien de fortuit. Elle constitue de toute évidence un signe, qu'il s'agit pour nous d'interpréter. Or que découvrons-nous dans ces deux essais au titre révélateur? Que cette peur dont le discours philosophique s'emploie à susciter la présence, «surmonte en aigreur tous autres accidents», et «qu'elle est encore plus importune et insupportable que la mort» (76c-77c); que c'est une passion tellement «estrange» qu'elle est non seulement capable d'emporter «nostre jugement hors de sa deüe assiette», mais encore de précipiter à terre «roide morts» et «sans aucune blessure», ceux qu'elle a saisis (75a). Que cette imagination a en elle tellement de force qu'elle produit l'événement - «*Fortis imaginatio generat casum*, disent les clercs» (97a). «Je saisis le mal que j'estudie et le couche en moy», y avoue Montaigne; et «je ne trouve pas estrange qu'elle donne et les fiebvres et la mort à ceux qui la laissent faire et qui luy applaudis-sent. [...] Nous tressuons, nous tremblons, nous pallissons et rougissons aus secousses de nos imaginations et renversez dans la plume sentons nostre corps agité à leur bransle, quelques-fois jusques à en expirer» (98a). Etranges moyens, en vérité, que suscite le discours philosophique à la Sénèque, quand il veut nous persuader de la nécessité d'apprendre à mépriser la mort. L'entreprise, ici, ne se sent nullement de la chose qu'elle regarde. Et les remèdes y sont pires que la maladie dont ils sont censés nous guérir. Ils ne sont pas remède, mais poison.

Naturellement, la lecture de l'essai lui-même confirme et renforce les indices déjà fournis par le cadre dans lequel Montaigne, d'entrée, l'a délibérément placé. En dépit des apparences qu'il se donne, le discours de la raison est le moins raisonnable qui soit. Son ambition - sa visée - est certes hautement recommandable, puisqu'il prétend nous apprendre à mourir, afin que nous en puissions mieux vivre. Le plaisir est son but. Et son cheminement, ses façons de procéder et de progresser, paraissent eux aussi dignes de tous les éloges. La rigueur intellectuelle s'y mêle à l'abondance persuasive des exemples, le bon sens et l'intelligence à la bonne foi. L'autorité qui s'y manifeste n'est jamais contraignante ou tyrannique. Elle invite au contraire constamment au dialogue et pousse l'honnêteté jusqu'à la concession. La relation qui s'y établit n'est pas, au fond, celle du maître philosophe à ses disciples, mais celle d'un homme hédoniste et cultivé qui, pour résoudre un problème crucial, s'adresse à ses égaux, sollicite leur avis, les fait intervenir dans le débat, abonde dans leur sens pour leur montrer qu'il n'est en rien différent d'eux. L'abondance des outils grammaticaux, des «parolles de liaison» et des «coutures» introduites ici non «pour le service des oreilles foibles ou nonchalantes», mais pour celui d'une raison qui, forte de la conviction qu'elle possède, cherche à la faire partager aux autres, constitue, comme d'ailleurs tout le reste, une garantie supplémentaire de probité. «Cicéron dit que... C'est d'autant que... ou bien, c'est que...»; «De vray, ou la raison se mocque, ou elle ne doit viser...»; «Or», «Voyla pourquoy», «et par consequent»: comment ne pas rendre les armes à un discours si ouvertement *logique*, et si prudent qu'il progresse pas à pas, dans un cheminement déductif soucieux de ne pas s'égarer? Et pourtant, il suffit de prêter attention aux grandes articulations du texte pour s'apercevoir aussitôt que ce discours en apparence si respectable piétine, et qu'il est suspect. Comme tout discours sophistique, sa sagesse est apparente, et non réelle. Rien de plus révélateur dans ce domaine que les questions qu'il nous pose questions dont nous nous souvenons tous, parce que c'est justement sur elles que le raisonnement s'appuie pour persuader, pour exprimer en autant de formules pressantes l'urgence de son message. On s'aperçoit, à les comparer, qu'une stratégie est à l'œuvre, totalement différente de celle qui nous est présentée. Et l'on a aussitôt envie de s'écrier, comme Sénèque - comme le Sénèque dont Montaigne, avec une ironie superbe, se sert pour déconstruire Sénèque lui-même -, «tu me fabriques des pièges de mots, tu combines de pauvres syllogismes; glissons vite sue ces trop vaines subtilités» - *verba mihi captiosa componis et interrogatiunculae nectis; transcurramus solertissimas nugas* (29). Car c'est bien, en définitive, de cela qu'il s'agit:

> Mais quant à la mort, elle est inévitable. [...] Et par conséquent, si elle nous fait peur, c'est un sujet continuel de tourmen (83a).

Le but de nostre carriere, c'est la mort, c'est l'objet necessaire de nostre visée: si elle nous effraye, comment est-il possible d'aller un pas en avant, sans fiebvre? (84a).

Ces exemples si frequents et si ordinaires nous passent devant les yeux, comme est-il possible qu'on se puisse deffaire du pensement de la mort, et qu'à chaque instant il ne nous semble qu'elle nous tient au collet? (85a).

Habilement réparties à intervalles réguliers dans les premières pages du «discours de raison», ces ratiocinations trahissent, dans leur formulation même, les pièges qu'elles nous tendent et qu'elles s'efforcent de nous cacher. Il est indéniable que «si la mort nous fait peur», «si elle nous effraye», «c'est un sujet continuel de tourment», et qu'il ne nous est plus possible «d'aller un pas en avant, sans fiebvre». Il est non moins exact que, lorsque «ces exemples si frequents et si ordinaires» - peut-être d'ailleurs ni si «fréquents» ni si «ordinaires» que Montaigne le prétend - «nous passent devant les yeux», il nous devient bien difficile de nous «deffaire du pensement de la mort», et qu'«à chaque instant» nous pouvons avoir l'impression «qu'elle nous tient au collet». Mais cette mort nous fait-elle toujours et nécessairement peur? Avons-nous toujours et nécessairement l'impression physique de sa présence, l'horrible certitude, l'insupportable «pensement» qu'elle nous «tient au collet»? Je sais fort bien que les réponses à ce genre de questions varient d'individu à individu, et que ma propre expérience du sujet ne saurait constituer un paradigme applicable à tous en toutes circonstances. Mais je suis cependant persuadé - comme d'ailleurs Montaigne l'était peut-être lui-même en formulant ses questions de la façon dont il les a formulées, ces raisonnements où tout dépend d'un «si» - que, dans ce domaine précis du «pensement de la mort» et de la peur que nous en avons, nous adoptons tous, spontanément, en fils soumis de la nature, ce «doux guide», la «nonchalance bestiale» du «vulgaire» (30). Et que toute la stratégie du texte que Montaigne essaye quand il compose I, 20 consiste à faire naître ce qui n'existe pas, à susciter en nous une inquiétude, à nous sortir de cette torpeur et de cette indifférence qui constituent généralement notre refuge. On pense là encore à Pascal qui, pour amener à Dieu son libertin, utilisera des procédés rhétoriques de même nature. C'est pourquoi, après nous avoir en quelque sorte mobilisé l'«entendement», après nous avoir conduits sur le terrain, tout ensemble noble et contraignant, de la logique, du raisonnement déductif, le discours de Montaigne, loin de progresser, piétine et ressasse, accumule les exemples, n'hésite pas, par l'intermédiaire de Montaigne lui-même, et de son dialogue intérieur, à nous faire sentir toute la fragilité de cette vie qui est la nôtre - «D'avantage, pauvre fol que tu es, qui t'a estably les termes de ta vie? [...] Par le commun train des choses, tu vis pieça par faveur extraordinaire. Tu as passé les termes accoustumez de vivre...» -, à nous faire réaliser «Combien a la mort de façons de surprises»: «N'as-tu pas veu tuer un de nos roys en se jouant? Et un de ses ancestres mourut-il pas choqué par un pourceau?...». De telle sorte que le lecteur, ainsi agressé et pris à parti par cette raison décidément trouble-fête, le lecteur qui comprend bien et qui voit bien que, sans Montaigne (et sans Ravisius Textor), tous ces exemples «si frequens et si ordinaires» ne lui passeraient pas devant les yeux, finit par s'étonner et par retrouver en lui quelque chose de l'incrédulité manifestée par Etienne de la Boétie sur son lit de mort devant le visage «impatient» et bouleversé de son ami (31): «Comment mon frere, me voulez vous faire peur? Si je l'avois, à qui seroit-ce de me l'oster qu'à vous?» Loin en effet, comme il le prétend, d'ôter de nous la peur, le «discours de la raison» fait au contraire tout ce qu'il peut pour l'installer en nous, pour nous convaincre qu'elle est, et qu'elle doit nécessairement être, l'expérience la plus intime et la plus essentielle de notre être. Car c'est seulement à ce prix, quand la peur de la mort aura pris en nous ses quartiers d'hiver, quand elle sera devenue quelque chose comme la basse continue de notre existence, que le dit discours pourra alors développer, sur un mode cette fois très impératif, la série de ses admirables et vertueux préceptes. Si, dans ce domaine de l'homme et de sa «méditation» de la mort, une chose maintenant est acquise, c'est que, pour combattre l'ennemi et apprendre à le soutenir de pied ferme, l'homme, la peur de l'homme, et l'imagination qui est en lui, doivent d'abord commencer par lui donner corps, par le créer.

C'est sans doute parce que Montaigne est, dès 1572, conscient de la dimension proprement sophistique de cette démarche qu'il fait figurer son essai «Que philosopher c'est apprendre à mourir» quelques pages après un autre, de toute évidence rédigé à la même époque et dans le même esprit, où il nous montre que «les hommes sont tourmentez par les opinions qu'ils ont des choses, non par les choses mesmes» (I, 14: 50a). Et c'est aussi sans doute pour mieux encore expliciter sa critique et son ironie qu'il truffe en 1588 la prosopopée de nature d'additions, généralement inspirées de Sénèque lui-même (32), et qui ont toutes pour fonction de vouer à l'inutilité la plus complète les mandements de raison. A quoi peuvent en effet désormais servir ces derniers, si nature elle-même, dès 1572, «nous y force», si «elle nous preste la main et nous donne courage», si - renchérit ironiquement Montaigne dans l'un de ses «allongeails» - «elle nous desrobbe le goust de nostre perte et empirement», de telle sorte que, «conduicts par sa main, d'une douce pente et comme insensible, peu à peu, de degré en degré, elle nous roule dans ce miserable estat et nous y aprivoise, si que nous ne sentons aucune secousse quand la jeunesse meurt en nous» (90b-91b), si enfin, dans sa prévoyance et sa bonté, elle qui sait ce qu'il nous faut mieux que nous, elle nous «mettra en tel point», le moment venu, «que nous n'aurons aucun mescontentement» (94b)? Le commentaire ici, rejoint le texte et se fond en lui et du coup ce dernier, d'une façon très moderne, génère sa propre critique et sa propre déconstruction. Et Montaigne, un Montaigne plus ironique que jamais, semble déjà nous dire, avant Georges Bataille (33), que toute réflexion sur la mort est décidément dérisoire, que tous les discours philosophiques à ce sujet sont toujours «un peu longuets», et que, nous avons beau nous évertuer, citer Cicéron, Lucrèce et Sénèque, jouer à l'être raisonnable et au philosophe vertueux, «si la mort est en jeu», c'est toujours la plus profonde «fumisterie» d'en parler. Dès l'origine, la mort n'est pas pour Montaigne une mort tendue mais, comme l'a dit récemment Claude Blum, une «mort apaisée» (34). Et c'est pourquoi, parallèlement à l'essai qu'il tente en I, 20, et qu'il ne peut maintenir, Montaigne cite déjà volontiers, comme par exemple en II, 13 (608a), le fameux mot de Jules César. Interrogé un jour sur le genre de mort qu'il trouvait le plus souhaitable, l'Empereur avait répondu «la moins préméditée et la plus courte». Et Montaigne d'ajouter en 1588: «Si Caesar l'a osé dire, ce ne m'est plus lacheté de le croire».

Gérard DEFAUX
Johns Hopkins University

NOTES

1. Je pense surtout ici aux travaux récents de J. Brody, *Lectures de Montaigne* (Lexington, Kentuchy, 1982), et à ceux de C. Blum: notamment son article, très suggestif, «La mort des hommes et la mort des bêtes dans les *Essais* de Montaigne: sur les fonctions pardigmatiques de deux exemples», in *French Forum*, Vol. 5 (1980), pp. 3-13.
2. P. Villey, *Les Sources et l'évolution des Essais de Montaigne*. Réimpression de la 2e édition de 1933 avec une préface de V.L. Saulnier (Otto Zeller, 1976), Tome II, pp. 404-412.
3. D'après J. Brody, *op.cit.*, p. 163, note 4, «Sur les 576 lignes dans l'édition de la Pléiade, citations latines comprises, 335 (58 %) appartiennent à la couche "a" du texte, 80 (14 %) à la couche "b", et 161 (28 %) à la couche "c"». Et J. Brody de

commenter: «Qu'est-ce à dire, sinon que 42 % des lignes dans cet essai prétedument symptomatique de la première manière sont contemporaines des grands essais du troisième livre?».

4. *Ibid.*, pp. 133-144: «Au-delà de 1580: l'évolution d'une forme».

5. Montaigne, *Essais*, édition Villey-Saulnier, pp. 91-92: «Non seulement le discours de la raison nous y appelle [...]. Mais nature nous y force». Nous avons ici la grande articulation logique de l'essai, le passage de Sénèque à Lucrèce.

6. Sur le *pharmakon*, on lira avec profit la remarquable étude de J. Derrida, «La pharmacie de Platon», dans son livre *La Dissémination* (Paris, 1972).

7. P. Villey, *op.cit.*, pp. 142-144.

8. *Ibid.*, p. 402.

9. Sénèque, *Lettres à Lucilius*. Texte établi par F. Préchac et traduit par H. Noblot (Paris, 1956), Tome I, IV, 37-3 et 41-8, respectivement pp. 156 et 170.

10. Outre l'exemple cité *supra* (1052b), voir aussi 1040b: «Regardons à terre les pauvres gens que nous y voyons espandus...»; 1048b: «Or lors, quel exemple de resolution ne vismes nous en la simplicité de tout ce peuple...». Etc.

11. Voir aussi, par exemple, I, 30: 198c («De la moderation»): «Calliclez, en Platon, dict l'extremité de la philosophie estre dommageable, et conseille de ne pas s'y enfoncer outre les bornes du profit...»; et 200a: «Mais, à parler en bon escient, est-ce pas un miserable animal que l'homme? A peine est-il en son pouvoir, par sa condition naturelle, de gouter un seul plaisir entier et pur, encore se met-il en peine de le retrancher par discours: il n'est pas assez chetif, si par art et par estude il n'augmente sa misere: *Fortunae miseras auximus arte vias*». Etc.

12. P. Villey, *op.cit.*, p. 52.

13. Voyez mon étude «Lectures de Montaigne», in *Saggi e ricerche di letteratura francese*, vol. XIII (1983, pp. 47-48).

14. J. Brody, *op.cit.*, p. 114.

15. On trouvera tous ces renseignements rassemblés par M.A. Screech dans sa remarquable étude, *Ecstasy and the Praise of Folly* (London, 1980), pp. 75-83 («The philosophy of Christ: an exercise in dying»).

16. Sénèque, *op.cit.*, respectivement III, 26-7, p. 117; 26-10, p. 117; IX, 78-5, p. 73.

17. Cicéron, *Tusculanes*, Tome I. Edition de G. Fohlen et J. Humbert (Paris, 1930), p. 117: *Quae cum ita sint, magna tamen eloquentia est utendum atque ita velut superiore e loco contionandum, ut homines mortem vel optare incipiant vel certe timere desistant.*

18. M. Fumaroli, «L'éloquence du for intérieur», in *Les formes brèves de la prose et le discours discontinu, (XVIe-XVIIe siècles*. Etudes réunies et présentées par Jean Lafond (Paris, 1984), p. 41.

19. Dans l'édition Villey-Saulnier, 760a: «J'ay au moins ce profit de la cholique, que ce que je n'avoy encore peu sur moy pour me concilier du tout et m'accointer à la mort, elle le parfera: car d'autant plus elle me pressera et importunera, d'autant moins me sera la mort à craindre».

20. Cf. «Un cannibale en haut des chausses: Montaigne, la différence et la logique de l'identité», in «*MLN*, French Issue», Vol. 97, n° 4 (May 1982), pp. 919-957. Sur les stratégies discursives de Montaigne dans l'essai I, 20, voir aussi la belle étude

de S. Rendall, *Changing the Subject* (à paraître). Je remercie vivement son auteur d'avoir bien voulu me la communiquer.

21. P. Villey, *op.cit.*, p. 86. Voir aussi cette affirmation, p. 84: «Pour être franc, à parler d'«essais» dans la période que nous étudions [*i.e.* 1572-74], je crains fort que nous ne commettions un anachronisme».

22. J.Y. Pouilloux, *Lire les Essais de Montaigne* (Paris, 1969). André Tournon, *Montaigne: la glose et l'essai* (Lyon, 1983). Deux livres fondamentaux.

23. M. Fumaroli, art. cité, p. 41.

24. Pouilloux, *op.cit.*, p. 101. A retenir aussi cette autre formule, p. 105: «L'essai analyse les illusions et les impostures de toute posture».

25. Cicéron, *op.cit.*, IV-7: «En philosophie, l'idéal serait de pouvoir traiter les plus hauts problèmes dans une forme riche et brillante».

26. On pense ici inévitablement à la juxtaposition, dans l'essai I, 20 (83a), du raisonnement en forme de syllogisme - «Mais quant à la mort elle est inevitable, et par conséquent si elle nous faict peur, c'est un subject continuel de tourment» - et de la comparaison de notre condition d'êtres mortels avec celle du criminel que l'on renvoie se faire exécuter au lieu où son crime a été commis - l'image venant ajouter son pouvoir à celui de la *ratiocinatio*, l'exemple permettant de donner poids et force de preuve au discours lui-même.

27. On ne s'étonnera pas de retrouver cette même constatation dans l'essai III, 12, 1052-1053b (il s'agit du discours de Socrate à ses juges): «Je sçay que je n'ay ny frequenté ny recogneu la mort, ny n'ay veu personne qui ayt essayé ses qualitez pour m'en instruire. Ceux qui la craignent presupposent la cognoistre. Quant à moy, je ne sçay qui elle est, ny quel il faict en l'autre monde. A l'avanture est la mort chose indifferente, à l'avanture desirable. [...] Les choses que je sçay estre mauvaises, comme d'offencer son prochain et desobeir au superieur, soit Dieu soit homme, je les evite songneusement. Celles desquelles je ne sçay si elles sont bonnes ou mauvaises, je ne les sçauroy craindre...».

28. Voir Platon, *Phédon*. Traduction de P. Vicaire (Paris, 1969), 77E: «Ou disons plutôt que nous ne sommes pas peureux, mais qu'il y a peut-être au-dedans de nous un enfant qui craint ces sortes de choses: c'est lui que tu dois essayer de convaincre pour l'empêcher d'avoir peur de la mort comme d'un épouvantail». Pour un commentaire de ce passage, se reporter à J. Derrida, *La Dissémination*, pp. 137-139.

29. Sénèque, *op.cit.*, respectivement *Epîtres* 82 et 117.

30. On se souvient de la pensée de Pascal: «Les hommes n'ayant pu guérir la mort, la misère, l'ignorance, ils se sont avisés, pour se rendre heureux, de n'y point penser».

31. *Montaigne. Oeuvres complètes.* Textes établis par A. Thibaudet et M. Rat (Paris, «Bibliothèque de la Pléiade», 1967), p. 1354.

32. Voyez par exemple l'épître 26: «Est-il meilleure façon de finir que de s'écouler par dissolution naturelle vers son terme marqué?» - *Ecquis exitus est melior quam in finem suum natura solvente dilabi?* Etc. Sur la stratégie de Montaigne - de Montaigne utilisant Sénèque pour déconstruire Sénèque, voyez III: 12, 1050b-c: «Jettez vous en l'experience des maux qui vous peuvent arriver, nommément des

plus extremes: esprouvez vous là, disent-ils, asseurez vous là. Au rebours, le plus facile et plus naturel seroit en descharger mesme sa pensée. Ils ne viendront pas assez tost, leur vray estre ne nous dure pas assez; il faut que nostre esprit les estende et alonge et qu'avant la main il les incorpore en soy et s'en entretienne, comme s'ils ne poisoient pas raisonnablement à nos sens. [C] *Ils poiseront assez quand ils y seront, dit un des maistres, non de quelque tendre secte, mais de la plus dure. Cependant favorise toy; croy ce que tu aymes le mieux. Que te sert il d'aller recueillant et parvenant ta male fortune, et de perdre le present par la crainte du futur, et estre à cette heure miserable par ce que tu le dois estre avec le temps? Ce sont ses mots».*

33. Georges Bataille, «Conférence sur le non savoir», *Tel Quel*, 10 (Eté 1962), p. 9.
34. Lors du dernier congrès «Montaigne» organisé à Paris en novembre 1987 par la *Revue d'Histoire Littéraire de la France*.

LE ROMAN DE LA PIERRE
OU
MONTAIGNE ET L'ARCHEOLOGIE DU MOI

«La volupté mesme cherche à
s'irriter par la douleur. Elle
est bien plus sucrée quand elle
cuit et quand elle escorche»
(II, 15, p. 613a) (1)

Le rapport équivoque de Montaigne au père est déjà bien connu (2). Dans «De la ressemblance des enfans aux peres» (II, 37) le corps biologique fonctionne comme symbole de l'attachement fatal au père et la tentative de le dépasser. Si Pierre Eyquem est marqué par la maladie de la pierre et si Michel, diminué, en souffre à son tour comme soi-disant victime de l'hérédité, le défi du fils sera de pouvoir se débarrasser de cette «qualité pierreuse» (p. 763a). Etant l'origine du mal et de la souffrance, la figure du père représente l'objet qui doit être évacué. Evoquer le corps paternel, c'est mettre en relief la maladie et la destruction de la pierre qui tue. Si, comme le prétend Antoine Compagnon, le texte de Montaigne enveloppe le nom «Pierre» de mystère par une présentation homophonique équivoque, c'est que ce nom est synonyme de la clôture de la vessie et de la mort (3). Le fils textuel lance un défi aux lois de la généalogie représentées par la maladie des pierres transférée de père en fils. Se fantasmer victime de la pierre, c'est déplacer l'histoire familiale dans la fiction de l'essai, c'est aussi se donner des situations qui permettent de mieux fantasmer sa revanche dans l'acte d'essayer. «Il me semble y avoir en la genealogie des Princes certains noms fatalement affectez» (I, 46, p. 276a). Par sa récurrence homophonique et métaphorique, la question de la mort symbolique du père et l'accouchement du fils est mise en valeur.

Dans l'essai «De la ressemblance des enfans aux peres» le discours sur la médecine et la maladie fait surgir un effet de sens reconnu peu à peu par le sujet écrivant. L'interprétation de l'intertexte médical prend appui sur le dire du sujet, mais le dire tel qu'il est promu par la dynamique de l'engendrement de l'essai primitif et des allongeails dans les jeux de la surdétermination psychique. «Je veux representer le progrez de mes humeurs, et qu'on voye chaque piece en sa naissance. Je prendrois plaisir d'avoir commencé plustost et à reconnoistre le trein de mes mutations» (p. 758a). Montaigne forge l'image d'un texte s'inséminant à travers les couches de l'écriture, et grâce à ce processus, il exprime un voeu de se rendre visible. L'écriture est pour lui une quête, la recherche d'un moyen de transformer le moi, d'en accélérer le développement par un texte «basty à diverses poses et intervalles» (p. 758a). L'acte scriptural suscite en Montaigne une naissance, un autre texte à générer à l'aide des figures de style qui sont essentiellement des investissements énergétiques fluctuants agis par des processus de déplacement et de condensation. «Au demeurant, je ne corrige point mes premieres imaginations par les secondes (c) ouy à l'aventure quelque mot, mais pour diversifier, non pour oster» (p. 758a). Montaigne opte pour un symbole générateur dont la représentation allégorise l'acte créateur lui-même.

La spéculation de l'essayiste sur la question de la médecine a engendré dans sa rédaction la naissance de la figure de l'écrivain. Grâce à l'absorption de l'objet interprété (la médecine) par la parole interprétative, l'auteur encrypté dans l'objet écrit en sort par la description psychologique et morale de ses réactions devant la médecine. Un discours explicatif, hérité du discours médical, cesse d'être quelque chose à déchiffrer et devient à son tour un instrument de déchiffrement. Une interprétation transférentielle vise donc à travers le matériel interprété, le sujet même, *locus* véritable de son effet et de son pouvoir. Il s'agit, en effet, de reconnaître une archéologie du moi qui dessine un sens inconscient derrière «ce fagotage de tant de diverses pieces» (p. 736a).

Le *topos* annoncé dans le titre de l'essai - la ressemblance - est traité d'une manière oblique. A un niveau, la question de l'identité entre père et fils est poursuivie en tant qu'aversion héréditaire pour la prétention orgueilleuse de la science médicale. Le dégoût viscéral est soutenu par une pulsion occulte qui fait tendre une défense contre l'objet détesté.

> Que les medecins excusent un peu ma liberté, car, par cette mesme infusion et insinuation fatale, j'ay receu la haine et le mespris de leur doctrine: cette antipathie que j'ay à leur art, m'est hereditaire... Mes ancestres avoient la medecine à contrecoeur par quelque inclination occulte et naturelle; car la veüe mesme des drogues faisoit horreur à mon pere.
> (p. 764a)

Par adhésion nostalgique au temparément de ses ancêtres l'hérédité lui permet de partager une image confusionnelle: celle de l'intégrité du corps et du moi. Paradoxalement l'essayiste évoque le discours du même - celui de ses ancêtres méprisants - afin de valoriser le discours de l'autre; le récit de la ressemblance sert de cadre à son contraire: la différence filiale.

Dans ce chapitre, Montaigne représente sa condition corporelle tout en faisant une critique de la vanité de la médecine, cette science héritée de l'Antiquité qui vise à dévoiler le fonctionnement authentique du corps. Or, ici comme ailleurs Montaigne critique le raisonnement des hommes dont la pratique épistémologique dépend de cas fortuits et uniques pour dégager la prévision des conséquences. La pensée nébuleuse de la science médicale, désireuse d'établir le cheminement de la causalité physique, aboutit à un monisme dont l'énoncé peut prêter aux malentendus de la physico-théologie. L'interprétation médicale est devenue une activité basée sur une foi exclusive (et parfois aveugle) qui n'a voulu voir dans le monde rien d'autre que ses propres preuves. Si le discours médical fait régner l'ordre du même, c'est dans la tentative de voiler le caractère indéterminé du remède.

> Et puis, quand la guerison fut faicte, comment se peut-il asseurer que ce ne fut que le mal fut arrivé à sa periode, ou un effet de hazard, ou l'operation de quelque autre chose qu'il eust ou mangé, ou beu, ou touché ce jour-là, ou le merite des prieres de sa mere grand? Davantage, quand cette preuve auroit esté parfaicte combien de fois fut elle reiterée? et cette longue cordée de fortune et de r'encontres r'enfilée, pour en conclurre une regle?
> (p. 782a)

Mais quand la recherche d'une règle universelle ne produit que la différence aucune origine déterminante ne peut être attribuée à l'empirisme médical. Ainsi se révèle le désir de se libérer d'une doctrine médicale absolue qui proclame son autorité vertigineuse comme condition de vérité scientifique. «Comment trouvera-t-il le signe propre de la maladie, chacune estant capable d'un infiny nombre de signes? Combien ont-ils de debats entr'eux et de doubtes sur l'interpretation des urines!» (p. 773a).

Et c'est précisément là où se développe le conflit de Montaigne. Le *topos* de la prédication causale en médecine se métamorphose en essai au sujet de la transmission héréditaire; le discours critique se transforme en méditation personnelle. Si Montaigne entame la question de l'hérédité devant sa maladie c'est pour montrer que la ressemblance est un phénomène qui se produit par «une infusion et insinuation fatale» (p. 764a). L'histoire de la pierre se referme sur son origine qui fait régner l'ordre du même et projette le caractère congénital de la semence patriarcale. «Il est à croire que je dois à mon père cette qualité pierreuse car il mourut merveilleusement affligé d'une grosse pierre qu'il avoit en la vessie» (p. 763a). L'identité du sujet écrivant devient la proie d'une force généalogique fatale car la «goute de semence paternelle» devient la cause nécessaire de cette maladie pierreuse dont il est victime. La nature imaginaire de ce mal joue un rôle fondamentalement structurant dans la mesure où le fils pierreux est impliqué dans un rapport intrapsychique dont la gravelle fonctionne comme métonymie du père. Ce registre participe non seulement du domaine de la capture imaginaire - cette «subjection graveleuse» (p. 779a) à laquelle Montaigne fait allusion, mais encore d'un point d'ancrage où cette capture imaginaire se noue à la dimension du symbolique.

> (a) Quel monstre est-ce, que cette goute de semence dequoy nous sommes produits, porte en soy les impressions, non de la forme corporelle seulement, mais des pensemens et des inclinations de nos peres? Cette goute d'eau, où loge elle ce nombre infiny de formes? (b) Et comme portent-elles ces ressemblances, d'un progrez si temeraire et si desreglé que l'arriere fils repondra à son bisayeuil, le neveu à l'oncle. (p. 763).

Le problème se pose ainsi: comment se libérer de l'héritage paternel? Comment le fils pierreux peut-il échapper à la loi de la ressemblance et acquérir la conviction que l'image qu'il projette n'est que la sienne?

Or la métaphore de la gravelle fonctionne comme le symptôme d'un signifiant refoulé qu'il supplante; ce symbole donne à l'essayiste la possibilité de s'accoucher à travers une pratique, celle du triage des mots. Montaigne thématise la tentative de se libérer des contraintes de l'hérédité. Le passage sur la pierre est donc une mise au jour du sujet écrivant d'affirmer son «propre» au plus près du narcissisme mis à l'épreuve. «Mon art et mon industrie ont esté employez à me faire valoir moy-mesme; mes estudes, à m'apprendre à faire, non pas à escrire. J'ay mis tous mes efforts à former ma vie. Voylà mon mestier et mon ouvrage» (p. 784a). Le symbolique nomme et construit le désir en tant que quête ontologique. Le support de ce drame textuel est un sujet en processus, un moi éclaté en petites pierres textuelles au plus près de la pulsion.

Sur le plan affectif l'exploitation du *topos* essayé nous apparaît comme une opération médiatrice entre le désir (celui d'échapper à la fatalité du nom) et une certaine modalité d'accomplissement érotique (l'accouchement d'un fils indépendant). Quoi qu'il en soit, l'essayiste reconnaît sa souffrance et encourage son expression. «S'il en amuse son tourment qu'il crie tout à faict» (p. 761a), dit Montaigne. La colique pierreuse motive l'acte scriptural; il se réalise grâce à une énergie désirante se rapportant à la nécessité de l'acte herméneutique comme moyen de faire face à quelque chose de menaçant. «On doit donner passage aux maladies, je trouve qu'elles arrestent moins chez moy, qui les laisse fai-re... Laissons faire un peu à nature: elle entend mieux ses affaires que nous: il faut souffrir doucement les loix de nostre condition» (pp. 1088-1089b). Victime du désir corporel, l'essayiste est en proie à la nature qui lui donne l'avantage d'augmenter son crédit moral.

Montaigne éprouve la souffrance et celle-ci lui vaut une certaine distinction; il remplace un discours technique par celui du «corps parlant». «Mais les souffrances vrayement essentielles et corporelles, je les *gouste* bien vivfement» (p. 760a). L'essayiste ébauche une théorie des conséquences de l'expérience intime car Montaigne a dû comprendre dans le mot «goûter», comme le prétend Floyd Gray, la racine latine *sapere* qui veut dire non seulement «avoir de la saveur», mais par signification secondaire «différencier» et «distinguer» (4). Ce que l'essayiste goûte lui révèle l'espace de la conscience morale et réflexive. La voix de l'expérience s'identifie alors à la voix de la glose, du commentaire; elle supporte un autre régime du savoir le ramenant à l'acte de goûter. «Je me taste au plus espais du mal... Quand on me tient le plus atterré et que les assistants m'espargnent, j'essaye souvent mes forces et entame moy-mesmes des propos les plus esloignez de mon estat» (p. 762c).

La glose expérientielle inaugure le temps de l'ordre éthique, d'un retour sur soi qui permet à l'essayiste de «s'accointer à la mort»; la familiarité de la mort s'augmente avec la familiarité de la souffrance. Le rapport à soi, qui est d'ordre éthique, se révèle à travers les conditions dans lesquelles l'essayiste problématise ce qu'il est. Il ne s'agit nullement d'une herméneutique du sujet livrant le secret d'une vérité universelle; il s'agit plutôt de l'exercitation, des exercices effectués, une série de pratiques d'épreuve de soi comme la *melété thanatou* (l'exercice de la mort) destiné à valoriser la vie au détriment de l'écriture. «Je suis moins faiseur de livres que de nulle autre besoigne. J'ay desiré de la suffisance pour le service de mes commoditez presentes et essentielles, non pour en faire magasin et reserve à mes heritiers» (p. 784a). Quoi qu'il en soit, le *topos* de l'expérience relève de l'usage de la balance, alors que la pratique autre que réelle éloigne l'essayiste dans l'univers fictif de l'essai où le langage remplace la vie.

Au fil de l'essai, la conscience de la douleur permet à l'essayiste de mieux la soutenir et d'accepter la souffrance associée au passage de la pierre comme le seuil ultime, l'affect primaire de la distinction ou de la séparation. La métaphore corporelle de l'évacuation de la gravelle réapparaît dans le dernier essai du troisième livre «De l'experience» (III, 13) et fonctionne comme un commentaire sur «De la ressemblance des enfans aux peres» (II, 37) (5). L'experience du corps traduit la liaison nécessaire de la souffrance et du plaisir comme phénomène capable de rendre l'essayiste conscient du fondement ontologique du sexuel; l'expérience du corps sensible réside dans la perception du corps souffrant. L'élaboration du travail éthique implique donc la nécessité de se remettre à la nature et de prendre son plaisir comme il faut: «[La] nature nous a presté la douleur pour l'honneur et service de la volupté et indolence... l'estroitte alliance de la douleur à la volupté, comme elles sont associées d'une liason necessaire, si qu'à tours elles se suyvent et s'entr'engendrent» (p. 1093b). Comme pratique de plaisir ce vidange correspond à ce que j'ai appelé dans un autre contexte «l'écriture excrémentale» de Montaigne (6). La volupté ressentie à se laisser aller, à évacuer la «grosse pierre [qui] foule et consomme la substance de mes roignons» (1095c) révèle une activité qui vit autant de l'angoisse que de la jouissance et permet au sujet de se connaître grâce à la sensibilité corporelle. «J'ay assez vescu, pour mettre en compte l'usage qui m'a conduict si loing. Pour qui en voudra gouster, j'en ay faict l'essay, son eschançon» (p. 1080b).

Montaigne s'approche d'une position selon laquelle le couple antithétique plaisir/déplaisir, liée à l'expérience de l'excitation sexuelle, se produirait chaque fois que ce «flux de caquet» se disperse paradoxalement en déchet de fécondation. En se vidant le sujet écrivant, agglutiné à la chose au profit de sa valeur affective, la transforme en génératrice de la voix excrémentale qui constitue la matière de l'essai. La génèse de l'écriture dépendrait donc d'un décalage menaçant entre le plaisir et la souffrance, où la modification du *corpus* produit un ébranlement appelé à durer «quelques années ou quelques jours apres moy». S'appuyant sur une certaine érotisation de la souffrance, l'accouchement de la pierre, métaphore de la naissance du fils «teigneux ou bossé» (p. 145a), sert de support narcissique du sujet écrivant et de défense contre la mort (7). En effet, cette régénération différentielle du fils monstrueux, cicatrisé de pierres scripturales, démontre comme le prétend Leo Bersani, que le «masochisme sert la vie» et que «la satisfaction est liée au douloureux besoin de chercher la satisfaction» (8). La souffrance se dévoile ici comme un «en trop», une puissance, une volupté; lorsqu'elle s'exprime, elle s'érotise en représentation autosensuelle, condition *sine qua non* de son individuation. Cette aspiration à une souffrance voluptueuse se révèle donc comme la liberté affirmée d'un homme déchiré par la pierre. Loin d'être une aberration, le masochisme serait pour Montaigne une transcendance de l'hérédité résultant de l'accomplissement des *Essais*. L'essayiste devient ainsi architecte d'un livre dont la composition «pierre par pierre» révèle les traces d'un corps sensible, emblème de la sagesse exemplaire constituant l'autonomie du sujet. «De l'experience que j'ay de moy, je trouve assez dequoy me faire sage, si j'estoy bien escholier» (p. 1073b).

L'accouchement de la parole du sujet écrivant - le moi en tant qu'individu - se dévoile surtout donc à la lumière des allongeails et les gloses intertextuelles de 1588 ou la naissance d'un autre *corpus* provient des déchets de l'écriture de 1580. Ce qui se révèle c'est un sujet qui fait face à la maladie pierreuse tout en faisant appel à l'ordre de la différence. «Il n'est aucune qualité si universelle en cette image des choses que la diversité et la variété... La ressemblance ne faict pas tant comme la difference faict autre» (p. 1065b). Conséquence de l'expérience, l'interprétation maintient l'essayiste dans la vérité de son désir d'élaborer la singularité de sa souffrance érotique comme comportement exemplaire. «J'y ay pratiqué la colique par la liberalité des ans. Leur commerce et longue conversation ne se passe aisément sans quelque tel fruit... J'entre des-jà en composition de ce vivre coliqueux; je trouve de quoy me consoler et dequoy esperer» (p. 759a). Mettant en lumière une expérience dont il est à lui seul l'unique témoin, Montaigne en fait une image scripturale affranchie des contraintes de la ressemblance dans une oeuvre rhétorique qui l'engage dans la quête allégorique de la différence. «La dissimilitude s'ingère d'elle mesme en nos ouvrages; nul art ne peut arriver à la similitude» (p. 1065b).

Lawrence D. KRITZMAN
Dartmouth College

NOTES

1. *Les Essais de Montaigne* (Paris, Presses Universitaires de France, 1965), édition conforme au texte de l'exemplaire de Bordeaux, préparée par Pierre Villey. Toutes nos références se rapportent à cette édition.

2. Voir mon essai «Pedagogical Graffiti and the Rhetoric of Conceit», in *Journal of medieval and Renaissance Studies* 15 (1985), pp. 69-83.
3. Antoine Compagnon, *Nous, Michel de Montaigne*, (Paris, Seuil, 1980), pp. 185-193.
4. Floyd Gray, *La Balance de Montaigne: Exagium/Essai* (Paris, Nizet, 1982).
5. «On pourrait soutenir que l'essai «De l'experience» est lui-même une longue glose greffée sur l'essai «De la ressemblance des enfans aux peres». Jean Starobinski, *Montaigne en mouvement* (Paris, Gallimard, 1982), p. 187.
6. Lawrence D. Kritzman, *Destruction/Découverte: le fonctionnement de la rhétorique dans les Essais de Montaigne* (Lexington, French Forum, 1980). Voir également Gisèle Mathieu-Castellani, «Des ecréments d'un vieil esprit: Montaigne coprographe», *Littérature* 62 (1986), pp. 14-24.
7. «... Montaigne voudrait faire de l'essai un souvenir paradoxal des restes de sa vive voix. Mais, telle que la cadence ordonne le rythme du texte, il n'est pas déraisonnable d'y voir des souffles d'une femme accouchant d'un enfant livresque». Tom Conley, «Conseils occultes: De la ressemblance des enfans aux peres», *Oeuvres et critiques* 11 (1986), p. 84.
8. Leo Bersani, *Théorie et violence. Freud et l'Art* (Paris, Seuil, 1984), p. 49. Pour une perspective différente dans *le Journal de Voyage* voir Irma S. Majer, «Montaigne's Cure: Stones and Roman Ruins, in *MLN* 97 (1982), pp. 958-972.

LE FANTASME DE LA MORT MUETTE
(à propos de I, 2, «De la tristesse»)

Un court prologue, avant de commencer ma lecture du chapitre «De la tristesse». Car les analyses que je suis en train d'effectuer prennent place dans une recherche d'ensemble dont je suis obligée d'indiquer la direction, afin de mieux situer ce que je vais dire. Je m'excuse donc de reprendre ici, à peu près dans les mêmes termes, les quelques considérations qui précédaient ma communication au Colloque de la Société d'Histoire Littéraire de la France.

On a coutume de reconnaître l'acte de naissance des *Essais* dans l'intention, exprimée par Montaigne («De l'oisiveté»), de «mettre en rolle» les «chimeres et monstres fantasques» enfantés par son esprit, c'est-à-dire (selon toute la critique) de canaliser le flux capricieux de ses rêveries où la pensée pourrait se dissiper. Je crois pour ma part qu'il faut donner un sens plus fort à ces «monstres», apparentés - pour cause - aux «herbes sauvages et inutiles» et aux «amas et pieces de chair informes» produits par le ventre de la terre et par le ventre des femmes. Ce que Montaigne découvre - découverte fondamentale - en laissant son esprit «s'entretenir soy mesmes», ce sont les fantasmes qui surgissent des profondeurs de son inconscient. Mais on ne saurait enregistrer ses monstres. Il s'agira plutôt, pour l'écrivain, de les domestiquer, de pactiser avec eux, afin de se préserver de l'invasion dont il se sent menacé (1). Or, si l'on ne comprend pas que la fonction de ce livre est de maîtriser les monstres, que Montaigne passe sa vie à élaborer un discours rationnel qui vise à les tenir à distance, on ne l'interprète qu'en le trahissant: car on s'arrête forcément aux structures de son discours, le plus souvent parfaitement discipliné, dont on démonte les rouages sans s'aventurer dans les régions troubles de l'esprit que la conscience du sujet côtoie, sans essayer de cerner ce qui est et reste indicible, mais qui perce sous ce qui est dit. Il y a intérêt, au contraire, à tenter de déceler les fissures, de saisir les signes de l'enrayage du mécanisme, là où la surveillance se relâche et l'écriture peut manifester les pulsions qui échappent au contrôle du scripteur.

J'ai cru découvrir un certain nombre de ces signes au cours d'une relecture intégrale et méticuleuse des *Essais* de 1580; car s'il s'agit de dénicher les «monstres» qui obsédaient Montaigne et qui l'ont poussé à écrire pour conjurer la névrose, c'est évidemment par la première rédaction qu'il faut commencer. On doit, dans un deuxième temps, se demander ce qu'apportent les additions. En l'état actuel de mon enquête, je peux affirmer que les «allongeails» ne font souvent qu'allonger, en le confirmant, le texte primitif qui reste, sur ce plan, ce qu'il était, en gardant son opacité ou vice-versa sa transparence. Mais il peut arriver que Montaigne, en se relisant, se retrouve aux prises avec des monstres imparfaitement apprivoisés et qu'il essaye, aux niveaux b et c, de colmater les failles qu'il découvre, ou plutôt qu'il soupçonne, dans sa première rédaction; les allongeails peuvent alors révéler les sursauts du moi cabré contre ce qui peut radicalement le mettre en question. Il peut lui arriver aussi, tout en colmatant les failles, de laisser s'en ouvrir d'autres - non nécessairement dans la même page, peut-être dans des additions à d'autres chapitres; le mur plâtré à un endroit, la fissure peut se produire ailleurs.

Après ce préambule, voyons donc ce qui se passe dans le chapitre «De la tristesse» (2).

-=-=-=-

Dans l'édition de 1580 le texte débute, de façon assez abrupte, sur l'histoire de Psammenitus (tirée d'Hérodote) et sur celle, semblable à la précédente, du Cardinal de Lorraine. Le dénominateur commun entre ces deux personnages est leur attitude face aux malheurs: ayant soutenu sans s'émouvoir la mort des êtres les plus chers, ils s'abandonnent l'un et l'autre aux manifestations d'un deuil extrême devant la mort d'un domestique.

On peut admirer la virtuosité raisonneuse de l'écrivain, qui propose progressivement les interprétations possibles de ces deux histoires. Celle de Psammenitus est racontée sans commentaire: Montaigne rapporte les faits, mais il passe sous silence l'explication donnée par Hérodote, dont le récit apparaît ainsi quelque peu énigmatique; l'interrogation que ce conte implique sur les raisons des réactions de Psammenitus n'est pas explicitée et ne reçoit pas de réponse. Un blanc est donc ménagé dans le texte, que le lecteur est en quelque sorte invité à remplir.

Ce n'est qu'à propos du récit concernant le Cardinal de Lorraine, présenté comme analogue à celui de Psammenitus («Cecy se pourroit apparier...») - car le Cardinal soutient aussi «d'une constance exemplaire» la mort de ses deux frères, alors qu'il quitte «sa resolution» devant la mort d'un ami - que deux réponses sont données, dont la seconde, contredisant la première, semble traduire l'opinion du scripteur:

aucuns en prindrent argument, qu'il n'avoit esté touché au vif que de cette derniere secousse. Mais à la verité ce fut, qu'estant d'ailleurs plein et comble de tristesse, la moindre surcharge brisa les barrieres de la patience.

On risque de donner dans le piège: le texte suggère que cette interprétation (la dernière douleur est la goutte qui fait déborder le vase) est la bonne et qu'elle est valable dans les deux cas; leur symétrie avait déjà été soulignée et Montaigne ajoute (en s'introduisant cette fois-ci à la première personne): «Il s'en pourroit (dis-je) autant juger de nostre histoire» (*scil.* celle de Psammenitus). Mais attention: il conteste tout de suite cette hypothèse, en reprenant le premier exemple dont il donne - enfin - l'explication qu'il avait tue d'abord. Car l'histoire

adjouste, que Cambises s'enquerant à Psammenitus, pourquoy ne s'estant esmeu au malheur de son fils et de sa fille, il portoit si impatiemment celuy d'un de ses amis: C'est, respondit-il, que ce seul dernier desplaisir se peut signifier par larmes, les deux premiers surpassans de bien loin tout moyen de se pouvoir exprimer.

On peut admirer - disais-je - le jeu subtil du jugement de Montaigne qui délimite progressivement son espace en prenant des distances d'abord du discours d'autrui («aucuns en prindrent argument»), ensuite du sien propre («Il s'en pourroit (dis-je) autant juger...») pour finalement se retrouver dans celui d'Hérodote. En travaillant sur les textes, Montaigne oblige le lecteur à travailler sur son texte. Mais notons surtout que la solution de l'énigme qui émerge au terme de ce jeu du *je*, de ce périple où Montaigne se cherche plus qu'il ne cherche à déconcerter son lecteur, modifie essentiellement les données des propos qui précèdent: l'attitude impassible de Psammenitus et du Cardinal devant les douleurs qui les frappent de plus près n'est pas l'effet d'une «constance exemplaire»; elle se trouve attribuée à l'impossibilité d'exprimer l'excès de la tristesse. Le noeud du problème n'est pas tant la violence exceptionnelle de la douleur, mais ce blocage des réactions de l'être qu'elle entraîne.

-=-=-=-

Que ce soit là la question essentielle, la suite du chapitre le montre en clair, qui parle de l'impossibilité de représenter la douleur excessive en peinture et en poésie. Dans le sacrifice d'Iphigénie, le peintre Timanthe, incapable de figurer la tristesse d'Agamemnon, «le peignit le visage couvert, comme si nulle contenance ne pouvoit representer ce degré de deuil»; et la métamorphose de Niobé en rocher sert aux poètes «pour exprimer cette morne, muette et sourde stupidité, qui *nous transit*, lorsque les accidens nous accablent surpassans nostre portée».

L'impossibilité de la représentation objective ne fait que refléter l'impossibilité de l'expression subjective. Mais quelque chose d'autre intervient dans ces lignes: à travers les métaphores employées, la mort entre dans le texte. Le visage voilé d'Agamemnon est l'image emblématique du mort, ainsi qu'image de mort est Niobé pétrifiée. La douleur extrême *nous transit*, elle cause la mort ou son approximation: une *morne, muette et sourde stupidité*. A noter aussi le passage du plan de l'énonciation historique à celui du discours qui implique l'instance du *je* sous le *nous*. A partir de ces métaphores de mort, le sujet se fait sujet de l'expérience dont il est en train d'énoncer les conséquences fatales; et c'est encore le mode du discours qui gouverne la conclusion de cette première partie du chapitre, où reviennent, avec les indicateurs de subjectivité, les termes porteurs de l'image obsédante de la mort:

> De vray, l'effort d'un desplaisir, pour estre extreme, doit *estonner* toute l'ame, et lui empescher la liberté de ses actions: comme il *nous* advient à la chaude alarme d'une bien mauvaise nouvelle, de *nous* sentir *saisis*, *transis*, et comme *perclus de tous mouvemens*, de façon que l'ame se relaschant apres aux larmes et aux plaintes, semble se desprendre, se desmeler et se mettre plus au large, et à son aise.

Les larmes et les plaintes (les moyens de s'exprimer), donnant libre cours à la commotion, permettent de se ravoir, de reprendre - comme on dit - ses esprits, de revenir à la vie après l'étonnement. Par contre, l'impossibilité de s'exprimer signifie l'extinction des fonctions vitales.

-=-=-=-

Ici le texte pivote, en passant brusquement de l'extrémité de la douleur à l'extrémité de la passion amoureuse dont il est question dans la citation de Pétrarque -introduite sans aucune préparation - et dans celle de Catulle qui la suit. En absence de transition logique, le lien se fait cependant sur l'idée de base que l'intensité des passions, quelles qu'elles soient, en interdit l'expression. Le vers de Pétrarque - *Chi può dir com'egli arde è in picciol fuoco* - dit en effet que le feu de l'amour n'est pas extrême, qui permet à l'amoureux d'en parler. Et ceux de Catulle reproposent, par l'entremise du poète latin, l'image du sujet transi, incapable de parler, les oreilles bourdonnantes et les yeux obscurcis. Par ailleurs, un peu plus bas, la sentence «Toutes passions qui se laissent gouster et digerer, ne sont que mediocres», avec la citation de Sénèque qui est donnée immédiatement après *Curae leves loquuntur, ingentes stupent*, reconfirme que le fil conducteur de ce propos sur la violence des passions est bien son caractère inexprimable et stupéfiant - dans le sens qu'il produit une sorte d'inertie physique et mentale.

Mais avant d'en arriver à cette deuxième pause réflexive - conclusion analogue à la précédente, qui ne fait que transposer l'effet d'hébètement du domaine de la douleur à celui de l'amour - un autre élément apparaît, une autre image du gel du sujet: la «défaillance fortuite, qui surprent les amoureux si hors de saison, et cette *glace qui les saisit* par la force d'une ardeur extreme» (3).

Dans le passage de l'extrémité de la douleur à l'extrémité de la passion amoureuse, l'instinct de mort investit non seulement l'espace de la *parole* mais celui du *sexe*.

-=-=-=-

L'absence de transition est encore plus apparente au paragraphe suivant («Outre la femme Romaine qui mourut, surprise d'aise...») qui clôt le chapitre par une liste de décès - non plus métaphoriques mais réels - causés par l'excès de la joie, sans que l'inhibition de parole soit explicitement évoquée. Raccourci saisissant, qui remplace la stupéfaction par la mort subite. Ensuite l'exemple final du dialecticien Diodore - «plus nostable tesmoignage de l'imbecilité naturelle» -, qui «mourut sur le champ, espris d'une extreme passion de honte, pour en son eschole et en public ne se pouvoir desvelopper d'un argument qu'on luy avoit faict», en ajoutant au répertoire une autre forme de passion - la honte -, revient en même temps à l'idée dominante: le blocage des facultés expressives (4).

-=-=-=-

Au terme de cette lecture de la rédaction a, on constate que le titre «De la tristesse» est loin d'embrasser toute la matière du chapitre. Il ne couvre que la première partie, où il est question de l'excès de la douleur; après quoi le texte évolue d'abord vers l'excès de la passion amoureuse,

ensuite vers l'excès de bonheur, enfin vers l'excès de honte. Tout cela n'a plus grand-chose à voir avec la tristesse, sauf que le trait qui soustend ces déplacements successifs - de la douleur à l'amour à la joie à la honte -, la similitude nivelante qui soude les exemples entre eux est le caractère excessif de la passion, dont les effets s'avèrent mortels. Mais l'on a vu que de l'excès à l'effet le chemin n'est pas direct: il passe par la notion du blocage de l'expression. C'est elle qui unifie en profondeur cet assemblage d'anecdotes. Le chapitre tout entier est en somme construit sur une sorte de syllogisme:
Les passions excessives ne peuvent s'exprimer (proposition majeure)
L'impossibilité de s'exprimer cause la mort (proposition mineure).
Les passions excessives causent la mort (conclusion). Syllogisme implicite, évidemment. Seule la proposition majeure est clairement énoncée, via-Hérodote, à propos de Psammenitus et du Cardinal de Lorraine, et reprise par la citation de Pétrarque. La conclusion est illustrée par la série de décès qui clôt le chapitre. Quant à la proposition mineure, elle est indiquée de façon symbolique par le visage couvert d'Agamemnon, la métamorphose de Niobé en rocher, le *je* défaillant de Catulle, l'impuissance passagère des amoureux, soit par des figures métaphoriques de la mort; ou - dans les gloses du scripteur - par des termes (*estonner, saisis, transis, glace*) qui évoquent la mort sans la nommer. Ces métaphores ne font que rendre l'idée plus sensible; reste que c'est au lecteur de l'expliciter, en reconstituant le syllogisme qui forme l'armature du texte.

Une discontinuité existe donc, quoi qu'elle ne soit qu'apparente, et il faut se demander ce qui la détermine (5), délimiter la portée exacte de ce creux. Dirons-nous qu'il s'agit là d'un procédé voulu et étudié de la part du scripteur? Ou, sans être dupes de l'image d'un Montaigne contrôlant toujours parfaitement son discours, dirons-nous plutôt qu'en refusant la logique déductive et discursive (c'est un leitmotiv dans les *Essais*), il lui arrive de dissimuler les rapports qui s'établissent entre ses propos en laissant au lecteur le soin de les découvrir? Mais pourquoi ne dirions-nous pas qu'il arrive à Montaigne de dissimuler - de se dissimuler à soi-même - la chimère qui l'obsède? Ce qui s'inscrit dans ce vide logique, balisé par les métaphores émergentes de l'indicible, est la crainte du sujet pour quelque chose qui dépasse, tout en le soulignant, l'excès aberrant de la passion: celle-ci, en glaçant nos esprits vitaux, nous enferme dans une prison de silence. Dans le regard de Montaigne, le visage monstrueux de la mort est un visage sans bouche.

-=-=-=-

Je reviendrai sur ce point. Mais il s'agit à présent d'examiner les interventions du niveau b. Il n'y a pas lieu de s'attarder sur les ajouts qui n'ont pour fonction qu'un meilleur agencement du discours: ainsi la phrase «La surprise d'un plaisir inesperé nous estonne de mesme» (avec les vers de Virgile qui l'accompagnent), insérée après la citation de Sénèque, opère la transition de l'étonnement provoqué par les chagrins aux exemples de mort par joie. On dirait que Montaigne, en se relisant, est frappé par l'allure quelque peu cahotante de son texte et qu'il cherche à éliminer les sauts les plus brusques, à remplir les trous les plus apparents. Mais c'est là, en réalité, la seule addition qui semble dictée par le souci de mieux assurer la tenue du chapitre. Un souci beaucoup plus profond inspire les autres.

On comprend mieux, en effet, à partir de ce que je viens de dire sur le texte de 1580, la valeur de la phrase placée au début du chapitre: *Je suis des plus exempts de cette passion* et de celle qui se situe à la fin: *Je suis peu en prise de ces violentes passions. J'ai l'apprehension naturellement dure; et l'encrouste et espessis tous les jours par discours.*

Si «rien dans la première version ne préfigurait ces remarques, qui s'y juxtaposent sans lien logique explicite» (6), le lien, pour n'être pas logique, n'est pas moins évident. C'est la peur de Montaigne, lisible dans toute la première rédaction, qui provoque cette crispation à la relecture. Placées ainsi au début et à la fin du chapitre, ces deux additions qui encadrent la série d'anecdotes ont pour rôle d'accuser «en celles-ci l'excès, l'étrangeté d'une "passion" aberrante» (7); mais elles répondent précisément à la nécessité, pour le sujet, de s'auto-exclure de ces excès, des ravages des passions qui broient l'individu.

Nous ne serons pas surpris de reconnaître, dans la dernière phrase, un procédé semblable à celui qu'on peut relever dans le chapitre «De la cruauté», où Montaigne attribue son horreur des vices à un *instinct*, à une *naturelle* inclination qui fonctionne comme un rempart contre les égarements de son esprit et contre la pulsion sado-masochiste qui l'habite (8). De même ici, à propos des passions aberrantes dont il pourrait être la proie, Montaigne affirme qu'il en est préservé par une «apprehension *naturellement* dure». Je serais tentée de lire dans cette déclaration (et dans d'autres semblables) une sorte de contre-vérité: les passages sont nombreux dans les *Essais* où le scripteur avoue sa vulnérabilité (9). En tout cas il avoue ici la nécessité pour lui d'accroître «tous les jours par discours» sa résistance aux passions, qui n'est donc pas tout à fait sûre. La raison cherche ainsi à tenir en bride les «monstres» qui traquent le sujet.

Mais, chassés par la porte, ils reviennent par la fenêtre. Cette locution proverbiale me semble tomber à propos, car c'est à l'entrée et à la sortie du chapitre que Montaigne érige ses défenses, et que c'est au coeur même de son texte, là où il parle de la passion amoureuse, que d'autres interventions viennent agrandir la faille qui s'ouvrait déjà dans la première version. Trois mouvements se dessinent ici, dont il n'est pas dit qu'ils se produisent chronologiquement dans l'ordre, mais qui convergent quant à leur signification.

1) D'abord, juste avant les vers de Catulle, Montaigne raye la phrase «Ce qui exprime naifvement le divin poeme», en éliminant ainsi une transition inutile et en incorporant beaucoup plus efficacement le texte latin au sien. Mais la valeur de cette suppression n'est pas seulement stylistique: est ainsi amené au premier plan le *je* catullien auquel le «je» de Montaigne s'identifie.

2) Ensuite, après la citation de Catulle, Montaigne ajoute:

> De vray ce n'est pas en la vive et plus cuysante chaleur de l'accès que nous sommes propres à desployer nos plaintes et nos persuasions: l'âme est lors aggravee de profondes pensees, et le corps abattu et languissant d'amour,

addition qui prépare, à l'aide de ce «corps abattu», le propos qui suit sur l'impuissance accidentelle des amoureux. Mais le plus intéressant c'est que Montaigne, en ménageant cette sorte de passerelle, utilise la première personne, ce *nous* sous lequel il se comprend: le sujet est donc concerné par le discours sur les effets de la passion amoureuse, que dans la première rédaction était traité en non-personne.

3) Enfin et surtout, lorsqu'il vient à parler, tout de suite après, de la «défaillance fortuite» des amoureux et de «cette glace qui les saisit par la force d'une ardeur extreme», il ajoute «au giron mesme de la joüyssance: *accident qui ne m'est pas incogneu*». La confidence personnelle qui surgit là où il est question du gel du sujet, dit que le scripteur redoute la pulsion de mort symbolisée par l'impuissance sexuelle dont il a fait l'expérience. Glacé, paralysé, il a éprouvé en lui le vertige de l'anéantissement.

Le rôle défensif et compensatoire des deux additions du début et de la fin n'en ressort que de façon plus claire. Montaigne se protège contre sa fragilité exceptionnelle, recule devant le vide dévorant qui risque de l'engloutir.

-=-=-=-

On pourrait compléter l'analyse par les additions du niveau c. Voyons d'abord celle qui s'insère juste avant la citation de Pétrarque et qui concerne le capitaine allemand Raïsciac: celui-ci, devant le corps de son fils pleuré par tous les assistants,

> *se tint sans espandre ny vois ny pleurs*, debout sur ses pieds, ses yeus immobiles, le regardant fixement, jusques a ce que l'effort de la tristesse venant a *glacer ses esprits vitaux*, le porta en cet estat *roide mort* par terre.

Cet exemple de mort réelle par douleur, qui vient s'ajouter à ceux de Psammenitus et du Cardinal de Lorraine seulement hébétés par la tristesse, fait penser aux morts réelles par joie et par honte de la fin du chapitre: il semble donc introduire une symétrie dans sa structure. Mais, du coup, il concentre dans la première partie les trois propositions du syllogisme: *La tristesse excessive ne peut s'exprimer* (Psammenitus); *L'impossibilité de l'exprimer cause la mort* (Agamemnon, Niobé); *La tristesse excessive* (de Raïsciac, ne pouvant s'exprimer) *cause la mort*. En se relisant, en intervenant de nouveau sur son texte, Montaigne bute encore contre la racine obscure de sa crainte. Raïsciac lui en fournit la figure entière et concrète.

En même temps (c'est une façon de parler, car il est impossible de déterminer la chronologie des interventions, aussi bien dans l'édition de 1588 que sur l'exemplaire de Bordeaux) l'addition du début se trouve renforcée: Montaigne explicite sa réprobation de la tristesse, terme qui semble changer d'acception sous sa plume, signifiant, dans ces lignes, l'humeur triste dont s'habillent souvent la sagesse et la vertu; il cautionne ainsi par l'opinion des Stoïciens ce qui n'était en b qu'une déclaration agacée de non-sujétion à cette passion. Par contre il biffe la confidence «accident qui ne m'est pas incogneu» à propos de l'impuissance sexuelle, suppression qui n'est sûrement pas innocente, mais qu'on hésite à attribuer à un sursaut de pudeur (c'est au niveau c que le scripteur se montre plus libre en parlant du sexe et de son sexe). Plus probablement, Montaigne s'aperçoit, à la relecture, de l'incompatibilité existante entre la phrase où il s'affirme «peu en prise de ces violentes passions» et l'aveu de sa «défaillance» qui le révèle au contraire soumis à leur emprise. Et, encore une fois, il réagit contre sa faiblesse.

Bien évidemment, l'interaction éventuelle des interventions ne dépend pas de la chronologie et n'est pas une affaire de conscience scripturale: nous assistons aux mouvements titubants d'un sujet qui se cherche et qui cherche à se définir. Retenons que le texte c accuse, par l'intermédiaire de Raïsciac, la crainte qui parcourait la version a; qu'il bouche la fente de b (suppression de l'aveu de défaillance) et renforce les défenses (addition initiale). Les «monstres» ne sont pas exorcisés, le sujet continue sa lutte en essayant de les tenir en respect.

-=-=-=-

Mais, comme je le disais tout à l'heure, il se peut que, le mur plâtré à un endroit, la fissure se produise ailleurs. Je reviens donc au texte b (qui nous intéresse ici) où je remarque, dans le chapitre «De l'exercitation» (II, 6), quelque chose d'assez surprenant qui nous aide à mieux saisir le caractère spécifique, la résonance particulièrement poignante de la crainte de Montaigne devant l'excès inexprimable de la passion.

Dans la version a, la première partie du récit de sa chute et de la perte de conscience qui s'ensuit - approche analogique de la mort - amène le scripteur à conclure que les mourants ne sont pas «fort à plaindre», car précisément ils ne peuvent «juger et sentir la misere de leur condition»: cette perte de conscience dont il a fait l'expérience est ce qui lui permet de composer avec la mort, dans la mesure où elle est sans doute insensible. Après quoi il insère, de façon apparemment inattendue, une addition qui déplace brusquement les termes du problème, en passant de la privation de conscience à la privation de parole:

> Je n'imagine aucun estat pour moy si insupportable et horrible que d'avoir l'ame vifve et affligée, *sans moyen de se declarer*; comme je dirois de ceux qu'on envoye au supplice, leur ayant coupé la langue, si ce n'estoit qu'en cette sorte de mort la plus muette me semble la mieux seante, si elle est accompaignée d'un ferme visage et grave; et comme ces miserables prisonniers qui tombent és mains des vilains bourreaux soldats de ce temps, desquels ils sont tourmentez de toute espece de cruel traictement pour les contraindre à quelque rançon excessive et impossible, tenus cependant en condition et en lieu où *ils n'ont moyen quelconque d'expression et signi-fication de leurs pensées et de leur misere*. (II, 6, p. 375b).

Aux yeux de Montaigne, l'ablation de la faculté de parole, qui ne change rien à la souffrance physique, est cependant la pire souffrance, proprement intolérable, car le sujet est ainsi privé de communication, muré dans sa douleur et dans sa solitude. Nous retrouvons (j'avais promis d'y revenir, nous voici) le fantasme de la mort sans bouche, celle d'Agamemnon et de Niobé. Les «soupirs trenchans» des agonisants - disait le texte a (*ibid.*, p. 374a) - nous font penser à tort «qu'il leur reste encore de la cognois-sance»: ils ont «et l'ame et le corps ensevely et endormy». Mais la douleur consciente, pour être supportable - précise le texte b - doit nécessaire- ment pouvoir s'exprimer.

Au beau milieu d'un chapitre qui porte essentiellement sur la mort, on voit ressurgir, sous forme d'un état jugé pire que la mort, cette inhibition mortelle du langage dont il était question dans «De la tristesse» (10). Je ne veux y voir qu'une preuve de l'importance que ce problème assume pour le sujet Montaigne. Importance *vitale* - au sens littéral du terme -, soulignée encore dans l'«allongeail» ajouté sur l'exemplaire de Bordeaux au même chapitre «De l'exercitation».

En 1580 le texte s'achevait sur la justification du récit de la chute: «Ce n'est pas icy ma doctrine, c'est mon estude, et ce n'est pas la leçon d'autruy, c'est la mienne». La justification se poursuit et se complète au niveau c où, à partir de la phrase «Et ne me doit on sçavoir mauvais gré pourtant, si je la communique» (*ibid.*, p. 377c), Montaigne plaide en faveur de son entreprise, se disculpant du péché de présomption qu'il y aurait à «entrete-nir le peuple de soy». Je résume: un témoignage sincère - dit-il - ne saurait être accusé de présomption; et quoi qu'il en soit, si la présomption consiste à «se complaire outre mesure de ce qu'on est», le «supreme remede» contre ce vice est précisément de s'analyser, contre l'avis de ceux «qui, en defendant le parler de soy, defendent par consequent encore plus de penser à soy» (*ibid.*, p. 379c). Ce plaidoyer *pro domo su*, qui définit et donne à voir la valeur, pour le sujet, de l'étude de soi, véhicule ainsi un autre concept encore plus essentiel: penser à soi est indissociable du parler de soi. Et même, à la limite - ce que Montaigne ne saurait conceptualiser mais qu'il semble en quelque sorte pressentir - c'est parce qu'on parle de soi que l'on pense à soi: car la pensée n'existe que dans et par le langage. C'est la principale raison d'être des *Essais* qui se trouve indiquée ici: si le métier et l'art de vivre n'ont de sens que par la parole, par la communication, c'est que le sujet, en tant qu'être de langage, se construit dans la parole.

En reliant ces pages à l'addition b sur la souffrance de la privation de communication, on voit que le chapitre «De l'exercitation», en parlant de la mort, arrive à parler de la mort par le silence, qui est la question dominante posée dans le chapitre «De la tristesse». Et même, à bien regarder, dans celui «De l'oisiveté». Le cheval de l'esprit, abandonné à lui-même, s'échappe dans les terrains vagues de l'indicible. Pour le dompter, il faut que la parole le bride en l'attelant à la page, en réduisant ses écarts déréglés à une allure simplement «vagabonde» qu'on puisse suivre et décrire. Etre privé de parole (d'écriture), c'est s'égarer parmi les monstres toujours aux aguets, dont les griffes pourraient mettre en pièce le sujet.

Je crois pouvoir en conclure que s'insurger contre la tristesse, résister aux passions, signifie pour Montaigne lutter contre la déperdition de soi. Non seulement parce que les passions extrêmes ébranlent l'être et compromettent son équilibre - ce qui serait après tout assez banal. Elles figurent ici la paralysie des facultés d'expression qui permettent au sujet de donner un sens, par la parole, à ce qu'il vit, qui lui permettent, en un mot, d'exister. Dans cette perspective, le «discours» par lequel on peut se protéger des passions (dans la phrase finale du chapitre) serait à comprendre comme lógos, au double sens du mot grec: raison et parole. Ce qui s'inscrit en somme dans «De la tristesse» est une autre forme de cet instinct de mort qui parcourt tous les *Essais*; la plus secrète et la plus terrible parce qu'elle met en question le seul recours du sujet: la possibilité de se dire en se sauvant du néant par l'écriture.

Fausta GARAVINI
Université de Florence

NOTES

1. Sur la peur de la folie chez Montaigne, cf. G. Nakam, «Montaigne, la mélancolie et la folie», *Mélanges Pierre Michel*, Paris, 1984, pp. 195-213.
2. Je travaille normalement sur l'édition originale (reprint Slatkine) pour le texte de 1580 et sur l'éd. Armaingaud pour les variantes. L'indication des pages est superflue pour l'analyse du chapitre en question; je renvoie, pour les autres, à l'éd. Villey-Saulnier. Je ne tiens pas compte des oscillations graphiques. Tous les italiques sont de moi.
3. Cf. I, 21 où la hantise de la mort s'accompagne aussi de la hantise du sexe: l'impuissance fortuite est ici attribuée à la force de l'imagination, à la peur magique des nouements d'aiguillettes, mais le problème est le même. Par ailleurs, l'impuissance est encore attribuée à la violence de la passion dans I, 54, p. 312a: «La foiblesse qui nous vient de froideur et desgoutement aux exercices de Venus, elle nous vient aussi d'un appetit trop vehement et d'une chaleur desreglée». Dans II, 17, p. 650a (addition de 1582) c'est sous l'effet d'une «preordonnance contrainte et tyrannique» que «les membres qui ont quelque liberté et jurisdiction plus particuliere sur eux [...] se croupissent d'effroy ou de despit, et *se transissent*».
4. Que ce problème travaille Montaigne, on peut en lire la preuve dans d'autres chapitres où la question ressurgit, quoique sous des angles très différents et au cours d'une réflexion qui semble porter sur des thèmes assez lointains de celui-ci. Cf. I, 10 («Du parler prompt ou tardif») où, sous l'argumentation concernant l'éloquence, perce la hantise de demeurer muet. Voir aussi II, 17, p. 649a, sur la

nécessité pour Montaigne d'apprendre par coeur ce qu'il a à dire, de crainte des mauvais tours de sa mémoire. A noter que dans ce passage, une addition de 1582 ajoute la hantise de l'impuissance à celle de l'inhibition de parole (cf. note précédente).

5. Cf. A. Tournon, *Montaigne, la glose et l'essai*, Lyon, 1983, p. 124.

6. A. Tournon, *op.cit.*, p. 48.

7. *Ibid.*

8. Sur ce point, que j'énonce grossièrement ici, cf. ma communication au Colloque organisé par la Société d'Histoire Littéraire de la France sur *L'Allongeail des Essais* (Paris, 20-21 novembre 1987): *Revue d'Histoire Littéraire de la France*, 1988, 5, pp. 908-922.

9. Je me contente de renvoyer au chapitre III, 10, «De mesnager sa volonté». Après avoir nié l'emprise que pourraient avoir sur lui les passions, Montaigne précise qu'il a soin «d'augmenter par estude et par discours ce privilege d'insensibilité»; il est en effet «trop tendre, et par nature et par usage» (p. 1003b); son âme risquerait d'être «disloquée par cette agitation intestine» (p. 1004b); «La plus seure façon est donc de se preparer avant les occasions», «fuyr l'orage de plus loing» (p. 1015b) et éviter les tentations (*ne nos inducas in tentationem*, p. 1016b); bref, il lui faut arrêter «ce premier branle de (ses) esmotions» avant qu'elles ne l'emportent (p. 1017b). Encore cette précaution ne l'a-t-elle pas «deschargé de toute difficulté» car il a eu «de la peine souvent à gourmer et brider (ses) passions» (p. 1018c). Cf., sur ce chapitre, l'analyse de Bernard Croquette (*Etude du livre III des Essais de Montaigne*, Paris, 1985), qui observe que les comportements qui pourraient être fâcheux pour le sujet et leurs conséquences sont systématiquement énoncés au conditionnel: «le temps du verbe vient neutraliser l'emploi de la première personne et frapper d'irréalité ce qui finalement apparaît comme une menace contre l'intégrité de son être et même comme sa dislocation totale» (p. 101). Voir également le chapitre «Des coches»: «Je ne me sens pas assez fort pour soustenir le coup et l'impetuosité de cette passion de la peur, ni d'autre vehemente. Si j'en estois un coup vaincu et atterré, je ne m'en releverais jamais bien entier [etc.]», III, 6, p. 900b.

10. M. Greenberg («L'écho de Montaigne», *Oeuvres et Critiques*, VIII, 1-2, 1983, p. 117) note aussi, en particulier à propos de II,6, que pour Montaigne «le fantasme générateur des angoisses les plus terrifiantes est celui d'être rendu muet [...]. Privé de la capacité de s'articuler, dépourvu de voix, le "soi" est effectivement nullifié. Il n'existe plus parmi les vivants, mais mutilé, il est rejeté dans le silence profond de la Mort». Greenberg cependant n'utilise pas dans son analyse le chapitre «De la tristesse».

MONTAIGNE «SE DEBINE»: LECTURE PHILOLOGIQUE DE L'ESSAI «DU DEMENTIR» (II, 18)

> Socrates de se ipse detrahens
> in disputatione plus tribuebat
> eis quos volebat refellere. Ita
> cum aliud diceret atque sentiret,
> libenter uti solitus est
> ea dissimutione quam Graeci
> *eironian* vocant.
> Cicéron, *Académiques*
> II, 5, 15 (1)

Sous ce titre délibérément provocant, je me propose d'étudier le pardoxe sans doute le plus radical et scandaleux auquel Montaigne confronte son lecteur: l'affirmation réitérée d'une part de l'insignifiance de son entreprise et de l'autre, l'implication parallèle, souvent simultanée, de la présence dans son livre d'un contenu philosophique et la postulation d'un but nettement didactique. André Tournon a posé ce problème avec grand à propos: «Il ne sait rien, à l'en croire, et écrit de tout sans prétendre instruire ni édifier personne, ni plaire, sinon par accident»; et pourtant, le lecteur des *Essais* trouve impossible d'oublier, toujours selon A. Tournon, «que Montaigne, par les sujets qu'il aborde, par la gravité et la véhémence de nombre de ses pages, manifeste l'intention de communiquer autre chose que des billevesées, et de convaincre» (2). C'est à ce même paradoxe par ailleurs que réagissait Pascal lorsqu'il reconnaissait à la pensée de Montaigne un grand fonds de sérieux, tout en condamnant «le sot projet qu'il a de se peindre!». Ce qui irritait Pascal, ce qui gêne certains lecteurs modernes avides de dégager de l'ivraie anecdotique des *Essais* un bon blé philosophique, c'est que Montaigne dise «des sottises», qu'il offusque et avilisse son message non pas comme tout le monde, comme le dit encore Pascal «par hasard et par faiblesse», mais «par dessein» (Laf. 644, Br. 62).

Pour serrer d'un peu plus près les implications de mon titre, Montaigne «se débine» en ce sens qu'il se déprécie et se dégrade d'une façon si systématique qu'il a l'air de vouloir dépouiller son discours au préalable de tout soupçon d'autorité ou de crédibilité. Et ce faisant, il «se débine» aussi dans le sens plus courant de l'expression: il se sauve - face à son lecteur il s'évade, il élude l'attaque et la censure. Car à force de dévaluer son effort, en publiant d'avance sa propre ineptie, en renonçant aux privilèges normalement réservés à la parole, surtout écrite, comme à une *auctoritas* de fait et de droit, Montaigne se dérobe en tant qu'auteur à l'emprise de la critique et déjoue ainsi notre désir d'interroger son propos et de le rendre responsable des présuppositions et des conséquences de ses opinions souvent si désinvoltes et déconcertantes.

Voilà où en est la collectivité historique des lecteurs de Montaigne qui vivent dans l'espoir, depuis que les *Essais* sont là pour les leurrer et les séduire, d'en extraire une pensée consistante, de cerner et de fixer l'idée géniale qui semble l'informer, de savoir ce que Montaigne croit vraiment, ce qu'il veut que nous croyions par lui et avec lui. Cependant, à notre tentative de poursuite il oppose l'inconséquence de son propos, l'inscience de son esprit, la faiblesse de sa mémoire, le dérèglement de ses appétits, bref, tout un faisceau de déficiences et de tares dont le décousu et le discontinu de son écriture - ses digressions, ses incartades, ses ruptures, et ses lacunes - constituent, sur le plan de l'écriture et de la forme, l'emblème et la preuve. Montaigne ne manque aucune occasion de démontrer sa «nihilité» sans jamais arriver pour autant à nous en convaincre; il met en place un formidable arsenal d'arguments et d'exemples pour établir son incompétence, mais par la plus heureuse des ironies il n'arrive par ce moyen qu'à nous faire croire d'autant plus fermement à son génie (3).

Comment Montaigne s'y prend-il pour réaliser une telle performance? Voilà le problème que je me propose d'étudier dans les pages qui suivent, en examinant à la loupe les procédés verbaux et recours stylistiques qui servent le double propos du «débinage» montaignien dans le seul essai «Du dementir» (II, 18). Dans cet essai, qui est en lui-même d'une importance relativement mineure, Montaigne traite à nouveau, dans un espace réduit et sous une forme miniaturisée, la question principale soulevée dans le long et riche essai précédent, «De la praesumption» (II, 17): comment justifier, venant de la part d'un homme comme lui, «de la commune façon», le projet «de se servir de soy pour subject à escrire» (663a); il s'agit de savoir aussi, en corrélat à cette première question, pourquoi un lecteur devrait s'intéresser aux opinions et à plus forte raison à l'auto-portrait d'un simple particulier qui ne ressemble en rien aux Césars et aux Xénophons de ce monde, à ceux-là justement dont il a l'air, en donnant ses *Essais* au public, de vouloir imiter la démarche et de partager l'ambition:

(a) De telles gens on ayme et estudie les figures, en cuyvre mesmes et en pierre. Cette remontrance est tres- vraie, mais elle ne me touche que bien peu:

Non recito cuiquam, nisi amicis; idque rogatus, Non ubivis, coramve quibuslibet. In medio qui Scripta foro recitent, sunt multi, quique lavantes (4).

Je ne dresse pas icy une statue à planter au carrefour d'une ville, ou dans une Eglise, ou place publique:

(b) Non equidem hoc studeo, bullatis ut mihi nugis
Pagina turgescat.
Secreti loquimur (5).

(a) C'est pour le coin d'une librairie et pour en amuser un voisin, un parent, un amy, qui aura plaisir à me racointer et repratiquer en cett'image. Les autres ont pris coeur de parler d'eux pour y avoir trouvé le subject digne et riche; moy, au rebours, pour l'avoir trouvé si sterile et si maigre qu'il n'y peut eschoir soupçon d'ostentation. (c) Je juge volontiers des actions d'autruy; des miennes, je donne peu à juger à cause de leur nihilité. (b) Je ne trouve pas tant de bien en moy que je ne le puisse dire sans rougir. (663-664)

A première vue et à la surface des choses, on dirait que ces lignes se limitent à amplifier la mise en garde que Montaigne avait affichée dans son avis «Au lecteur» de 1580:

(a) C'est icy un livre de bonne foy, lecteur. Il t'advertit dès l'entrée, que je m'y suis proposé aucune fin, que domestique et privée. Je n'y ay eu nulle consideration de ton service ny de ma gloire. Mes forces ne sont pas capables d'un tel dessein. Je l'ay voué à la commodité particuliere de mes parens et amis [...]. Ainsi, lecteur, je suis moymesmes la matiere de mon livre: ce n'est pas raison que tu employes ton loisir en un subject si frivole et si vain.

On note que l'avis «Au lecteur» coïncide avec l'extrait de l'essai «Du dementir» aux mots *parent* et *ami*, enchâssés dans deux phrases jumelles et contemporaines qui se laissent superposer l'une à l'autre avec une parfaite congruence:

Je l'ay voué à la commodité particulière de mes *parens* et *amis*... («Au lecteur»)
C'est [...] pour en amuser un voisin, un *parent*, un *amy*... (664a).

Montaigne semble donc vouloir confirmer dans le corps même de son livre le message central de son avertissement liminaire: par son choix de destinataires - ses parents, ses amis, à la rigueur ses voisins - il informe ses lecteurs éventuels qu'ils doivent aborder son livre dans une perspective et une expectative des plus étroites et modestes. Les *Essais*, en mettant les choses au mieux, sont un document privé - «Je ne m'y suis proposé aucune fin, que domestique et privée»; en mettant les choses au pis, c'est un document privé d'intérêt et de valeur - «ce n'est pas raison que tu employes ton loisir en un subject si frivole et si vain».

Ces deux vérités, Montaigne ne laisse échapper aucun argument dans la suite de l'essai «Du dementir», comme à l'échelle du livre des *Essais* dans son entier, qui puisse l'aider à les promouvoir et à les entériner. Et cela à partir de sa toute première proposition. Le portrait verbal qu'on fait de soi-même et que l'on met sous les yeux d'un lecteur, dit-il, est comparable à un monument forain. Si «les papiers journaux» ou les pensées éphémères d'Alexandre et Caton avaient survécu, on serait devant eux en admiration comme face à des statues parlantes: «De telles gens on ayme et estudie les figures, en cuyvre mesmes et en pierre». Quant à moi, j'imite plutôt le modeste exemple d'Horace («Non recito cuiquam, nisi *amicis*») qui se distingue justement de ceux qui lisent leurs écrits en plein forum («In medio qui/Scripta *foro* recitent»). Cette évocation du poète romain a pour effet immédiat de développer tant soit peu la polarité *privé/public*. Et, par la simple présence du mot *amicis*, la citation d'Horace émerge à la rétrolecture comme l'avatar ou, plus précisément, comme le noyau intertextuel générateur - au même titre que les «parens et amis» de l'avis «Au lecteur» - du groupe à venir: «un voisin, un parent, un *amy*». Arrivé à la phrase, «Je ne dresse pas icy une *statue* à planter au *carrefour* d'une ville, ou dans une *Eglise*, ou *place publique*», le lecteur attentif, celui qui s'installe justement dans la perspective philologique où le langage de Montaigne le convie, se voit à même de constater la présence et puis l'intersection de deux séquences connexes: 1) *place publique - Eglise-carrefour - In medio* [...] *- foro*; 2) *statue - les figures en cuyvre - [...] - et en pierre*. Dans la suite, la première de ces séries sera reprise *a contrario* par les mots «le *coin* d'une librairie», qui désigne, cela s'entend, l'endroit écarté où Montaigne écrivait ses *Essais* et qui ressort comme l'emblème en code architectural du caractère personnel, marginal, voire excentrique de sa réflexion. Semblablement, on décèle dans la phrase «il n'y peut eschoir soupçon d'*ostentation*» le rejet de la composante exhibitionniste occultée dans la métaphore filée, qui traverse ce développement d'un bout à l'autre, de l'auto-portrait envisagé comme monument public.

Jusqu'ici notre lecture s'en est tenue au texte de 1580. Or, en 1588, Montaigne apporte au passage que nous avons sous les yeux deux enrichisse-ments: 1) la citation de Perse: «Non equidem hoc studeo...», et une auto-évaluation plutôt péjorative: 2) «Je ne trouve pas tant de bien en moy [=

Je trouve si peu de bien en moi] que je ne le puisse dire [= que je puis le dire] sans rougir». Pour ce qui est de la citation latine, elle se rattache au texte de 1580 par deux points d'appui ou de dérivation: 1) la phrase *secreti loquimur* (= nous parlons en tête-à-tête) prolonge visiblement l'opposition *recito* [...] *amicis/In medio foro recitent* de la citation horatienne précédente; 2) les mots *bullatis* [...] *nugis* (= «des riens ampoulés»), prolongent le contenu dépréciatif des attributs *stérile* et *maigre* («moy, au rebours, pour l'avoir trouvé si stérile et si maigre») que dans la couche a du texte Montaigne avait réservés à la matière de son livre en la différenciant justement du «subject digne et riche» qu'auraient offert à leurs lecteurs les Alexandres et les Catons. Notons aussi que la phrase où cette polarisation est enchâssée («*Les autres* ont pris coeur...; *moy*, au rebours») prend la relève, tant par son sémantisme (*personnages publics/personnage privé*) que par sa structure binaire, de l'antithèse horatienne (*recito/recitent*). Pour ce qui est du second ajout b, «Je ne trouve pas tant de bien en moy, etc...», il vient souligner à son tour et à sa manière, parallèlement à la citation de Perse, le caractère «nugatoire», si l'on peut dire, de l'auto-portrait de Montaigne.

A la couche c du texte, le passage qui nous occupe comporte seulement deux additions qui vont l'une et l'autre dans le sens de l'édition de 1580, que nous venons de voir confirmé et amplifié par les ajouts de l'édition de 1588. La première de ces insertions post-1588, celle du nom propre «Caton» entre Auguste et Sylla, élargit quelque peu le fossé qui sépare ces héros antiques du piètre personnage que fait à leurs côtés l'auteur des *Essais* (6), décalage qui sera consacré par le second ajout du texte c: «Je juge volontiers des actions d'autruy; des miennes, je donne peu à juger à cause de leur nihilité». Fortement antithétique (*juge/juger, autruy/miennes*), et réminiscente à ce titre des oppositions *Les autres/moy* et *recito/recitent* de la couche a, cette phrase tombe à pic pour véhiculer dans le texte le mot on ne peut plus péjoratif de «nihilité» et, ce faisant, pour couronner l'effort soutenu de dévalorisation qui ressort maintenant à l'évidence de la séquence rétrospective *nihilité si stérile et si maigre-bullatis* [...] *nugis*. Poursuivant cette rétrolecture à sa limite, on constate que la «nihilité» que Montaigne s'attribue ici tire son origine ultérieure de la toute première mention liminaire et nucléaire «de cet *homme de la commune façon*» qui ose, Dieu sait pourquoi ou de quel droit, parler de lui-même à l'exemple de ces «*hommes rares et fameux* qui par leur réputation, auroyent donné quelque desir de leur cognoissance» (*incipit*, 663a).

A la suite de cet examen rapide des apports successifs au texte primitif dans la toute première page de l'essai «Du dementir», un certain nombre d'observations s'imposent: tous les ajouts de Montaigne, sans exception aucune, servent un net propos péjoratif; le peu d'envergure de l'auteur, ainsi que le peu de valeur de son livre, est systématiquement surdéterminé au moyen d'un éventail de procédés convergents - la citation latine, l'aveu personnel, la métaphore filée, la tournure antithétique - éléments constitutifs d'une dévalorisation que porte à son comble le dénigrement hyperbolique accompli par le mot de «nihilité». Cette insistance de Montaigne sur sa non-valeur est donc l'objet d'un travail de style, qui se révèle à la fois plus conscient et plus consciencieux à chaque palier dans l'étagement du texte, et qui ressort au bout du compte, surtout dans la perspective abécédaire et étiologique qui est la nôtre, comme le fruit d'une intentionnalité profonde et comme un fait central de lecture. A mesure qu'il se relisait, Montaigne choisissait avec chaque nouvel ajout d'élargir l'aire d'application et de réception du jugement négatif qu'il avait l'air de porter ou, tout au moins, de vouloir faire porter sur l'importance et l'utilité de son entreprise. Autrement dit: délibérément, systématiquement, progressivement, Montaigne «se débine».

Et pourtant, cet «auto-débinage», si soutenu, si acharné qu'il puisse paraître, ne laisse pas de révéler une composante positive et à certains égards nettement flatteuse. Car même en se taxant d'incompétence, même en accusant son projet d'insignifiance, Montaigne n'est jamais ni strictement subjectif ni tout à fait sincère, en ce sens qu'il ne parle jamais uniquement pour lui ni par lui, mais par le truchement parallèle, souvent simultané, d'autres auteurs et d'autres textes, et en empruntant les tonalités d'une autre langue. La propriété formelle la plus saillante du discours montaignien c'est qu'il est toujours à cheval sur deux registres, le français et le latin, dont l'un est naturellement personnel et humble, et l'autre, par la force des choses, quelque peu exotique et noble (7). Pour savourer le bilinguisme de Montaigne dans toute sa suavité il n'est que de revenir sur l'exemple relevé tout à l'heure, où il conviait son lecteur à rattacher les modestes visées des *Essais* à des désaveux d'ambition analogues sous la plume d'Horace et de Perse. Pour le lecteur averti, même s'il n'est pas particulièrement bon latiniste, même s'il n'est pas muni d'une très riche culture classique, ce dédoublement du message montaignien comporte un approfondissement notable. Car l'«auto-débinage» de Montaigne se communique au lecteur, tamisé et contaminé en l'occurence par le sublime horatien et persien, c'est-à-dire comme étant à la fois conventionnel et original, sincère et artificieux, vécu et littéraire, désinvolte et vénérable. Dans l'écriture de Montaigne l'emprunté s'emboîte à tel point dans le confessionnel qu'on n'est jamais tout à fait sûr si l'auto-portrait doit se lire comme un honnête essai de description de soi, ou bien plutôt comme un effort quelque peu détourné de représentation de soi. Abordé par le biais intertextuel qui est le sien, Montaigne, en se présentant à son lecteur comme un tout petit hobereau gascon, ligué pourtant avec deux des plus grands princes de la poésie latine, se donne décidément la partie belle; se rendant d'une main ce qu'il s'était retiré de l'autre, il se met en situation de parer aux mauvais coups qu'il s'assène et d'amortir la force des reproches dont il s'accable; car les voix jumelées d'Horace et de Perse constituent un sous-texte ou un para-texte qui double en *obbligato*, quasiment à titre de commentaire, la voix française de Montaigne. Un lecteur assez instruit pour identifier et traduire les bribes anonymes de latin que Montaigne intercale au beau milieu de ses propres paroles apprécierait toute l'autorité et tout le prestige dont celles-ci entendent *eo ipso* se réclamer et se revêtir. Un lecteur de cet acabit comprendrait aussi qu'en parlant de lui sur le mode et à l'exemple d'Horace et de Perse, Montaigne inscrivait son propos et son auto-portrait dans la tradition rhétorique de la *neglegentia diligens*, dont la marque distinctive est un niveau de style oral et décontracté susceptible d'intéresser à la considération d'un contenu foncièrement sérieux un lecteur nobiliaire, sociable et cultivé mais fort ennemi du pédantisme (8). Le lecteur implicite des *Essais*, celui qui serait à même d'affronter de plain-pied leur latinité endémique, ne songerait guère à envisager les citations latines de Montaigne comme des importations illustratives ou décoratives; au contraire, il se verrait contraint de les considérer, en raison de leur présentation anonyme, comme des greffes verbales entées sur le corps même de l'oeuvre et engagées dans une relation organique avec leur environnement français. Mais même un lecteur relativement inculte, incapable d'apprécier la subtilité ni des renvois intertextuels de Montaigne ni de leur encadrement historique et référentiel, même ce lecteur moyen et borné aurait été sensible tout au moins à la dignité conférée au texte vernaculaire par la simple contiguïté de ses opaques para-textes latins.

Si, comme le prétend Julien Benda, Montaigne est «un faux incertain» (9), il est aussi et surtout un faux modeste qui, non sans une certaine perversité, fait routinièrement parade de sa «nihilité» pour mieux mettre en valeur et en oeuvre des vertus intellectuelles et morales que l'on ne s'attendrait pas à trouver chez un homme comme lui, «de la commune façon». Dans «Du dementir», Montaigne pousse cette tendance auto-dépréciative, mais en fin de compte louangeuse, à une extrémité outrancière; le développement suivant en est un cas-limite:

(a) Tout le commerce que j'ay en cecy avec le publiq, c'est que j'emprunte les utils de son escripture, plus soudaine et plus aisée. En recompense, (c) j'empescheray peut-estre que quelque coin de beurre ne se fonde au marché.

(a) *Ne toga cordyllis, ne penula desit olivis,*

(b) *Et laxas scombris saepe dabo tunicas* (10).

La prétention de ne laisser imprimer son livre que pour s'épargner la peine de le faire recopier à la main est outrée, déjà à la couche a du texte, au point de friser l'absurde. Mais cela n'a pas empêché Montaigne de faire subir à sa boutade des prolongements, voire des grossissements encore plus extravagants. Le processus génétique qui a présidé à l'étoffement de ce passage est par ailleurs excessivement clair. Au cours de ses relectures du texte de 1580, le vers de Martial devait rappeler à Montaigne, par les mots *toga* (= toge) et *cordyllis* (= thons) un vers de Catulle, de portée analogue, où figurent les mots correspondants, *tunicas* (= tuniques) et *scombris* (= maquereaux). Ces deux citations tautologiques juxtaposées, que l'on dirait à cause de leur présentation anonyme prises à un seul et même auteur, déclenchèrent à leur tour, lors d'une relecture subséquente, l'intervention française de la couche c, où «quelque coin de beurre» prend la relève des poissons des deux poètes latins, et où les pages imprimées des *Essais*, devenues du papier d'emballage, acquièrent par substitution la fonction analogue de la *toge/tunique* enveloppante. On voit donc comment par un processus d'élaboration contextuelle des plus calculés la remarque totalement invraisemblable de Montaigne sur ses rapports avec l'imprimerie, renforcée à la couche a par la citation de Martial, et ensuite par la surenchère du vers catullien à la couche b, finit par générer l'ajout c où, parlant à nouveau en son propre nom, il porte son «auto-débinage» à un troisième degré de surdétermination.

Ici encore, à force d'ancrer son procédé auto-dépréciatif dans des textes latins canoniques, Montaigne souligne le caractère foncièrement littéraire, et partant ludique, de son propos et, du même coup, il le revêt de la noblesse inhérente à la langue même de ses modèles latins, ainsi que du prestige attaché à leur standing dans le panthéon poétique. En «se débinant» ainsi par deux fois, à l'instar et sous l'égide d'Horace et de Perse, puis de Martial et de Catulle, Montaigne ne risquait guère de se discréditer aux yeux de ses lecteurs virtuels, c'est-à-dire de ce petit groupe de *conoscenti* humanistes qui étaient on ne peut mieux placés pour goûter son jeu intertextuel à sa juste valeur; pour ces *happy few* bilingues et bi-culturels ses déclarations de «nihilité» auraient été plutôt le signe *a contrario* d'une distinction, dans le registre littéraire, identique à celle que ces mêmes lecteurs auraient attribuée d'emblée à la revendication de la part de Montaigne, dans le registre philosophique, de la «docte ignorance» socratique. Ce n'est pas un hasard, loin de là, que le seul autre emploi que fait

Montaigne du mot «nihilité» dans les *Essais* soit inscrit dans un contexte où il s'agit justement de la découverte par Socrate de son propre néant (11). S'il est vrai qu'en tant que penseur je divague comme Socrate, a l'air de dire Montaigne, il est vrai aussi qu'en tant qu'écrivain je «me débine» comme Horace et comme Perse, et que les pages de mon livre sont destinées à servir, exactement par ailleurs comme les poèmes immortels de Martial et de Catulle, à envelopper des denrées au marché.

C'est un simple fait de lecture qu'à la couche c du texte de notre essai, une paire d'énoncés lapidaires, hyperboliques, et partant mémorables,

> Je juge volontiers les actions d'autruy; des miennes, je donne à juger à cause de leur nihilité.

> J'empescheray peut-estre que quelque coin de beurre ne se fonde au marché.

distillent à un extrême point de concentration le sens global de deux développements à portée nettement dépréciative, qui seraient caractéristiques plutôt du premier que du dernier Montaigne, de celui toujours en train de chercher sa voie, qui n'aurait pas encore pris pleinement conscience de sa mission philosophique et didactique. En faisant cette constatation de bon sens, le lecteur moderne, abondamment renseigné comme il l'est sur la chronologie de la composition des *Essais*, est obligé de noter que les passages si négatifs, si péjoratifs que nous venons d'analyser sont pourtant contemporains d'une longue insertion au niveau c du texte qui constitue une des saillies les plus énergiques et positives des *Essais*. Il s'agit de la longue addition post-'88, que Villey dans sa présentation de l'essai signalait comme étant «d'un esprit tout différent de l'exposé primitif», qui contient tels joyaux entre autres que «Je n'ay pas plus faict mon livre que mon livre m'a faict» - et que la critique ne cesse de piller et d'éplucher, de citer et d'anthologiser tant elle est typique du grand génie renaissant qu'était le Montaigne mûr de la troisième et dernière période.

Le passage dont il s'agit commence ainsi: «Et quand personne ne me lira, ay-je perdu mon temps de m'estre entretenu tant d'heures oisifves à pensements si utiles et aggreables?» (665c). Au moyen de cette question de pure rhétorique qui affirme bien plus qu'elle n'interroge, Montaigne laisse entendre que le tort et la perte seraient à mettre plutôt sur le compte de ceux qui, rebutés par l'ostensible «nihilité» de son livre, resteraient insensibles à ses qualités profondes. Voilà du moins le message implicite de la formule «utiles et aggreables», qui, en tant que reprise du cliché horatien pour la perfection littéraire, *Omne tulit punctum, qui miscuit utile dulci* (*Ars poetica*, 343), semble jurer d'être mise ensemble avec le développement voisin sur ces livres-là, dont les *Essais*, jugés bons tout au plus à servir d'emballage aux mottes de beurre et aux poissons! (12). Ce décalage de ton et d'accent sera élargi vers la fin de ce même allongeail par cette déclaration d'une intention didactique consciente:

> Quant de fois, estant marry de quelque action que la civilité et la raison me prohiboient de reprendre à descouvert, m'en suis je icy desgorgé, non sans dessein de publique instruction! Et si ces verges poétiques:
>
> > *Zon dessus l'euil, zon sur le groin,*
> > *Zon sur le dos du Sagoin!* (13)
>
> s'impriment encore mieux en papier qu'en la chair vifve. Quoy, si je preste un peu plus attentivement l'oreille aux livres, depuis que je guette si j'en pourrai friponner quelque chose de quoy esmailler ou estayer le mien? (665c).

Ici, c'est l'expression «publique instruction» qui vient renforcer, en l'amplifiant, le contenu utilitaire annoncé au début de cet ajout. Notons aussi en passant que le mot *instruction*, étant l'équivalent du *prodesse*, qui est maintenant à récupérer de l'intertexte horatien, prend le contre-pied de l'idée de simple amusement, équivalent du *delectare* horatien, - «C'est pour [...] en *amuser* un voisin, un parent, un amy, qui aura *plaisir* à me racointer» (664a) - avancée au départ comme but principal, voire unique des *Essais*.

Mais il y a plus. A ce point dans l'argument de Montaigne, les «verges poétiques», extrapolées de la bastonnade littérale administrée au valet de Marot dans le couplet rapporté, détiennent une double fonction: 1) par leur évocation de ce châtiment bouffon, procédé rituel du théâtre de foire, ces «verges poétiques» concrétisent dans le texte montaignien la sagesse millénaire qui consent de hautes visées morales aux genres «bas» de la Comédie et de la Satire - *ridentem dicere verum* dans la célèbre formule d'Horace (*Sat.* I, 1, 24); par le détour des vers rapportés de Marot, Montaigne trouve le moyen d'affirmer sur un mode comique le but sérieux de son oeuvre (14); 2) dans son commentaire sur la citation de Marot - «ces verges poétiques [...] *s'impriment* encore mieux en papier qu'en la chair vifve» (*i.e.* les corrections écrites et littéraires sont plus efficaces que les littérales et les physiques) -, il faut voir une reprise indirecte de la première allusion de Montaigne aux rapports entre son livre et l'imprimerie. La collocation dans ce passage des expressions «publique instruction» et «s'impriment [...] en papier», une fois remarquée, ne saurait manquer de nous faire ressouvenir et, de là, de nous engager dans une rétrolecture de cette phrase qui nous avait frappés par son invraisemblance hyperbolique, celle où Montaigne disait: «Tout le commerce que j'ay en cecy avec le *publiq*, c'est que j'emprunte *les utils de son escripture*» (664a). La confrontation de ces deux passages, qui ont en commun le mot *public* et le non-dit *presses d'imprimerie* - confrontation imposée par la mémoire même du texte, c'est-à-dire par la filiation contraignante de certains jalons verbaux fortement marqués - convie le lecteur attentif à une considération rétrospective de la véritable fonction signifiante du «débinage» montaignien. Progressivement plus conscient du caractère ambigu et du statut provisoire des démarches auto-dépréciatives de Montaigne, le lecteur finit par se rendre compte de la mobilité, voire de l'extrême fragilité des structures sémantiques anti-podales - *privé/public, commun/rare, petit/grand, bas/haut, plaire/instruire* - sur lesquelles l'argument de l'essai «Du dementir» est axé. Tout se passe en dernière analyse comme si le sens profond du discours de Montaigne était tributaire d'un principe similaire à «la loi des contraires» qui sert avec tant d'efficacité comme clef au déchiffrement de l'univers moral de La Bruyère (15). On dirait qu'une même stratégie dialectique amenait l'un et l'autre de ces auteurs à n'éclairer telle attitude ou tel comportement que pour mieux mettre en valeur sa contrepartie antithétique. On pourrait penser en l'occurrence à ce qu'on nomme en anglais le *left-handed compliment* - compliment hypocrite parce que donné «de la main gauche» - dont l'«auto-débinage» montaignien, en tant que reproche «hypocrite», qu'il se fait pour ainsi dire «de la main gauche», serait la variante inversée. «Il y a», comme La Rochefoucauld devait le dire et comme Montaigne l'avait compris avant la lettre, «des reproches qui louent, et des louanges qui médisent» (no. 148) (16).

Quoique à un niveau d'expression légèrement en-dessous du reproche proprement dit, Montaigne fonde sa prétendue «nihilité», ainsi que l'allure prétendument dérisoire de son livre, sur une scission insoudable, parce que tributaire de données caractérielles, entre sa propension naturelle au «privé» et l'expectative de son *public*. Dans «Du dementir», le mot «public» est le signe métonymique de tout ce qui est sérieux, philosophique, substantiel, digne d'intérêt ou d'admiration, susceptible de servir de modèle, bref de toutes les qualités et capacités dont Montaigne, à titre d'«homme de la commune façon» et de personnage «privé», s'accuse d'être dépourvu. Ma non-valeur, laisse-t-il entendre à plusieurs conjonctures cruciales, provient surtout d'une indifférence ou inaptitude foncière pour tout ce qui a trait à la mission *sociale* de la parole:

1) Non recito cuiquam, nisi amicis [...]
    In medio qui/Scripta *foro* [= en public]
    recitent, sunt multi [...] (663a).

2) Je ne dresse pas icy une statue à planter au carrefour d'une ville, ou dans une Eglise, ou place *publique*. (664a).

3) Tout le commerce que j'ay en cecy avec le *publiq*, c'est que j'emprunte les utils de son escripture... (664a).

4) Nous nous devons en partie *à la société*, mais en la meilleure partie à nous. (665c).

5) [...] non sans dessein de *publique* instruction! (*ibid.*).

6) Nostre intelligence [= commerce] se conduisant par la seule voye de la parole, celuy qui la fauce, trahit la *société publique*. (666-667a).

Le découpage de ce groupe d'extraits s'est opéré à partir des incidences du mot *public*, ses inflexions, congénères et synonymes. Tout mécanique, tout superficiel qu'il peut paraître, ce dénombrement a le mérite d'isoler provisoirement de son contexte et de ramener à un seul point de focalisation la polarité structurante *privé/public* qui, sous le poids des ajouts successifs de Montaigne, acquiert les dimensions d'une contradiction surdéterminée du texte et qui, par son impact éventuel sur le lecteur, a pour fonction de motiver une seconde lecture mémorielle plus complète et plus probante. En ouvrant une tranche verbale sur la longueur de l'essai, la simple liste des occurrences du mot/thème *public* convie le lecteur à un survol synoptique d'une de ses composantes majeures et, de là, aux constatations suivantes: ce qui est nié au début de l'essai (exemples 1, 2, 3 et 4) est affirmé à la fin; le caractère dérisoire du livre des *Essais*, bon à envelopper des denrées au marché, estompé peu à peu et relégué finalement à l'arrière-plan, cède le pas dans les deux derniers exemples (5, 6) à la revendication d'un rôle social et d'une valeur éducatrice.

Je m'empresse de signaler que ce renversement du pour au contre, plus apparent que réel, est absolument postiche et qu'il ne saurait être rationalisé en faisant appel à une maturation ou une évolution des opinions de l'auteur. Bien au contraire, l'«auto-débinage» de Montaigne et les intimations de ses visées didactiques s'échelonnent avec une fréquence et une force égales sur les trois étapes de la rédaction; dans l'optique privilégiée du lecteur moderne, détenteur du texte scientifique et abécédaire des *Essais*, les éléments négatifs et positifs dans *la peinture du moi*, comme dans l'attitude paradoxale de Montaigne envers son livre, sont contemporains les uns des autres; ils frappent surtout par leur simultanéité et leur ubiquité. A la couche a comme à la couche c du texte, les qualités et les défauts que

Montaigne s'attribue, les reproches et les compliments qu'il s'adresse, sont distribués comme au petit bonheur sans trahir aucun mouvement, sans observer aucun développement diachroniques.

Cette constatation devrait suffire pour nous convaincre que la polarité *privé/public* - de même que ses corrélats *petit/grand, sans valeur/ayant valeur, amuser/profiter* - loin de constituer une contradiction substantive *dans le texte*, donc une difficulté à résoudre, doit être envisagée bien plutôt comme une propriété formelle *du texte*, donc à utiliser et à rentabiliser à force de lui assigner une fonction signifiante appropriée à sa visibilité et à sa puissance de provocation.

Pour le lecteur qui veut bien continuer sa recherche dans cette voie, la grande question reste celle que Montaigne soulève dans sa phrase d'ouverture et qu'il ne cesse de reprendre sous des formes infiniment variées tout au long de cet essai ainsi que du livre des *Essais*: dans quelles condi- tions le récit confessionnel des actions d'un simple particulier peut-il prétendre revendiquer la valeur littéraire, le prestige moral ou l'efficacité didactique que l'on n'attribue normalement qu'aux écrits ou à l'exemple rapporté des grandes personnalités du monde gréco-romain? Dans quelles conditions le portrait fidèle et véridique d'«un homme de la commune façon» peut-il se montrer digne d'un intérêt et d'une attention si visiblement disproportionnés à sa «nihilité» intrinsèque? Si j'insiste sur la primauté de cette question, c'est qu'elle est la seule que Montaigne aborde directement dans l'essai «Du dementir» et la seule à laquelle il daigne ébaucher une réponse.

Mais avant de considérer cette question avec lui, j'aimerais jeter encore un regard en arrière et scruter d'un peu plus près le long ajout de la couche c du texte, qui se termine sur l'aveu si surprenant de son «dessein de publique instruction». Ce passage débutait sur la question, on en a déjà fait la remarque, «Et quand personne ne me lira, *ay-je perdu mon temps* de m'estre entretenu tant d'heures oisifves à pensemens si utiles et aggreables?» Cette question devait être reprise quelques lignes plus bas par une autre de facture et de sens analogues: «*Ay-je perdu mon temps* de m'estre rendu compte de moy si continuellement, si curieusement?» La réponse à ces deux questions jumelles est contenue dans le court passage qui les sépare:

> Me peignant pour autruy, je me suis peint en moy de couleurs plus nettes que n'estoyent les miennes premieres. Je n'ay pas plus faict mon livre que mon livre m'a faict, livre consubstantiel à son auteur, d'une occupation propre, membre de ma vie; non d'une occupation, et fin tierce et estrangere comme tous autres livres. (665c).

Si mon livre peut prétendre à une valeur et une utilité quelconques, ce ne peut être que par la véracité soutenue et exhaustive de son contenu. Aucun autre livre au monde ne peut se vanter d'avoir poussé aussi loin que le mien la complétude et l'authenticité de sa matière. Et si mon livre a souvent l'air de receler un fonds de vérité accru, il faut savoir que c'est en conséquence des moeurs et des conventions hypocrites du temps où je vis, qui m'obligent à coucher par écrit ce que je ne saurais dire à haute voix:

> Quant de fois, estant marry de quelque action que la civilité et la raison me prohiboient de reprendre à descouvert, m'en suis je icy desgorgé, non sans dessein de publique instruction!

Dans une lecture cursive et normale de «Du dementir», celle qui consiste à suivre les mots de Montaigne selon l'ordre de leur impression sur la page dans le texte posthume et définitif de 1595, l'opposition de sa véracité personnelle à la dissimulation environnante sert à mettre en oeuvre le grand thème de la fin de l'essai, la mendacité humaine, et ce faisant, à rejoindre le sujet nominal et présomptif annoncé par son titre. Au cours d'une lecture abécédaire et rétrospective, en revanche, celle qui tient compte, souvent comme ici en leur donnant la priorité, des étagements du texte signalés dans les éditions modernes, nous sommes autorisés, nous laissant guider par la logique implicite de la composition, à voir la présence appuyée de la polarité *véracité/mendacité* comme une reprise stratégique du couple anithétique *privé/public* (= *nihilité/grandeur* = *insignifiance/importance*)», qui avait gouverné jusque-là l'élaboration de l'essai. Et à partir de cette observation, nous sommes en mesure de faire place dans notre lecture, sans pourtant le dissiper ou le résoudre, au paradoxe de la *valeur-dans-la-nullité* si assidûment développé depuis la première phrase de l'essai, à force de donner voix aux équations tacites, *privé = vérité/ public = fausseté* qui serviront à Montaigne, éventuellement, à mettre en valeur son projet et à nous, ses lecteurs, à légitimer la dépense de notre temps et de notre effort.

Le moment où les mots dans un texte littéraire commencent à révéler les filières qui les rattachent au panneau-indicateur qu'est son titre fournit au lecteur, qui perçoit cette évidence de continuité et de cohérence, la preuve tant souhaitée de sa compétence. Pour le lecteur de Montaigne ce moment est d'autant plus doux qu'il est si rare et intermittent et qu'il se fait le plus souvent si longtemps attendre. Dans l'essai qui nous occupe, la conjoncture du mouvement du texte même avec les lignes de force projetées par son titre est particulièrement dramatique en ce que c'est la mendacité universelle comme fait de civilisation, et non pas le démentir en tant que tel comme élément dans le comportement individuel, qui s'avère être le sujet essentiel de Montaigne (17). Immédiatement après la longue addition c, où affleure le rare et surprenant aveu de ses préoccupations didactiques, Montaigne laissait entendre, déjà dans l'édition originale destinée à ses seuls «parens et amis», le caractère exceptionnel, voire révolutionnaire, de son projet:

> (a) Mais, à qui croyons nous parlant de soy, *en une saison si gastée*? veu qu'il en est peu, ou point, à qui nous puissions croire, parlant d'autruy, où il y a moins d'interest à mentir. Le premier traict de la corruption des moeurs, c'est le bannissement de la vérité: car comme disoit Pindare, l'estre veritable est le commencement d'une grande vertu, (c) et le premier article que Platon demande au gouverneur de sa republique. (a) *Nostre verité de maintenant*, ce n'est pas ce qui est, mais ce qui se persuade à autruy: comme nous appellons monnoye non celle qui est loyalle seulement, mais la fauce aussi qui a mise. Nostre nation est *de long temps* reprochée de ce vice: car Salvianus Massiliensis, qui estoit du temps de Valentinian l'Empereur, dict qu'aux François le mentir et se parjurer n'est pas vice, mais une façon de parler. Qui voudroit encherir sur ce tesmoignage, il pourroit dire que ce leur est *à present* vertu. On s'y forme, on s'y façonne, comme à un exercice d'honneur; car la dissimulation est des plus notables qualitez *de ce siecle*. (666).

La force cumulative des expressions imprimées en italiques est de donner corps au terme négatif d'une nouvelle opposition binaire, *actualité/antiquité*, dont la contrepartie positive est indiquée par le nom de Pindare, son mot sur «l'estre veritable» comme source de «la vertu», et, finalement, au moyen de ce détour, par le *je* du sujet parlant qui se fait dans son autoportrait le lieu privilégié, pour ne pas dire unique, du dépouillement et de la franchise. Héritier moderne du culte de «l'estre veritable», implicitement assimilable selon l'ajout post-1588, au Roi-Philosophe de Platon, Montaigne s'érige ainsi, par indirection et par procuration, en parangon de l'intégrité, en représentation exemplaire, dans un âge pourri et un monde en déclin, de l'authenticité humaine. C'est ainsi, dans la suite et fin de l'essai, que cette troisième polarité, *antiquité/actualité* vient s'insérer dans le sillage et résorber le plein sémantisme des oppositions *privé/public* et *vérité/mendacité* déjà mises en vedette. Dans les dernières phrases de notre essai, il ressort que le comportement ouvert, sincère, sans ambage des anciens entre eux est à prendre comme l'avatar et le modèle du comportement de l'auteur des *Essais* vis-à-vis de ses lecteurs:

Quant aux divers usages de nos dementirs, et les loix de nostre honneur en cela, et les changemens qu'elles ont receu, je remets à une autrefois d'en dire ce que j'en sçay; et apprendray cependant, si je puis, en quel temps print commencement cette coustume de si exactement poiser et mesurer les parolles, et d'y attacher nostre honneur. Car il est aisé à juger qu'elle n'estoit pas anciennement entre les Romains et les Grecs. Et m'a semblé souvent nouveau et estrange de les voir se démentir et s'injurier, sans entrer pourtant en querelle. Les loix de leur devoir prenoient quelque autre voye que les nostres. On appelle Caesar tantost voleur, tantost yvrongne, à sa barbe. Nous voyons la liberté des invectives qu'ils font les uns contre les autres, je dy les plus grands chefs de guerre de l'une et l'autre nation, où les parolles se revenchent seulement par les parolles et ne se tirent à autre consequence. (667a).

Cette évocation d'un âge d'or, où les hommes, les petits comme les grands pouvaient parler ouvertement, dire la vérité, se dire leurs vérités («On appelle Cesar tantost voleur, tantost yvrongne, à sa barbe»), d'un temps où sans réticence, sans inhibition aucunes les hommes se reconnaissaient même «la liberté des invectives», cette vision -réaliste, idéaliste, n'importe - met en lumière, par la lecture rétrospective qu'elle déclenche, le sens ultime de l'«auto-débinage» de Montaigne. La grande question à laquelle il acheminait son lecteur - «Mais, à qui croyrons nous parlant de soy, en une saison si gastée?» - est laissée sans réponse. Ou plutôt il s'en remet à nous, aux destinataires mêmes de l'essai et de la question qui le couronne, de formuler une réponse appropriée, à la base de certaines données irrécusables. Qui croirons-nous, donc, sinon le sujet parlant de l'essai «Du dementir», ce *laudator temporis acti* dont la voix *clamans in deserto* incarne, en le faisant revivre, par son exemple solitaire, «l'estre veritable» à l'ancienne? Dans cet essai où Montaigne «se débine» si systématiquement, il ne se réserve qu'une seule vertu, celle de la véracité. Cette qualité isolée suffit pourtant, tout insignifiant, tout dérisoire que peut paraître son projet d'auto-portrait, pour que son lecteur veuille bien lui faire consentir une originalité marquante. La confrontation sur laquelle «Du dementir» s'achève - la véracité d'alors face à la mendacité d'aujourd'hui - signale dans la stratégie de l'essai le point triomphal de la rhétorique de la dépréciation de soi où l'«auto-débinage» de Montaigne est si adroitement, si expertement inscrit. Isolé dans sa tour, cantonné dans sa «nihilité, cet «homme de la commune façon» trouve toutefois le moyen de se représenter et de se faire accepter comme le partenaire spirituel des Pindares et des Platons, des Césars et des Catons, comme le seul survivant «en une saison si gastée» d'une époque idéale révolue qu'il actualise noir sur blanc par la langue et le contenu de ses citations, ainsi que par la foule des noms propres stellaires dont il parsème son discours (18). Rien que par l'éthique de la véracité dont il se réclame, Montaigne réussit à ressusciter une société et une civilité qui ne sont plus (19). En unique héros de la parole véridique, il franchit le pas entre l'humble exemple de sa vie et le modèle sublime de son auto-portrait.

Jules BRODY
Harvard University

NOTES

1. «Pour Socrate, il avait l'habitude de s'effacer dans une discussion, pour laisser plus d'avantage à ceux qu'il voulait réfuter; c'est pourquoi, accordant volontiers ce qu'il ne pensait nullement, il aimait à se servir de cet artifice que les Grecs appellent *eironía* (trad. H. Bornecque). Je dois la connaissance de ce texte à Christine Brousseau-Beuermann.

2. *Montaigne, la glose et l'essai*. Lyon, Presses Universitaires, 1983, pp. 7-8.

3. Sur cette tendance de Montaigne à la dépréciation de soi, voir l'article de H. Christiansen, «The Rhetoric of Self-depreciation in Montaigne's *Essais*», *Chimères* 17 (1984), 15-38. Voir aussi le commentaire de Floyd Gray sur les métaphores «dénigrantes» et «minimisantes» de Montaigne, *Les Essais: La Balance de Montaigne: exagium/essai*. Nizet, 1982, p. 58 ainsi que les remarques stimulantes de Gérard Defaux, *Marot, Rabelais, Montaigne: l'écriture comme présence*. Paris, 1987, pp. 145-147.

4. «Je ne lis ceci qu'à mes seuls amis, et encore sur leur prière; non en tout lieu ni devant n'importe quel auditoire. Il est beaucoup d'auteurs qui lisent leurs ouvrages en plein forum et dans les bains publics» (Hor., *Sat.*, I, iv, 73). Je transcris ici et dans la suite les traductions et références fournies dans l'édition Villey-Saulnier.

5. «Je ne vise pas à enfler ces pages de billevesées ampoulées: c'est un tête-à-tête» (Perse, V, 19).

6. «(a) Ainsi sont à souhaiter les papiers journaux du grand Alexandre, les commentaires d'Auguste, (c) Caton, (a) Sylla, Brutus et autres avoyent laissé de leurs gestes».

7. Cf. «De la praesumption» (II, 17, 634c): «Les polices, les mœurs loingtaines me flattent, et les langues; et m'apperçoy que le latin me pippe en sa faveur par sa dignité, au dela de ce qui lui appartient, comme aux enfans et au vulgaire».

8. Sur cette rhétorique de la *neglegentia diligens*, dans ses rapports avec la *sprezzatura* castiglionienne, voir Marc Fumaroli, *L'Age de l'éloquence: rhétorique*

et «res literaria» de la Renaissance au seuil de l'époque classique, Genève, Droz, 1980, p. 54 et, du même auteur, «Michel de Montaigne ou l'éloquence du for intérieur» dans *Les Formes brèves de la prose et le discours discontinu (XVIe-XVIIe siècles)*, éd. Jean Lafond, Paris, 1984, pp. 46-37.

9. *Du style d'idées: réflexions sur la pensée, sa nature, ses réalisations, sa valeur morale*, Paris, 1948, pp. 23-24.

10. Le premier de ces vers est de Martial (XIII, 1): «Que les thons et les olives ne manquent d'enveloppes» et le second de Catulle (XCIV, 8): «Et je fournirai souvent aux maquereaux d'amples tuniques». On trouve à cet endroit dans l'édition Villey-Saulnier la note suivante: «Après "aisées", on lit dans les éditions parues du vivant de Montaigne: "il m'a fallu jetter en moule cette image, pour m'exempter la peine d'en faire faire plusieurs extraits à la main. En récompense de cette commodité, que j'en ay emprunté, j'espere luy faire ce service d'empes-cher"».

11. «Nulle particuliere qualité n'enorgueillira celuy qui mettra quand et quand en compte tant de imparfaittes et foibles qualitez autres qui sont en luy, et, au bout, la *nihilité de l'humaine condition*. Par ce que Socrate avoit seul mordu à certes au precepte de son Dieu, de se connoistre, et par cette estude estoit arrivé à *se mespriser*, il fut estimé seul digne du surnom de Sage. Qui se connoistra ainsi, qu'il se donne hardiment à connoistre par sa bouche» («De l'exercitation», II, 6, 380c).

12. *Aut prodesse volunt aut delectare poetae,*
    aut simul et iucunda et idonea dicere vitae
    ....
    omne tulit punctum qui miscuit utile dulci
    lectorem delectando pariterque monendo.
    (Horace, *Ars poetica*, 333-34, 343-44)

13. «Vers de Marot dans son épitre intitulée *Fripelipes, valet de Marot, à Sagon*. Le "Sagoin" est Sagon sur le nom duquel joue Marot» (Villey-Saulnier, *ad. loc.*).

14. Cette caractérisation méliorative du genre bas de la Comédie fit l'objet d'une formulation, passée depuis en proverbe, attribuée au poète néo-latin, Jean de Santeul: «Castigat ridendo mores». La Bruyère a fait le portrait de santeul dans le chapitre «Des jugements», 56. Il est à noter avec Jean Lafond (dans son édition «Folio» des *Maximes*, p. 26) que La Rochefoucauld affiche une intention satirique rien qu'en citant au frontispice de 1665 le «vers-programme d'Horace: *ridentem dicere verum Quid vetat?*

15. Voir à se sujet le livre de Doris Kirsch, *La Bruyère ou le style cruel*, Montréal, 1977, pp. 31-47.

16. Dans un long passage de l'essai «De la praesumption» (II, 17, 633-643c) Montaigne a bien connu, même glosé, sa tendance au «débinage» de soi. A. Tournon projette un subtil éclairage sur la réflexion dont Montaigne entoure l'aveu de ses «defectuositez [...] basses et populeres» (II, 17, 635c): «Montaigne note qu'il a su, en en prenant conscience, les intégrer à un style de vie - et le reproche se mue en approbation, revendiquant l'authenticité» (*op.cit.*, pp. 266-267).

17. Il est hautement significatif à cet égard qu'un montaigniste de la valeur de Fausta Garavini ait trouvé bon, dans son élégante version italienne des «Essais», de traduire *Du démentir* par *Del mentire* et non pas comme on s'y serait attendu par *Dello smentire*. L'explication que Mme Garavini m'a donnée de ce choix entraîne entièrement la conviction, et je m'empresse de transcrire ici une partie de la lettre qu'elle a eu l'amabilité de m'écrire à ce sujet: «En dépit du titre et des deux occurrences du dernier paragraphe *(nos démentirs; se démentir)*, dans ce chapitre - en particulier au niveau a -il est question surtout de *mentir* (voir *mentir, mensonge, dissimulation*, etc.). *Mentir* et *démentir* semblent *ici* se confondre ou se croiser (alors que, partout ailleurs dans les *Essais*, *démentir* signifie uniquement *[se] dédire*), exactement comme en italien, où *mentire* couvre à la fois le champ sémantique de *mentir* (latin *mentiri*) et de *démentir* (latin *aliquem mendacii coarguere; rem veram asse negare*). Il m'a donc paru préférable de traduire MENTIRE plutôt que SMENTIRE, ce dernier n'ayant en italien que le sens de "donner un démenti", contredire, [se] dédire. Le double emploi de *mentire* en italien m'a ainsi permis de garder le double sens que j'ai cru voir dans ce texte». Notons par ailleurs que Montaigne justifie explicitement cette interprétation de son titre, car il reconnaît s'être arrêté lui-même au simple *mentir* en se réservant pour plus tard de traiter la manière dont on s'y prend pour se dédire de ses mensonges: «Quant aux divers usages de nos démentirs [...] je remets à une autrefois ce que j'en sçay» (665a).

18. Par un travail de style des plus sagaces et transparents, Montaigne sait transformer en ressemblances, le moment voulu, des disparités qui au départ avaient semblé le séparer de ces grands héros de l'antiquité. Pour s'en convaincre, il n'est que de comparer les deux passages qui suivent en fai- sant attention à la puissance génératrice des mots imprimés en italiques: 1) «Il messiet à tout autre de se faire cognoistre, qu'à celuy qui a dequoy se faire imiter, et duquel la vie et les opinions peuvent servir de *patron*. Caesar et Xenophon ont eu dequoy *fonder et fermir* leur narration en la grandeur de leurs faicts comme en une baze juste et solide» (663a); 2) «*Moulant* sur moy cette figure, il m'a fallu si souvent dresser et composer pour m'extraire, que le *patron* s'en est *fermy* et aucunement *formé* soy-mesmes» (665c).

19. On connaît bien les retentissements du pessimisme utopisant rituellement cultivé dans cette famille de nobles évincés, domestiqués, retirés - chez le marquis de La Fare et le duc de Saint-Simon entre autres - dont Montaigne fut l'illustre fondateur. On trouve un curieux prolongement de cette attitude dans les récits de voyage de Lahontan. Avec sa finesse habituelle, Jean-Marie Apostolidès explore quelques-unes des conséquences de cette «nostalgie de l'origine» qui fait apparaître «le temps présent» [...] comme une chute, une décadence irrémédiable» («L'Altération du récit: les *Dialogues* de Lahontan», *Etudes Françaises* 22 (1986), 77).

L'IMITATION SOCRATIQUE DANS LES ESSAIS

Les exégètes qui ont étudié l'usage que Montaigne fait de Socrate ont remarqué les affinités qui rapprochent le philosophe français du philosophe athénien. Plusieurs ont même suggéré que Montaigne cherchait dans son troisième Livre à imiter Socrate, à s'identifier partiellement à sa personne (1). Fait surprenant en effet, cet égotiste, qui cultive sa différence et généralement refuse toute allégeance intellectuelle, salue en Socrate «le maître des maîtres» et se dit son disciple (2). Nous voudrions étayer la suggestion de ces critiques en cherchant à prouver que Montaigne a expressément voulu qu'on reconnaisse en son portrait une parenté socratique puisqu'il n'a cessé, de 1588 à 1592, de multiplier les signes de reconnaissance (3). Et puis nous rappellerons que ce dessein apparaît déjà, mais plus timidement, dans quelques-uns des chapitres qu'il a composés peu avant 1580, et plus particulièrement dans les essais «De la cruauté» (II, 11) et «De la présomption» (II, 17). Ainsi nous mettrons en valeur la relative continuité des *Essais* malgré les interruptions de leur rédaction. Une continuité qui, en l'occurrence, va en s'accentuant et en se précisant.

En élaborant son autoportrait, Montaigne louvoie entre deux objectifs difficilement conciliables. Il veut se représenter tel qu'il se sent être dans la vie de tous les jours (pensons à l'avis «Au lecteur»), mais aussi tel qu'il cherche à devenir pour autrui et pour lui-même. «Me peignant pour autrui, je me suis peint en moi de couleurs plus nettes que n'étaient les miennes premières», écrit-il à la fin de sa vie (4). Cette construction du moi s'effectue à partir d'un idéal qui s'inspire de la sagesse antique (5) et qui doit beaucoup, on le verra, à la personne de Socrate.

Mais en poursuivant - et parfois simultanément - deux objectifs aussi hétérogènes, l'autoportraitiste peut se contredire au point qu'il soit amené à s'expliquer. C'est ce qui arrive dans un long passage embrouillé de l'essai «De la vanité» (6). Montaigne ne craint point d'aller finir ses jours à l'étranger loin des siens, puisque la mort lui «est une partout» (p. 978). Mais en même temps il reconnaît qu'il n'est «point arrivé à cette vigueur dédaigneuse [...] que rien n'aide ni ne trouble» (*ibid.*). C'est alors que, conscient du rôle unificateur et formateur dévolu à la publication de son autoportrait (7), il invite le lecteur à en accepter la vérité idéale: «*L'uniformité* et *simplesse* de mes moeurs produit bien un visage d'aisée interprétation, mais parce que la façon en est *un peu nouvelle* et *hors d'usage*, elle donne trop beau jeu à la médisance» (8).

Montaigne se souvient de ces lignes lorsqu'il fait, au début de l'essai «De la physionomie», l'éloge de Socrate. Il en reprend les idées et même les mots. «Cette image des discours de Socrate [...] nous ne l'approuvons que pour la révérence de l'approbation publique; ce n'est pas par notre connaissance: *ils ne sont pas selon notre usage*» (9). Formés à l'ostentation et à l'agitation, les hommes de son temps ne sauraient apprécier ni «la *naïveté* et la *simplicité*» des moeurs de Socrate, ni leur uniformité: il fut «toujours un et pareil» (*ibid.*). Autour de ces deux notions (constance profonde; simplicité naturelle) et de leur corollaire (l'ignorance lucide), se trouve résumé l'essentiel du portrait idéal de Socrate mais aussi de Montaigne.

L'uniformité

Montaigne, qui découvre partout la diversité et la mobilité, ne cesse donc d'admirer en son modèle cette «teneur de vie incorruptible» (p. 1054b), ce «visage constant mais serein et souriant» (p. 845c), qui révèlent une harmonie d'autant plus exquise que rien n'y est figé ni contraint (10).

Quant à lui, malgré les contradictions d'humeur qu'il note çà et là dans leurs manifestations épisodiques (11), il répète que «dès sa naissance il est un: même inclination, même route, même force» (p. 812b). Il insiste souvent sur le «reglement» et la constance de ses jugements. A partir de 1588, l'autoportrait idéal vise plus particulièrement à mettre en valeur la «conformité» de ses «discours» et de son comportement (p. 1113b), la «correspondance» de ses «opinions» et de ses «moeurs» (12). En dépit du trop célèbre «je ne peins pas l'être, je peins le passage», le présent de l'autoportraitiste est surtout présent d'habitude et de durée. Cette constance, qui est aussi une consistance, révèle la richesse et l'authenticité d'une âme qui vit en harmonie avec notre bonne mère Nature.

La simplicité naturelle

«Interprète de la simplicité naturelle», Socrate, comme Montaigne, a «ramené du ciel [...] la sagesse» pour «la rendre toute à l'homme» (p. 1038b). Leur philosophie, «toute en moeurs et en actions» (p. 1107c), «traite les plus utiles discours» en un style «naïf», familier, ennemi de la rhétorique artificielle. L'un et l'autre ont opté pour une vie privée, «sans lustre» (13), en cherchant un compromis entre les droits de la conscience et l'obéissance aux valeurs de la cité. Ennemis du luxe (14), partisans d'une sobriété naturelle (15), ils acceptent pourtant de bon coeur les exigences corporelles de notre «condition mixte», composée de voluptés et de douleurs, de frivolité et de gravité. Empruntant à Xénophon et à Platon quelques anecdotes, Montaigne a tendance à faire parfois de Socrate une sorte de héros épicurien avant la lettre.

Mais l'essayiste ne cherche pas toujours à mettre en perspective les grandes lignes des deux portraits. Au hasard d'un développement, il se contente parfois de désigner du doigt un trait commun. Il préférerait «boire la ciguë» que «se frapper comme Caton» (p. 983b). Il connaît, lui aussi, de vagues prémonitions, d'heureuses impulsions (p. 44b et c). Il se trompe sans cesse en calculant (p. 652)... Mais Socrate ne fit-il pas rire de lui en ne sachant pas compter les suffrages de sa tribu (16)? Après s'être félicité de la bonne étoile qui l'a toujours mis à l'abri des épidémies, il ajoute après 1588: «On lit de Socrate que n'étant jamais parti d'Athènes pendant plusieurs rechutes de peste [...] lui seul ne s'en trouva jamais plus mal» (p. 315). Dans sa dernière édition, il multiplie ces juxtapositions allusives (17). Plus subtilement encore, il se compare à son modèle, mais de manière implicite, sans indiquer dans le contexte immédiat son point de référence. Socrate à la fin du chapitre «De l'expérience» jouait «aux noisettes avec les enfants. Dans le même livre, mais bien plus avant, au début du chapitre 5, l'autoportraitiste écrivait: «Puisse-je prendre plaisir à jouer aux noisettes et à la toupie» (p. 842). «Convié de boire à lut par devoir de civilité», Socrate «l'emportait sur tous» lit-on à la fin du chapitre «De l'expérience» (p. 1110b). Une addition de 1588 au chapitre «De la présomption» nous apprend que Montaigne, en des circonstances semblables, «désaltéré par tant de breuvage que (son) imagination avait préoccupé», ne sut «avaler une seule goutte» (p. 650).

On le voit par ces derniers exemples, le disciple n'est pas le maître. Avant de comparer son sang-froid sur le champ de bataille à la fuite saine, rassise et fière de Socrate pendant la déroute de Potidée, il écrit: «Les grandes âmes vont bien plus outre» (p. 899). Imitation donc, mais «imitation différentielle» comme celle de ces artistes maniéristes dont C.G. Dubois étudie les réflexes (18). Dans le troisième livre Montaigne cherche à cautionner la sagesse qu'il propose en la plaçant explicitement sous le patronage de Socrate, mais sans s'interdire les écarts. Chacun doit apprendre à se connaître pour apprendre ce qui lui est bon ou néfaste mais aussi pour prendre conscience des exigences légitimes et inévitables de la nature humaine, composée d'un corps et d'une âme. Telles sont les grandes lignes du dernier et du cinquième chapitre (19). «Mener l'humaine vie conformément à sa naturelle condition», c'est reconnaître la nécessité de quêter loyalement, par «la conférence», une vérité qui ne saurait être que relative (et voilà pour «De l'art de conférer» (20)), mais c'est aussi ne pas oublier l'exigence d'une vie morale autonome, fondée sur la conscience (cette «raison universelle, empreinte en toute âme non dénaturée»), mais adaptée aux forces de chaque individu (21). En revanche, lorsque Montaigne préconise un comportement de «diversion», il ne perd pas de vue qu'il s'éloigne de son maître et tient à mentionner et à justifier son écart (22).

Mais l'essayiste n'a pas attendu 1588 pour devenir un disciple de Socrate. Le manuscrit 9633 du Vatican mentionne que le droit de citoyenneté romaine fut accordé le 3 mars 1581 au «Socrate français» (23). Dès 1580 on entrevoit tout ce que les réflexions pédagogiques sur l'usage du savoir et du jugement doivent à la maïeutique de Socrate et à sa condamnation du charlatanisme des sophistes (24).

Nous rappellerons ici les analogies profondes qui, en dépit des années qui en séparent la rédaction, rapprochent l'essai 11 du livre II du chapitre 12 du livre III, si bien que celui-là peut être considéré comme une ébauche de celui-ci. Dans les deux chapitres Montaigne tente de représenter une des formes essentielles de son être et de sa sagesse en se référant à Socrate. Dans l'essai «De la cruauté» il médite sur la vertu de celui en qui il voit déjà «l'âme la plus parfaite qui soit venue à (sa) connaissance» (p. 243a) et découvre en lui-même la puissance et l'innocence de la nature. L'éloge qu'il fait de Socrate, de sa «fermeté», de sa «constance», de son «allégresse enjouée» (p. 425a), de sa «marche» «aisée» et «victorieuse» (p. 424a) annonce de près celui de III, 12. Caton, comparé à Socrate, lui cède déjà la place (p. 425a). Déjà Montaigne est séduit par «cette aisée, douce et penchante voie par où se conduisent les pas réglés d'une bonne inclination de nature» (p. 423a). Et pour illustrer les effets de cette bonté naturelle il avoue qu'il ne peut voir «d'une vue ferme» les exécutions de la justice, pour raisonnables qu'elles soient» (p. 430a), nous entretient de la compassion qu'il éprouve pour les souffrances des ani- maux et rappelle «la prochaine ressemblance de nous aux animaux et combien ils ont de part à nos privilèges» (p. 435a). L'essai «De la physionomie» fera aussi allusion à l'horreur que lui inspire la question telle qu'il l'a vu pratiquée au parlement de Bordeaux (p. 1063b). Rempli des choses et des gens de la campagne, «De la physionomie» disserte sur l'exemple moral que peuvent donner les bêtes (25), sans perdre de vue «le bon régent, interprète de la simplicité naturelle» (p. 1052) qu'est Socrate.

Toutefois le chapitre du livre III va beaucoup plus loin dans le parallélisme qu'il suggère entre Socrate et Montaigne. Dans l'essai «De la cruauté» les anecdotes autobiographiques témoignant de sa commisération n'avaient pas de rapport avec la vie de Socrate, ni avec ses propos. Il n'en est plus de même ici. En parlant de lui-même, Montaigne nous entretient des malheurs qui lui sont arrivés pendant le second semestre de l'année 1586 (26) et des ressorts naturels qui lui ont permis de les surmonter: sa «santé qui tint bon ce temps-là» et ses principes d'autonomie (27). Victimes disgraciées et calomniées, Socrate et Montaigne sont en butte à l'infortune, aux menaces de la mort, à la perversion des vraies valeurs. Mais ils trouvent, dans leurs lumières et dans leurs forces naturelles, des ressources contre l'adversité. Socrate «a fait grand faveur à l'humaine nature de montrer combien elle peut d'elle-même» (28). Voilà donc formulé le thème de l'essai, dénoté métonyquement par son titre: la quête de Nature chassée par Antinature. Tout, en dépit des ruptures apparentes du propos, des fausses digressions égotistes (29), est convergent. Les Français, dénaturés par «la monstrueuse guerre» civile (30), par la bouffissure d'un savoir énorme et indigeste (31), illustrent le mythe de l'Antiphysis tandis que Socrate et son nouveau disciple deviennent des exemples de cette bonté naturelle qui nous permet de bien vivre et de bien mourir. Dès le début du chapitre l'identification est suggérée. Les épreuves auxquelles Socrate dut faire face («les hasards de la guerre», «la mort», la «calomnie», la «tyrannie», «la tête de sa femme», p. 1038) sont celles que Montaigne vient de braver depuis le début du siège de Castillon.

La calomnie

> Au Gibelin j'étais Guelfe, au Guelfe j'étais Gibelin [...]. La situation de ma maison et l'accointance des hommes de mon voisinage me présentaient d'un visage, ma vie et mes actions d'un autre [...]. C'étaient suspicions muettes qui couraient sous main... (p.1044).

La tyrannie

> Refusant de prendre parti, Montaigne est victime des deux camps adverses (pp. 1041, 1044, 1045). Son insoumission irrite «les grands» (32) «envers lesquels faute de soumission est l'extrême faute, rudes à toute justice qui se connaît» (p. 1045).

La guerre, la mort

> Elles sont aussi présentes dans l'essai que dans les alentours du château de Montaigne pendant l'été de 1586.

La tête de sa femme

> On connaît, depuis l'article de Laumonier (33), «la criaillerie ordinaire de Françoise de La Chassaigne, les reproches qu'elle adresse à son philosophe de mari (III, 9, 975-977). On imagine l'état d'esprit de la pauvre femme,

obligée de fuir en «chariote» (34) la peste, tandis que Montaigne, «six mois» durant, servait «misérablement de guide à cette caravane» (p. 1048).

Ce n'est pas un hasard non plus si Montaigne dans ce même chapitre insiste sur les états d'âme ou d'humeur qui le rapprochent de son modèle: la tranquille assurance («ma cons- cience se portait non paisiblement seulement, mais fièrement» p. 1045), le détachement ironique et hautain à l'égard de ses accusateurs: «Au lieu de me tirer arrière de l'accusation, je m'y avance et la renchéris plutôt par une confession ironique et moqueuse», p. 1044. Quant au plaidoyer de Socrate dans l'essai (p. 1052), Montaigne ne l'invente pas, mais il choisit dans les discours socratiques de l'*Apologie* les propos qui conviennent le mieux à sa propre personnalité.

Sans doute Montaigne sait bien qu'il diffère de son modèle, ne serait-ce que parce que sa vertu, il la doit à sa «naissance» et à sa «fortune» tandis que Socrate avait «corrigé par discipline son inclination au vice», comme le disait déjà l'essai «De la cruauté». Dans la «Physionomie» il reprend cette version puis l'annule quelques années plus tard: «Il se moquait suivant son usage et jamais âme si excellente ne se fit elle-même» (p. 1058c). L'édition de 1595 une fois de plus attire l'attention sur les affinités des deux sages. Mais on peut se demander si, dans les éditions antérieures, Montaigne était pleinement sincère en opposant le réformisme volontariste de Socrate à sa native bonté naturelle. La vertu est-elle, doit-elle être le produit naturel d'une âme bien née? ou, au contraire, le fruit d'un exercice rationnel? L'essayiste hésite depuis longtemps et se contredit (35). En tout cas, il sait bien qu'en ce qui le concerne personnellement il ne s'est pas «laissé aller à corps perdu entre (les) bras» de la nature (36).

Mais ce n'est pas seulement par sa patience dans les malheurs, par son obéissance aux lois de la nature que Montaigne veut ressembler à Socrate, mais aussi par le sentiment de la tranquille supériorité que lui assure la prise de conscience de son ignorance. Dans ce chapitre (37) et dans bien d'autres endroits du dernier livre, Montaigne fonde sa sagesse sur la nescience socratique. Il avait déjà commencé avant 1580 en plaçant, en II, 17, son portrait sous l'égide de Socrate. Le modèle socratique ne doit pas être oublié si on veut comprendre les grandes lignes de l'autoportrait de l'essai «De la présomption». Platon rapporte au début de l'*Apologie de Socrate* que le philosophe, étonné de s'entendre appelé par la Pythie le plus savant des hommes, s'était mis à interroger les Athéniens qu'il estimait les plus compétents, des hommes d'Etat, des poètes et des artisans, tous gens qui croyaient posséder le savoir, alors qu'ils ne détenaient que des connaissances routinières et limitées. La conclusion qu'en tirait Socrate était double.

1) Les plus renommés étaient les moins valeureux, «tandis que d'autres, qui passaient pour inférieurs, (lui) semblèrent plus sains d'esprit» (38).

2) Le dieu n'avait pas menti. Mieux valait le doute que la sotte présomption. Prendre conscience de son ignorance et de ses incompétences constituait la plus rare des sagesses.

On y reconnaît évidemment la trame de l'essai II, 17, surtout quand on prend connaissance du résumé assez libre qu'en donne, en II, 12 Montaigne. «Se recherchant et secouant partout (Socrate) n'y trouvait aucun fondement à cette divine sentence. Il en savait de justes, tempérants, vaillants, savants comme lui et plus éloquents et plus utiles au pays. Enfin, il se résolut qu'il n'était pas distingué des autres et n'était sage que parce qu'il ne s'en tenait pas... (p. 498c). Dans les pages 634-637 de l'essai 17, Montaigne lui aussi «se recherche et se secoue partout». Il ne découvre d'abord en lui qu'ignorance, insatisfaction et incompétence pratique. Au début du chapitre il s'étonne qu'on reconnût en lui pendant son enfance des gestes témoignant «quelque occulte propension» à la présomption, puisque, «autant douteux de (lui) que de toute autre chose», il ne cesse de se déprécier. Mais confesser son ignorance et ses multiples insuffisances, c'est faire preuve d'un «sens» libre et sain. Cette rectitude d'un jugement introspectif impartial constitue la qualité essentielle que se reconnaît dans l'essai le Socrate périgourdin. Il se tient «de la commune sorte» «sauf en ce qu'(il s') en tien(t)». Personne, ajoute-t-il aussi (p. 635), ne saurait se mépriser ou le mépriser autant que lui. Gasconnade? Fausse modestie? Nullement: imitation socratique seulement. «Le monde regard toujours vis-à-vis...». Seul, ou à peu près, Montaigne «replie (sa) vue au-dedans» (p. 657) et donc se condamne, car se connaître c'est connaître l'irrésolution, «la faiblesse» et l'«ignorance» humaines (II, 17, 634c), comme l'ont bien compris les pyrrhoniens, disciples de Socrate. L'essai «De l'exercitation» rappellera d'ailleurs (encore une fois dans une addition postérieure à 1588) que jadis Socrate pour être arrivé à «se connaître» et à «se mépriser» «fut estimé seul digne du surnom de sage» (p. 380c). La deuxième partie de l'essai 17 offre assez de ressemblances avec le récit platonicien pour qu'on y reconnaisse l'enquête de Socrate, malgré les variantes personnalisées. Il «connaî(t) des hommes assez qui ont diverses parties belles, qui l'esprit, qui le coeur, qui l'adresse [...]», des hommes d'Etat, des poètes (p. 661) aussi (comme par hasard), mais «de grands hommes en général ayant tant de belles pièces ensemble [...] nul» (40) (p. 659). Une fois de plus c'est dans des additions posthumes qu'il soulignera des ressemblances en se rangeant parmi «les âmes réglées et fortes d'elles-mêmes» (p. 657c) et en ajoutant, à l'imitation de Socrate: «La moins dédaignable condition de gens me semble être celle qui par simplesse tient le dernier rang...» (p. 660c).

Essayons de conclure. De l'édition de 1580 à celle de 1595 l'auteur des *Essais* multiplie les signes qui permettent aux lecteurs d'entrevoir un sage qui, par son caractère, son comportement, sa vision du monde, ressemble à Socrate. Bien timide et fugitive en 1580, la comparaison devient évidente en 1595. Le public des *Essais* s'est élargi et leur auteur voit mieux la portée morale universelle de son portrait. Les rapprochements n'ont pourtant jamais été systématisés. Montaigne savait qu'il n'était pas Socrate et il voulait aussi qu'on le reconnût dans l'authenticité de son individualité. Socrate ne sert donc pas seulement de caution morale pour l'autoportraitiste (41). Il est une figure vivante qui aide Michel de Montaigne à devenir lui-même sans l'aliéner. Un dialogue passionné s'instaure entre deux personnes au bout duquel ni Montaigne ni Socrate ne sortent comme ils étaient entrés. L'imitation Socratique est donc une imitation vécue de l'intérieur. Pour se convaincre de la sincérité de cette dialectique il faudrait étudier les contradictions et les aspirations de Michel de Montaigne (42). Il faudrait aussi se rappeler l'époque où Michel - nouvel Alcibiade - dialoguait avec son ami Etienne. Helléniste remarquable, moraliste exigeant, La Boétie se faisait une image plus austère de Socrate. Plus âgé que Montaigne, il s'efforçait de le détourner de la volupté pour le conduire vers «les sentiers ardus de la vertu» (43), assumant ainsi un rôle pédagogique proche de celui que jouait Socrate à l'égard de son illustre admirateur:

> Celui auquel Apollon n'a pas jalousé le nom de sage et qui s'attachait sans cesse, amant austère, au pas du fils de Clinias, que crois-tu qu'il ait observé? Cet enfant, dit-il, ou sera la perte d'Athènes ou en sera la gloire [...]. Il flotte encore, je m'efforce de l'orienter à la vertu (44).

La Boétie seul, écrira Montaigne en 1588, «jouissait de ma vraie image et l'emporta. C'est pourquoi je me déchiffre moi-même si curieusement» (III, 9, 983, note 4). Si ces textes ne nous trompent pas, on saisit mieux les racines vivantes de cette imitation socratique si curieuse. Elle témoigne, on le voit, de fidélité et d'infidélité au souvenir de l'Ami.

Jean-Marie COMPAIN
Université de Bordeaux III

NOTES

1. Fr. Kellermann, «Montaigne's a Socrates», dans *Romanic review*, 45, 1954, p. 271; Fl. Gray, «Montaigne and the Memorabilia», dans *Studies in philology*, 58, 1961, p. 133; P.M. Schuhl, «Montaigne et Socrate», dans *Etudes platoniciennes*, Paris, P.U.F., 1966, p. 166; H. Friedrich: *Montaigne*, Gallimard, 1968, p. 56; Z. Samaras, «Le portrait de Socrate dans les *Essais*», dans *B.S.A.M.*, juill. déc. 1980, p. 73.

2. «Socrate, son (celui de la philosophie) précepteur et le nôtre». *Essais*, III, 13, 113, éd. Villey Saulnier, Paris,

3. Selon la *Concordance* de Leake, le nom de Socrate apparaît seize fois en 1580, trente-deux fois en 1588, trente-quatre fois en 1595. Ces chiffres nous paraissent représentatifs de l'accentuation de l'imitation socratique dans les deux dernières éditions.

4. II, 18, 665c.

5. «Mes mœurs sont naturelles; je n'ai point appelé à les bâtir le secours d'aucune discipline. Mais, toutes imbécilles qu'elles sont, quand l'envie m'a pris de les réciter [...] ce a été merveille à moi-même de les rencontrer par cas d'aventure, conformes à tant d'exemples et discours philosophiques» (II, 12, 546c). «Rencontre» assez surprenante si une intention cachée n'en est pas l'origine.

6. Pp. 978-980.

7. «Je sens ce profit inespéré de la publication de mes mœurs qu'elle me sert aucunement de règle» (p. 980).

8. *Ibid.*, C'est nous qui soulignons.

9. P. 1037. «S'il naissait à cette heure quelque chose de pareil, il est peu d'hommes qui le prisassent» ajoute Montaigne. A rapprocher de ce qu'il dit dans le passage comparé: son portrait insolite «donne beau jeu à la médisance» (p. 980).

10. Voir pages 425, 509, 809, 925, 1009.

11. Ces contradictions, fort nombreuses, sont assez difficilement conciliables avec l'image d'unité que Montaigne cherche à donner de lui-même. Cette incohérence apparente s'explique si on admet que l'autoportraitiste vise deux objectifs opposés.

12. P. 658c. Telle est bien une des originalités de l'autoportrait de 1588 par rapport à la peinture du moi esquissé vers 1579 dans les chapitres 8, 10, 11, 17, 37 du livre II.

13. Montaigne «propose une vie basse et sans lustre» (p. 805b), «basse et humble» (p. 1113b), comparable à «l'exercitation basse et obscure» de Socrate (p. 809b).

14. «Socrate, voyant porter en pompe par sa ville grande quantité de richesses, joyaux et meubles de prix: combien de choses, dit-il, je ne désire point!» (III, 9, 1009c).

15. Socrate «arrivait à son repas dans une disposition telle que l'appétit lui servait d'assaisonnement. Toute boisson lui était agréable parce qu'il ne buvait jamais sans soif» (Xenophon, *Mémorables*, I, 3, 5). De même Montaigne, peu délicat sur le choix des mets et des boissons (p. 343c et 1099b) veut faire valoir l'appétit et la faim (p. 1103b). Il ne boit «que du désir qui lui vient en mangeant» (p. 1104b).

16. Voir p. 992b.
17. «De ma part je tiens (c), et Socrate l'ordonne...» (p. 169). «C'est à l'avis de Socrate, et au mien aussi...» (p. 535c) etc...
18. *Le maniérisme*, Paris, 1979, pp. 28-35.
19. On se contente de renvoyer aux mentions de Socrate dans la mesure où elles paraissent essentielles au propos principal du chapitre. Ed. de 1588, p. 1093 et 1109. Ed. de 1595, pp. 1075, 1076, 1079, 1107, 1113. Pour III, 5 voir pp. 1093, 1109 (éd. de 1588) et pp. 1075, 1076, 1079, 1107, 1113 (éd. 1595) 1015b.
20. Ed. 1588, p. 925. Ed. 1595, p. 927.
21. Renvoyons seulement aux pages 817 (c), 820 (b).
22. III, 4, p. 833 (éd. 1588); III, 9, p. 973 (éd. 1595).
23. Voir la note 164 de P. Michel dans le *Journal de voyage en Italie*, Paris, 1974 (Livre de Poche, p. 303). La périphrase élogieuse fut-elle sollicitée par Montaigne grâce aux relations amicales qu'il entretenait avec le préfet du Palais apostolique ou fut-elle spontanément accordée, par des lecteurs reconnaissant dans le fidéisme de *l'Apologie de Sebon* une rémanence du socratisme chrétien? Les deux hypothèses sont possibles.
24. Mais ces mentions de Socrate apparaissent presque toutes dans l'édition de 1595 (p. 143, 150, 159, 162, 169), à une époque où Montaigne attire plus particulièrement l'attention du lecteur sur les affinités qui le rapprochent de Socrate.
25. Pp. 1049-1050 («La plupart des instructions... filière»), p. 1055 («Nature a empreint aux bêtes...»).
26. Sur le contenu historique de ces événements, voir R. Trinquet «Aperçus généraux sur la politique de Montaigne après la Mairie...» *B.S.A.M.*, juill.-sept. 1967.
27. III, 12, pp. 1047 et 1045.
28. «Nous sommes chacun plus riches que nous ne pensons. Mais on nous dresse à l'emprunt et à la quête. On nous duit à nous servir plus de l'autrui que du nôtre» (p. 1038).
29. Le développement sur ses emprunts littéraires (p. 1055) et les deux anecdotes de la fin du chapitre (pp. 1060-1061) illustrent le triomphe du naturel sur l'art chez Montaigne.
30. Pp. 1041-1043.
31. Pp. 1038-1040.
32. Peut-être Catherine de Médicis et Matignon: voir R. Trinquet, art. cité.
33. «Madame de Montaigne d'après les *Essais*», *Mélanges Lefranc*, Paris, 1936, p. 393.
34. Selon le mot employé par Catherine de Médicis le 31 déc. 1586 dans une lettre concernant Montaigne (voir Trinquet, art. cité, p. 8).
35. Il suffit d'opposer le contenu de I, 25 à celui de II, 8 (p. 387a).
36. Dans le même chapitre relevons seulement ce passage: «Je puis assez sur moi pour rendre mon état ordinaire paisible [...] je m'arme pour les (= pensées tristes) chasser», p. 1047.
37. «Et ne traite à point nommé du rien, ni d'aucune science que de celle de l'inscience», p. 1057c.
38. Platon, *Oeuvres complètes*, Paris, 1949, I, p. 146 (traduction M. Croiset).

39. P. 659. A rapprocher de l'interprétation assez libre que Montaigne donnera du texte de l'*Apologie* platonicienne: «Il en savait de justes, de tempérants, vaillants, savants comme lui et plus éloquents (les poètes) et plus utiles au pays» (les hommes d'Etat)... II, 12, 498c.

40. A rapprocher du texte platonicien: «ils (les artisans consultés par Socrate) savaient en effet des choses que je ne savais pas et, en cela ils étaient plus savants que moi. Seulement [...] parce qu'ils pratiquaient excellemment leur métier, chacun d'eux croyait tout connaître jusqu'aux choses les plus difficiles...» (*op.cit.*, p. 147).

41. La longue addition de II, 6, en 1595, est significative. Montaigne sollicite l'exemple de Socrate pour justifier son entreprise «De quoi traite Socrate plus largement que de soi?» (p. 378). Voir aussi p. 380: «Parce que Socrate...».

42. C'est ce que j'ai tenté de faire dans ma thèse de doctorat (*La personnalité de Montaigne*) soutenue à Paris IV- Sorbonne en avril 1986.

43. Voir «Trois poèmes latins de La Boétie adressés à Michel de Montaigne» (traduction de L. Cestre), dans *B.S.A.M.* 1ère série 1913-1921, pp. 343-380. Le passage cité est extrait du 2ème poème, p. 353.

44. *Ibidem*, pp. 356-357.

III

LA RHETORIQUE

DE L'ACCOMPLISSEMENT

ACHEVEMENT/INACHEVEMENT DANS LES *ESSAIS*

Le problème que je souhaite poser, en traitant des *Essais* »selon le couple achèvement/inachèvement, n'est pas celui d'une oeuvre qui, de l'édition de 1580 à celle de 1588 et aux ajouts d'après 1588, s'enrichit à mesure que le temps passe, sans jamais, semble-t-il, trouver de point d'arrêt. Cette oeuvre en cours, on sait que Montaigne l'a conçue comme une oeuvre infinie, sur cette route qu'il a prise, où «sans cesse et sans travail, j'iray autant qu'il y aura d'ancre et de papier au monde». La mort seule peut en effet mettre un terme à un propos qui se nourrit de l'expérience d'une vie et ne peut donc s'achever qu'avec elle. «Et quand seray-je à bout de représenter une continuelle agitation et mutation de mes pensées, en quelque matiere qu'elles tombent, puisque Diomedes remplit six mille livres du seul subject de la grammaire?» (1). L'impossibilité d'épuiser la matière des *Essais* ne fait que confirmer la permanence du projet qui les fonde: écrire un livre qui soit, dans la fragilité et les limites d'une pensée et d'une vie, consubstantiel à son auteur. Elle n'interdit pas que soit prise pour achevée chacune des éditions: modifier un texte au point d'effacer le texte d'origine, c'est «corrompre la besongne» qu'on a «venduë», et trahir ainsi le contrat implicitement conclu avec le lecteur. Dans ses différentes éditions, «mon livre, écrit Montaigne, est toujours un», les ajouts «ne sont que surpoids, qui ne condamnent point la première forme», et ne ruinent pas davantage l'unité d'une oeuvre qui n'est qu'une «marqueterie mal jointe» (2). En cela, l'essai, forme ouverte, n'est pas soumis aux mêmes exigences que le discours ou le traité, et son unité peut par là même se montrer accueillante à la digression ou à l'addition. L'achèvement et l'inachèvement deviennent dès lors des notions toutes relatives. Néanmoins elles subsistent comme les pôles d'un choix qui n'a plus rien à voir avec la vie ou la mort de l'auteur, ni avec sa décision de mettre ou non un terme au travail du et sur le texte. Ce choix engage en effet une poétique. Et Montaigne se montre ici très conscient du problème qui se pose à lui.

La formulation la plus claire du dilemme se lit dans le passage bien connu qui ouvre le chapitre «De l'amitié». Le peintre évoqué par Montaigne «choisit le plus bel endroit et milieu de chaque paroy, pour y loger un tableau élaboré de toute sa suffisance; et, le vuide tout au tour, il le remplit de crotesques, qui sont peintures fantasques, n'ayant grace qu'en la varieté et estrangeté» (3). Le tableau, ce sera donc la *Servitude Volontaire*, et les crotesques les *Essais*. Au centre du livre I, le «tableau riche, poly et formé selon l'art». Autour, les «crotesques et corps monstrueux, rappiecez de divers membres, sans certaine figure, n'ayants ordre, suite ny proportion que fortuité». Deux types de discours sont ici définis, dont l'un, représenté par la *Servitude Volontaire*, trouve son unité dans une organisation cohérente, harmonieuse, dans une forme dominée par un art savant, «élabouré de toute [la] suffisance» de son auteur. Cette esthétique, si nous la transposons de l'oeuvre d'art à la littérature, c'est celle que Scaliger défend dans sa *Poétique* en prenant pour modèle la *perfectio inuicta* d'un Virgile (4). Un art divin accomplit la Nature, et la transcende en une «autre nature». L'unité, dans ce cas, se donne à voir dans la parfaite homogénéité du style, et dans la subordination des parties au tout (5). Tout ce qui n'atteint pas à ces hautes et rares qualités prend, par comparaison, un caractère d'inachèvement, d'incomplétude: c'est le cas d'Homère, qui représente pour Scaliger l'enfance de l'art, face à la maturité de l'art virgilien. Chez Montaigne, les *Essais* ne peuvent prétendre à cette homogénéité, et, dût-on faire la part de l'inévitable modestie d'auteur, les termes utilisés par Montaigne sont assez clairs pour dénoter exactement l'essai et son écriture. Ces «crotesques et corps monstrueux» rappellent «les chimères et monstres fantasques» auxquels l'oisiveté de la retraite livre son esprit, et dont il ne se délivre qu'en les mettant «en rolle» (6). «Rappiecez de divers membres», ils le sont nécessairement, puisqu'il «prononce sa sentence par articles decousus», et, s'ils sont «sans certaine figure», ni ordre, ni suite, c'est qu'il s'agit de «fantasies informes et irrésolues», nées du «dessein farouche et extravagant» (7) de se portraire au vif, non pour donner une vue statique de soi, mais dans la fidélité au moment, au devenir d'un temps et d'un moi en passage.

Si le propos de Montaigne dans ce texte ne relevait que de la rhétorique de la modestie d'auteur - éloge de La Boétie et dépréciation de soi vont de pair - il ne trouverait pas autant d'échos dans les *Essais*. Le thème réapparaît en effet au livre II (II, 17), sur deux pages qu'il faudrait lire comme elles le méritent, ligne par ligne (8). Avant de traiter des insuffisances de son style, Montaigne prévient son lecteur qu'il n'est pas incapable d'avoir une très haute conception de l'écriture: «j'ay toujours une idée en l'ame qui me presente une meilleure forme que celle que j'ay mis en besongne, mais je ne la puis saisir et exploiter. Et cette idée mesme n'est que du moyen estage». Les écrits des Anciens sont en effet incomparablement supérieurs: ils «ne me satisfont pas seulement et me remplissent; mais ils m'estonnent et transissent d'admiration. Je juge leur beauté». En d'autres termes, je conçois par le jugement leur beauté, mais je suis incapable d'y atteindre. De là la nécessité d'en appeler aux Grâces, qui lui font cruellement défaut. Car son style associe à «un parler informe et sans regle» «un proceder [une démarche, une *dispositio*] sans définition, sans partition, sans conclusion». Une incapacité égale à plaire, réjouir, chatouiller par un conte bien enlevé, une façon d'aller droit au noeud des problèmes, donc au plus difficile, sans en passer par l'emploi, comme il convient, des «raisons premieres et plus aisées», un langage enfin sans «rien de facile et poly», «ayant ses dispositions libres et desréglées», voilà autant de traits qui, apparemment, condamnent l'oeuvre à n'être, face à la «meilleure forme» qui en était conçue, que la réalisation singulièrement dégradée de l'idée qui était «en l'ame» (9). Cependant le langage et le style qui sont les siens plaisent à Montaigne et lui conviennent; et, «quand j'entreprendroy de suivre cet autre stile aequable, uny et ordonné, je n'y sçaurois advenir». La beauté supérieure qu'il conçoit par le «jugement» n'est pas ce vers quoi le porte son «inclination»: «encore que les coupures et cadences de Saluste reviennent plus à mon humeur, si est-ce que je treuve Caesar et plus grand et moins aisé à representer; et si mon inclination me porte à l'imitation du parler de Seneque, je ne laisse pas d'estimer davantage celuy de Plutarque». César et Plutarque jouent donc ici, comme précédemment La Boétie, le rôle de modèles parfaits, achevés, mais inaccessibles. Salluste et Sénèque leur sont inférieurs, mais leur style coupé et discontinu s'accorde à «ma forme naturelle». A reprendre les aveux précédemment développés sur l'absence dans les *Essais* de «gentillesse et de beauté», on s'aperçoit que la critique est plus ambiguë qu'il n'y paraît d'abord. Si la «façon n'ayde rien à la matiere», ce défaut, qui interdit de «faire valoir les choses pour le plus que ce qu'elles valent», est compensé par une matière «forte», «qui aye beaucoup de prise et qui luise, d'elle mesme». Dès lors, l'incapacité à «faire des contes», à ménager l'attention en commençant par «les raisons premières et plus aisées», à développer un exorde conforme à la technique du discours cicéronien, n'est que l'envers d'une qualité: Montaigne n'a jamais écrit pour «les principians» et il s'est toujours plus soucié de la force du propos que de sa manière: «ce que j'ay à dire, je le dis tousjours de toute ma force» (10). Enfin il reconnaît que c'est par un choix délibéré qu'il a adopté cette écriture: «je sens bien [...] qu'à force de vouloir eviter l'art et l'affectation, j'y retombe d'une autre part», et, après Horace, il associe brièveté extrême et obscurité: *breuis esse laboro. Obscurus fio.* Le refus d'un certain art, d'une certaine rhétorique attachée aux règles de la *dispositio*, à la subordination des parties au tout, est donc assimilé à la recherche de «la force» dans la brièveté, c'est-à-dire dans la densité, de la forme.

L'opposition établie dans le chapitre «De la praesumption» entre Sénèque et Plutarque avait été traitée un peu différemment dans «Des livres» (II, 10). *Opuscules* et *Epîtres à Lucilius* y avaient été l'objet d'un commun éloge (11). Eloge de la discontinuité de ces «pieces décousues», qui «n'ont point de suite des unes aux autres», éloge d'un enseignement très voisin pour l'essentiel, malgré la divergence des systèmes philosophiques. La différence était de style: Sénèque, «plus ondoyant et divers», «se peine, se roidit et se tend» pour porter à la vertu; «plein de pointes et de saillies», il «s'eschauffe plus» et «nous pousse». Plutarque, «plus uniforme et constant», refuse la tension, et semble «desdaigner d'en haster son pas». En cela il «vous contente davantage», «vous paye mieux», vous «guide». Son style correspond donc bien, ici encore, à l'homogénéité parfaite que Montaigne admire. A la page précédente, c'était, contre les pointes de Martial, «l'egale polissure et cette perpetuelle douceur et beauté fleurissante» de Catulle qui était l'objet de la même admiration. Sénèque et Plutarque n'en sont pas moins réunis dans une opposition caractérisée au style des oeuvres philosophiques de Cicéron. L'attaque est connue, et se résume en quelques mots: longueurs des préparations, «ordonnances logiciennes» inutiles, rhétorique tout juste bonne pour l'école, le barreau ou le sermon, «où nous avons loisir de sommeiller», ennui. «Tout dire», comme le fait Cicéron, c'est ne rien dire. Ou, selon une addition d'après 1588: «revenant à la vertu parlière, je ne trouve pas grand choix entre ne sçavoir dire que mal, ou ne sçavoir que bien dire» (12).

Le partage qu'opère ainsi Montaigne entre une beauté idéale et la beauté à laquelle il se dit, par faiblesse de reins mais aussi par goût, attaché, n'est pas de ceux qu'on peut, à volonté, pathétiser - nous irions vers un Montaigne déchiré entre deux postulations divergentes - ou ignorer, en escamotant le terme supérieur au profit de l'inférieur. La forme idéale reste admirable, quand bien même on s'en juge indigne et quand bien même on refuse d'en faire sa visée personnelle. Cette pensée duelle n'est pas chez Montaigne particulière à la poétique. Panofsky rappelle qu'il n'existe pas, avant le XVIIIe siècle, de séparation caractérisée entre l'esthétique et les domaines théorétique et éthique (13). Et c'est bien ce que l'on constate dans les *Essais*, où, dans l'éthique comme dans la théorie de la connaissance, nous assistons à la même partition. Dans la «Defence de Seneque et de Plutarque», contre la tendance de chacun de nous à penser «que la maistresse forme de nature est en luy; touche et rapporte à celle là toutes les autres formes», Montaigne «considere aucuns hommes fort loing au-dessus de [lui]: noméement entre les anciens: et encore que je reconnoisse, écrit-il, clairement, mon impuissance à les suyvre de mes pas, je ne laisse pas de les suyvre à veue et juger les ressorts qui les haussent ainsin [...]. [J'] admire leur grandeur [...] et si mes forces n'y vont, au moins mon jugement s'y applique tres volontiers» (14). Ici comme dans l'esthétique, contre notre présomption naturelle qui tend à nous faire confondre notre nature, nos inclinations et les valeurs que sont la beauté ou la grandeur, il faut maintenir l'indépendance du jugement, qui doit toujours pouvoir jouer «son jeu à part» (15). Dans la connaissance, il en est de même: le chapitre «De l'expérience» nous rappelle dès les premières lignes que la voie royale d'accès à la vérité, c'est la raison, et que l'expérience «est un moyen plus foible et moins digne» (16). Dans ce dernier essai du livre III, la voie modeste, inférieure, est néanmoins celle qui nous est donnée pour la plus efficace, lorsqu'il s'agit de se connaître ou de connaître l'homme dans sa complexité. Savants et «artistes» prétendent s'analyser rationnellement, et rationnellement «renger en bandes cette infinie diversité de visages, et arrester nostre inconstance et la mettre par ordre». Montaigne doute qu'ils y parviennent, «en chose si meslée, si menue et fortuite», tant nos actions «sont doubles et bigarrées à divers lustres». Lui-même, qui n'a recours qu'à l'expérience, à l'usage, présente ses idées «à tastons», et «prononce [sa] sentence par articles descousus, ainsi que de chose qui ne se peut dire à la fois et en bloc». La rationalité, pour désirable qu'elle soit dans l'absolu, le cède donc ici à une attitude plus humble, «sans regle» et sans forme, qui répond mieux toutefois à l'objet que se propose Montaigne, la connaissance et l'inscription de ses «cogitations, subject informe» (17). Mais, avec les seules variations qu'impose le plan où l'on se place - esthétique, éthique, épistémologie - c'est le même paradigme que nous rencontrons: beauté parfaite, grandeur, rationalité méthodique sont reconnues avec toute la tradition philosophique pour des valeurs idéales, cependant que d'autres valeurs considérées comme imparfaites sont délibérément choisies comme mieux adaptées à l'auteur et à son dessein.

A s'en tenir à la poétique, ou à l'esthétique, l'opposition de l'achève-ment à l'inachèvement répond chez Montaigne au refus de s'assujettir à la théorie d'une beauté conçue comme perfection formelle. On le voit assez dans son attitude à l'égard de Cicéron, chez qui cette notion prend une place considérable, puisque, comme le rappelle Quintilien, elle s'impose même dans la conversation et l'entretien (18). Or, que tire Montaigne de la lecture de Cicéron? «la plus part du temps je n'y treuve que du vent». L'*imitatio Ciceronis* n'est donc pas son fait, pas plus qu'il n'est celui d'Erasme. Et sans doute pour une même raison de fond: Charles Béné rappelait, lors d'un colloque récent (19), qu'Erasme reprochait à certains de ses contemporains leur souci de perfection stylistique et l'éclat de leur style, les jugeant contraires à la culture et à l'expression de l'intériorité. L'huma-nisme érasmien s'inscrit, ce faisant, dans le courant de ceux qui privilégient alors la quête, dans l'affirmation de leur différence, d'un style personnel. Marc Fumaroli a dit, à cet égard, tout l'intérêt de la lettre de Politien au cicéronien Paolo Cortesi, où se rencontre l'affirmation du droit à se dire, ne fût-on pas Cicéron: «*Non sum Cicero, me tamen (ut opinor) exprimo*». Et c'est bien Sénèque qui, chez Politien comme chez Erasme, «sert de recours à l'intériorité contre la tentation du cicéronianisme» (20). Pour le sénéquiste Montaigne, le discours n'a également d'intérêt que s'il apporte autre chose qu'une forme vide, si belle soit-elle. Un art trop élaboré échoue à dire l'essentiel, la «vérité simple et naïve» de la complexité du moi et du monde,: «l'éloquence faict injure aux choses, qui nous destourne à soy» (21). En revanche, le bon livre est celui qui est «plein de choses»: tel est Plutarque, ou la *Servitude volontaire* (22), discours «plein ce qu'il est possible», ou encore le langage de Virgile et de Lucrèce, «plein et gros d'une vigueur naturelle et constante». Et cette force du style ne tient pas au «bien dire», mais à «la gaillardise de l'imagination» et au «bien penser» (23). «Le sens esclaire et produit les parolles; non plus de vent - comme l'étaient celles de Cicéron -, ains de chair et d'os». La matière est ainsi privilégiée aux dépens de «la façon». Ce sont «ceux qui ont la matiere exile» qui «l'enflent de paroles» (24). Et l'un des rares passages où Montaigne se permette de faire l'éloge de son oeuvre est celui de la «Consideration sur Ciceron» où il dit son désaccord avec ceux qui s'arrêtent au langage des *Essais*: «ce n'est pas tant eslever les mots, comme c'est deprimer le sens [...]. Si suis je trompé, si guere d'autres donnent plus à prendre en la matiere, et [...] si nul escrivain l'a semée ny guere plus materielle ny au moins plus drue en son papier». La production de ce texte riche de matière, plein de sens, plein de choses, conduit Montaigne à «n'en entasse[r] que les testes», «pour en ranger davantage». Confidence centrale pour notre propos, puisque l'inachèvement, entendu ici comme le non-développement d'un thème, est mis en relation directe avec la volonté de porter le texte à sa charge maximale de sens. La suite du passage confirme l'importance de la démarche: elle permet en effet de produire, à partir d'«histoires qui ne disent mot [...] infinis Essais». La même pratique vaut pour la citation: elle n'est pas si liée au texte qu'elle ne puisse porter souvent «la semence d'une matiere plus riche et plus hardie», tant pour le lecteur que pour l'auteur - «pour moy qui n'en veux exprimer d'avantage» (25). Le bon texte n'est donc pas le texte clos sur lui-même, parfaitement achevé dans une suffisance à soi qui n'est pas sans rappeler l'aséité et la perfection divines: ici encore, c'est Scaliger qui porte l'idée à sa limite, avec son *poeta divinus* et ses lecteurs qui, lorsqu'ils sont en sympathie avec le poète divin, en deviennent eux-mêmes *divini* (26). A l'inverse, dans une perspective et un vocabulaire que le stoïcisme des *semina virtutis* a beaucoup contribué à diffuser, le texte montaignien se veut texte séminal, et porteur non seulement de *semina dicendi*, mais de sens, et non pas d'un, mais de multiples sens, naissant «à gauche» (27), en marge du sens le plus obvie. Plutarque est allégué, dès l'édition de 1580, pour avoir laissé «beaucoup de discours estandus» très remarquables, mais aussi mille autres «qu'il n'a que touché simplement», et où «il guigne seulement du doigt par où nous irons, s'il nous plaist, et se contente quelquefois de ne donner qu'une attainte dans le plus vif d'un propos». C'est que, dans sa «briefveté», «il ayme mieux nous laisser desir de soy que satieté» (28). Pour le lecteur actif, tout dire, c'est en dire trop: seul lui est fécond le manque, l'absence ménagée qui appelle le désir de lire et de produire du sens.

La poétique que définit Montaigne dans ces différents textes est ainsi celle de la forme ouverte (29), d'une forme dont l'inachèvement concerne le lecteur tout autant que l'auteur. L'essai n'est pas, ou pas seulement, objet et produit, il est, pour filer la métaphore séminale, générateur d'une production neuve chez le lecteur, et, pour l'auteur, il est le point de départ d'une «conception» qui ne s'arrête jamais définitivement. Il en est en effet de l'essai comme de «l'esprit genereux», dans le chapitre «De l'experience»: ses poursuites sont «sans terme et sans forme», «ses inventions s'eschauf-fent, se suyvent et s'entreproduisent l'une l'autre» (30). Dans ce procès d'auto-production, l'oeuvre n'existe donc que dans un arrêt provisoire, achèvement, toujours révocable, d'un inachèvement essentiel.

Il va de soi que le primat reconnu à la matière, aux choses, au sens, conduit à modifier singulièrement les normes rhétoriques traditionnelles. La *dispositio* y perd beaucoup de son intérêt: «j'entends, écrit Montaigne dans «De la vanité», «que la matiere se distingue soy-mesmes. Elle montre assez où elle se change [...] sans l'entrelasser de paroles de liaison et de cousture introduictes pour le service des oreilles foibles ou nonchallantes...» (31). Et la *compositio*, si importante dans la *Poétique* de Scaliger, J. Chomarat l'a montré, ne s'impose pas davantage pour principe d'organisation et d'unité, la *compositio* qui veut que les parties de l'oeuvre soient organiquement soumises dans un rapport téléologique au tout. L'image de la «marqueterie mal jointe» répond, dans les *Essais*, à une conception tout autre: l'unité n'y est plus celle d'un tout organique, mais d'une somme en morceaux, constituant autant d'unités partielles, qui ne concourent à l'ensemble que dans un ajustement plus ou moins lâche. A la métaphore organique se substitue la métaphore spatiale: lopins, allongeails, dont les raccords donnent lieu à la métaphore vestimentaire du cousu/décousu (32). Or ce sont là précisément les deux figures de l'unité que Scaliger exemplifie par les noms d'Homère et de Virgile. Homère ne fait qu'adapter et tisser entre eux (*fabulas intertextas accommodare*) des contes de paysans et de vieilles femmes, et sa tâche se serait peut-être même bornée à «l'assemblage de courts poèmes préexistants» (33). Virgile, au contraire, crée, lors même qu'il emprunte - et à une légende noble. Il noue étroitement action et personnages à la finalité de l'oeuvre par un équilibre savant de symétries et de contrastes. Ainsi, à l'achèvement de Virgile, qui concentre (*collegit*) et unifie (*composuit*), s'oppose l'inachèvement d'Homère, qui éparpille (*fudit*) et disperse (*sparsit*). Si on fait abstraction du jugement de valeur porté par Scaliger, Virgile, c'est l'unité et l'homogénéité du continu, Homère, la multiplicité et la fragmentation du discontinu, ce dont en revanche Montaigne le loue, pour n'avoir «jamais soulé ni dégousté les hommes, se montrant aux lecteurs tousjours tout autre, et fleurissant tousjours en nouvelle grace» (34). Or l'auteur des *Essais* n'est hostile ni à Virgile ni à la belle continuité d'un discours étendu, comme le montre tel de ses propos sur Plutarque, «qui est de tous les autheurs que je cognoisse celuy qui a mieux meslé l'art à la nature et le jugement à la science» (35), mais il n'entend pas être contraint par une conception de l'art qui entraverait sa liberté. Car il y a un mauvais continu, celui que Quintilien déjà critique, lorsqu'il juge nécessaire de limiter le rôle de la *memoria* dans le travail de l'orateur, le discours trop bien appris interdisant le bonheur de la trouvaille (36). On sait assez ce que Montaigne pense de la mémoire rhétorique: toute ordonnance qui s'impose *a priori* lui est suspecte, par la menace qu'elle constitue pour la spontanéité et la productivité nouvelle du texte.

Voilà donc mis à mal, ou pervertis, plusieurs des objectifs traditionnels de la rhétorique, du seul fait d'une poétique qui, aux canons de l'achevé, du parfait, préfère la liberté de l'inachèvement, mimesis et figure d'une *Natura naturans*. Le problème redoutable qui se pose à Montaigne est cependant de fixer, de donner forme à ce qui n'a ni terme ni forme: «c'est une espineuse entreprinse, et plus qu'il ne semble, de suyvre une alleure si vagabonde que celle de nostre esprit; de penetrer les profondeurs opaques de ses replis internes; de choisir et arrester tant de menus airs de ses agitations [...]. Il n'est description pareille en difficulté à la description de soy-mesmes [...]. Encore se faut-il testoner, encore se faut-il ordonner et renger pour sortir en place. Or je me pare sans cesse, car je me descris sans cesse» (37). Même si le propos n'est pas sans ironie, il contraint à conclure, parmi d'autres passages qu'il conviendrait de citer, que Montaigne est, comme le dit Marc Fumaroli, «moins spontanéiste qu'il ne semble» (38), et, sans aller jusqu'à parler d'un cicéronianisme des *Essais*, on doit reconnaître que Montaigne ne s'interdit pas d'y avoir recours aux techniques traditionnelles. Je n'en prendrai que quelques exemples, pour m'arrêter plus longuement sur la composition du livre III.

Ainsi, pour reprendre l'interrogation tout à fait centrale posée récemment par F. Joukovsky (39): «qui parle dans les *Essais*?», on peut sans doute discriminer certaines des voix qui sont à l'oeuvre dans le texte, sans pour autant pouvoir dire jusqu'à quel point Montaigne se confond avec elles. Dans l'ordre du discours, certains développements de l'*Apologie de Raimond Sebond* sont de cet ordre: l'emploi d'une rhétorique très visible n'est pas sans rappeler le style de la *declamatio* et, à ce titre, l'*Apologie* eût constitué un très honorable pendant à la *Servitude volontaire*. Dans l'ordre de la *dispositio*, on a pu faire apparaître dans le chapitre «De l'affection des peres aux enfans» l'organisation, autour d'un thème central, de propos, proches apparemment de la causerie. A. Tournon admet la validité de cette syntaxe du discours qui contrevient au refus de toute construction méthodique (40). Quant aux livres eux-mêmes, il est probable qu'il est vain d'y chercher une construction par trop rigoureuse, en fonction d'un principe de classement unique tout particulièrement. Le livre I n'en est pas moins centré sur le grand texte de La Boétie en hommage tout à la fois à l'ami et au grand style oratoire. Et le plus homogène des trois, le livre III, me semble être rythmé par la dimension des différents essais. Il est curieux en effet de constater que les essais les plus longs (52-53 pages) sont les chapitres V, IX, XIII, qui, si on leur adjoint le chapitre premier, «préambule solennel» et «déclaration de principes» (G. Nakam), sont placés de quatre en quatre (I, V, IX, XIII), comme si leur longueur exigeait qu'ils fussent séparés, à distance égale l'un de l'autre. Entre eux, sont disposés trois autres groupes de trois chapitres de dimension plus modeste, de 5 à 22 pages. Ces groupes ternaires (II-III-IV, VI-VII-VIII, X-XI-XII) présentent deux particularités. La première, c'est que le nombre total de pages qu'ils constituent augmente régulièrement (32, 45 et 54 pages), soit avec une moyenne pour chaque essai, de 10 à 11 pages pour le premier groupe, de 15 pages pour le second, de 18 pour le troisième. La dimension moyenne des chapitres s'accroît donc de façon sensible. La seconde particularité, c'est que, dans les deux derniers groupes, un chapitre court (5 et 11 pages) se trouve placé entre deux chapitres plus longs. Quant au chapitre VII, qui est le chapitre médian du livre, il est de beaucoup le plus court de tous, et le thème abordé n'est sans doute pas sans relation avec la place qui lui est assignée: traitant de l'incommodité de la grandeur, Montaigne y exprime son dégoût de «toute maistrise et active et passive», ou, autre formulation, de «la maistrise» et de la «subjection». Or, n'étant ni maître ni esclave, il se dit heureux d'occuper socialement une position moyenne: «je suis duit à un estage moyen, comme par mon sort, aussi par mon goust» (41). J'ajoute que la conclusion, qui aborde le thème du rapport de l'écrivain au pouvoir, me semble, dans l'apparente distanciation qu'impose le recours à des exemples antiques, laisser entendre beaucoup plus qu'elle ne dit. Ne serait-il pas dangereux d'écrire au moment où l'essai VII et les essais du livre III sont écrits ou rassemblés (42)?

Que faire de ces différentes remarques? Je rappellerai d'abord que c'est Montaigne lui-même qui, dans un ajout c, nous a appris son désir de «faire plus longs» les essais du livre III (43). La longueur de chacune de ces pièces ne lui était donc pas indifférente. L'hypothèse d'une architecture concertée ne signifie évidemment pas qu'elle constitue la matrice du livre, et qu'elle a été imposée *a priori*. Elle n'interdit pas davantage de penser que la thématique a pu dicter, comme dans les livres précédents, certains choix. L'imposition d'un rythme à l'ensemble me paraît répondre à un souci qui apparaît à plusieurs reprises dans l'oeuvre, et en particulier dans l'ajout c, que je viens d'évoquer: le souci d'assurer au lecteur une meilleure appropriation du texte (44). La perspective serait en effet celle d'une lecture continue (45), du chapitre I au chapitre XIII, selon la double stucture qui me paraît se dégager: la structure d'abord des quatre textes majeurs, de par leur situation (I, XIII) ou leur dimension V, IX, XIII), placés à distance égale comme autant de points ou de temps forts, de massifs dont l'importance se signale à l'attention par les deux éléments matériels que sont leur longueur et leur situation dans l'architecture du livre. La seconde structure est celle des neuf chapitres de 5 à 20 pages qui, dans les intervalles des grands chapitres, sont organisés, pour six d'entre eux, selon l'alternance d'un texte long et d'un texte bref - et pour l'ensemble des neuf, selon une augmentation de la longueur moyenne qui me paraît ressortir à une rhétorique courante de la lecture, où le lecteur est invité à aller des textes qui demandent le moins de «proposition» et de «loisir assigné» vers ceux qui en demandent davantage. Cette architecture prouverait, en tout cas, que la *compositio* n'est pas si étrangère à Montaigne qu'on est tenté de le croire et qu'il tient à donner à ce livre III l'unité d'un tout rigoureusement, et même, pour une part, régulièrement organisé et achevé.

Comment conclure, sinon qu'il faut peut-être voir dans la complexité des *Essais* la mise en oeuvre d'une poétique elle-même complexe, puisque, comme la rhétorique, elle se trouve partagée, selon des modalités qui restent encore pour certains à mieux préciser, entre une poétique de l'achèvement et une poétique de l'inachèvement. Les deux figures emblématiques de ce partage pourraient être celles de Plutarque, «uniforme et constant» et de

Sénèque, «ondoyant et divers» comme l'est par ailleurs l'être humain, c'est-à-dire Montaigne (46). La poétique de l'inachèvement l'emporte néanmoins, mais, si la conception rhapsodique de l'essai lui confère une spécificité toute particulière, cela ne signifie pas qu'il n'y ait pas, pour reprendre un mot de J. Starobinski, un «achèvement; perfection dans l'imperfection» (47). Faisant retour sur la différence que je posais au départ entre un inachèvement de fait, qui ouvre le livre sur l'infini du propos et un inachèvement de droit, qui se confond avec le choix délibéré d'une conception non organique mais parcellaire de l'unité, on est conduit en fait à lier les deux aspects. C'est parce que Montaigne croit, contre Cicéron ou Scaliger, à la valeur esthétique de l'inachèvement qu'il peut se permettre un inachèvement de fait: une «marqueterie mal jointe» autorise un jeu de pièces que ne permet pas le discours auquel on ne peut sans dommage ni ajouter ni soustraire. Mais c'est aussi, à l'inverse, parce que son propos de se représenter selon le progrès de ses humeurs, de ses idées, implique l'usage d'une forme ouverte que se trouve légitimé l'inachèvement de droit. Légitimation qui ne va cependant pas jusqu'à ruiner la supériorité du beau texte poli par le travail jusqu'au point où art et nature se rejoignent dans une sorte de grâce insaisissable: mais il en est de cette réussite comme de la parfaite sagesse d'un Socrate (48), elle reste un accord exceptionnel qu'il convient de maintenir très haut, sans prétendre, même si on l'espère, y pouvoir atteindre.

Jean LAFOND
Centre d'Etudes Supérieures
de la Renaissance (Tours)

NOTES

1. III, 9, pp. 945 et 946. Cf. III, 13, p. 1068: «il n'y a point de fin en nos inquisitions; nostre fin est en l'autre monde»
2. III, 9, p. 964b et c.
3. I, 28, p. 183.
4. Sur la *Poétique* de Scaliger, voir *La Statue et l'empreinte*, p.p. C. Balavoine et P. Laurens, «L'oiseau de Minerve», Paris, 1986. Je renvoie tout particulièrement aux articles de Marc Fumaroli, pp. 7-17, qui traite de l'idéal de perfection dans la *Poétique*, de C. Balavoine (sur l'*altera natura*, pp. 115sq.) et de J. Chomarat, sur la notion de *compositio*, pp. 75-88.

5. La poétique de Scaliger est en consonance avec l'esthétique «classique» d'Alberti, dont, outre l'étude de Panofsky signalée *infra*, n. 9, on lira une bonne analyse dans A. Blunt, *La Théorie des Arts en Italie*, Paris, 1966. Alberti définit la beauté comme «une certaine harmonie régulière entre toutes les parties d'une chose [...] telle que rien ne pourrait être ôté ou ajouté, ou changé en elle sans qu'elle ait aussitôt moins de charme» (*De Re Aedificatoria*, VI, 2), p. 28. Harmonie du tout et des parties et achèvement sont mis ici dans un rapport nécessaire.

6. I, 8, p. 33.

7. III, 13, p. 1076 - I, 56, p. 317 - II, 8, p. 385.

8. II, 17, pp. 637 et 638.

9. Cette «idée en l'âme» rappelle les débats du temps sur l'esthétique, dont E. Panofsky a mis en lumière les implications et les enjeux (E. Panofsky, *Idea. A Concept in Art Theory*, Columbia, 1968).

10. *Ibid.*, p. 637, n. 7.

11. II, 10, pp. 413 et 414 - 412 sur Catulle et Martial.

12. I, 40, p. 251. Dans la citation de Sénèque, la *concinnitas* du bien-dire (Alberti emploie le mot pour dénoter «l'harmonie») est condamnée pour n'être pas *ornamentum virile*.

13. E. Panofsky, *op.cit.*, p. 4.

14. II, 32, p. 725.

15. III, 13, p. 1074: «Le jugement tient chez moy un siege magistral [...] il faict son jeu à part». Dans les citations précédentes (n.8 et n.14) les mots *juger* et *jugement* jouent, on l'a vu, un rôle majeur.

16. III, 13, p. 1065.

17. II, 6, p. 374. Sur le même thème, voir II, 1, p. 335, sur la «variation et contradiction qui se void en nous». «Je n'ay rien à dire de moi, entierement, simplement, et solidement, sans confusion et sans meslange, ny en un mot».

18. Quintilien, *L'Institution oratoire*, l. X, ch. VII.

19. *Colloque Erasme*, organisé par J.C. Margolin, Tours, 1986 (Actes à paraître).

20. M. Fumaroli, *L'Age de l'éloquence*, Genève,1980, p. 83 et p. 82, n. 78.

21. I, 26, pp. 169 et 172: ces pages opposent les mots et les choses en des formules bien connues. Le style doit être «esloingné d'affectation, desreglé, descousu et hardy: chaque lopin y face son corps», la discontinuité étant donnée pour la conséquence d'un style qui refuse l'art, lui préférant «le naïf et mesprisant» (cf. *desdaigneux*, *nonchallant*, dans le même registre).

22. II, 10, p. 413 et I, 28, p. 184.

23. III, 5, p. 873.

24. I, 26, p. 157.

25. I, 40, p. 251, c.

26. *La Statue et l'empreinte*, (*supra* n.4), p. 80.

27. I, 40, p. 251, c.

28. I, 26, p. 156.

29. Sur la forme ouverte, voir H. Friedrich, *Montaigne*, Paris, 1968, pp. 348-353.

30. III, 13, p. 1068.

31. III, 9, p. 995.

32. La rhapsodie - poèmes «cousus» (du grec *rhaptein*) par le rhapsode - répond à cette définition et le mot est employé par Montaigne pour désigner les *Essais*.
33. Voir ici J. Chomarat, pp. 75-76 de *La Statue et l'empreinte*, dont je reprends les traductions.
34. II, 36, p. 753. Montaigne répondrait-il à Scaliger, lorsqu'il écrit que «contre l'ordre de la nature», qui commence par une «naissance [...] imparfaite», «l'enfance de la poësie [...], [Homère] l'a rendue meure, *parfaicte* et *acccomplie*? (souligné par moi).
35. III, 6, p. 899.
36. Quintilien, *op.cit.*, l. X, chap. 6 et chap. 7 (*in fine*).
37. II, 6, p. 378.
38. «M. de Montaigne ou l'éloquence du for intérieur», dans *Les formes brèves de la prose*, Paris, Vrin, 1984, p. 47, n. 32. Et sur le cicéronianisme de M., p. 49, n. 49.
39. Colloque Montaigne de la Soc. d'Histoire littéraire, 1987, in *R.H.L.F.*, sept./oct. 1988, pp. 813-827.
40. A. Tournon, *Montaigne, la glose et l'essai*, Lyon, 1983, pp. 63-64.
41. III, 7, pp. 917, 918 et 917.
42. Comme le dit G. Nakam de l'année 1588: «alors les Seize règnent à Paris, écrire est dangereux», *Les Essais de Montaigne* [...], Paris, 1984, p. 450. - Sur l'architecture du livre III, voir l'Appendice qui fait suite à ces notes, et la proposition, très différente, de G. Nakam, in *R.H.L.F.*, cité *supra*, n° 39, pp. 871sq.
43. III, 9, p. 995:... «je me suis mis à les faire plus longs, qui requierent de la proposition et du loisir assigné».
44. *Ibid.*, «la coupure si frequente des chapitres [...] m'a semblé rompre l'attention avant qu'elle soit née...» etc.
45. L'extrême brièveté du chapitre 7, au milieu du livre, ne me paraît pas contraindre à le constituer en centre de symétrie, contrairement à ce qui a lieu vraisemblablement pour l'essai médian des livres I et II.
46. Montaigne semble en effet partagé entre ses deux grandes sources d'inspiration. De Plutarque, il admire cette distanciation qui lui permet de garder un style égal, homogène: il dédaigne, dit-il, de hâter son pas pour échapper aux passions, y compris à la passion de convaincre. De Sénèque, il retient cependant, même s'il le juge excessif, un engagement personnel qui retient de la parole ce que M. Fumaroli appelle son «enracinement physiologique et vital» (art. cité, p. 36).
47. J. Starobinski, *Montaigne en mouvement*, Paris, 1982, p. 287.
48. III, 12, p. 1055,... «parler et vivre comme Socrates. Là loge l'extreme degré de perfection et de difficulté: l'art n'y peut joindre».

Appendice sur l'architecture
du livre III (éd. de 1588)

Structure 1:   I, 13 pages - V, 53 p. - IX, 53 p. 1/2 - XIII, 52 p. Le chapitre I est intégré dans ce schéma en raison de l'importance de tout chapitre d'ouverture, dans sa relation avec le chapitre de clôture (XIII). Tous quatre représentent des chapitres majeurs, à tous les sens du terme.

Structure 2:   3 groupes ternaires, entre chacun des chapitres précédents.

1. II, 12 p. - III, 11 p. 1/2 - IV, 8 p. 1/2.
2. VI, 18 p. 1/2 - VII, moins de 5 p. - VIII, 21 p. 1/2.
3. X, 21 p. - XI, 11 p. 1/2 - XII, 22 p.

Les groupes 2 et 3 sont construits autour d'un chapitre court. D'où une construction symétrique de V à IX: 53 p., 18 p. 1/2, 5 p., 21 p. 1/2, 53 p. 1/2 et de IX à XIII: 53 p. 1/2, 21 p., 11 p., 22 p., 52 p. Rien de tel dans le groupe 1, où les chapitres sont de longueur décroissante: I, 13 p. - 12 p. - 11 p. 1/2 - 8 p. 1/2. Par ailleurs, la longueur moyenne des chapitres s'accroît régulièrement du premier au troisième groupe.

On ne peut que constater la parfaite régularité de la structure 1 et la symétrie non moins remarquable des groupes ternaires 2 et 3. Si le résultat n'est pas de hasard, il suppose la recherche de la *concinnitas* chère à l'esthétique «classique» d'un Alberti. L'absence de symétrie dans le groupe 1 relève-t-elle de l'*ordo fortuitus* appliqué à la composition du livre? ou d'une exigence thématique ou esthétique touchant les chapitres I à IV? La seconde hypothèse me paraît la plus vraisemblable: peut-être faut-il voir là un jeu du général (I) au particulier (II), des aspects plaisants de la vie (III) à l'évocation, plus grave, de la mort (IV).

Une précision: le nombre de pages est donné avec une approximation très suffisante. Les ajouts c modifieront la longueur des essais sans modifier leur rapport, ni par conséquent les schémas proposés.

PROJET, DEVELOPPEMENT,
ACHEVEMENT DANS LES ESSAIS

Le titre de ma communication est moins ambitieux qu'il n'y paraît. Dans le cadre d'une recherche en cours sur le prologue et les liminaires du XVIe siècle, j'ai rencontré Montaigne et l'aventure formelle des *Essais*, où n'importe quel lecteur, s'aperçoit, avec un mélange de fascination et de perplexité, de la rencontre de l'ordre et du désordre, et conjointement d'un sens qui s'affirme et qui fuit. L'analyse de la phase préliminaire des différents chapitres m'a amené à constater que les enjeux de l'instabilité s'y rencontraient déjà et pouvaient éclairer généralement peut-être l'art des *Essais*.

I - Le projet

Quelle que soit la définition qu'on donne au prologue, qu'on l'entende comme pièce liminaire détachée ou rattachée voire intégrée au texte, elle implique l'idée de projet. C'est l'oeuvre comme projet. A ce titre, Montaigne avec son discours «imprémédité» ne semble pas destiné à le pratiquer. Il revendique le multiple occasionnel: pot-pourri, fricassée, rhapsodie, tels sont les termes qui définissent ce désordre. Et pourtant, on remarque dans les *Essais* deux principes de succession opposés. Le premier relève de l'arbitraire ou du désordre, de la chronologie peut-être. Il n'obéit en tout cas à aucun souci d'organicité et fait de l'ensemble un recueil dont, au mieux, le développement pourrait porter témoignage du mouvement de la vie, et contribuer à la constitution d'un portrait.

Mais à l'intérieur même d'un ensemble qui ne paraît obéir à aucune loi formelle, sinon celle, et ce n'est pas peu dire, d'une expression immédiate du moi, agit parfois un principe qui semble se soucier de la continuité momentanée, que les *canzonieri* connaissent et pratiquent. Ce sont les groupements de sonnets et de canzoni qui s'appellent *couronnes*. Une organicité mineure, en général thématique, vient contrebalancer ce que l'ensemble pouvait afficher d'inorganique. Ainsi chez Montaigne une préoccupation unique peut fort bien traverser deux ou trois essais d'affilée. Un essai peut aussi reprendre le propos, final, de l'essai précédent (1).

Multiple et unitaire, l'oeuvre dans sa structure d'ensemble semble donc refuser et accepter tout à la fois, le principe de la réduction préalable à un *projet*; elle semble instaurer une économie accueillante et hostile au prologue. Nous verrons que dans le traitement que Montaigne en fait, l'ambiguïté de ces conditions ne laissera pas d'apparaître et que le prologue lui-même participera à la rhétorique d'une instabilité significative.

Les *Essais* présentent à maints égards une situation d'éveil. Leur contexte existentiel d'abord les place à la charnière d'une aliénation et d'un acte de saisie du moi par lui-même, l'aliénation pouvant fort bien être assimilée à une torpeur, à une perte de la conscience individuelle dans la masse indifférenciée des obligations extérieures. La retraite fait sortir Montaigne de la nuit des autres. Elle le rend à lui-même. Or, le caractère particulier de cette situation inaugurale, c'est qu'elle semble se prolonger, non seulement au-delà des premières tentatives de l'essayiste, mais jusqu'à la dernière ligne de son oeuvre. Partout se retrouve l'axe de l'extérieur et de l'intérieur, de moi et des autres, partout la pensée prend vigueur en s'appuyant fortement sur ce qui l'empêchait d'exister pleinement. Contrairement à l'image tranchée de la vigilance traditionnelle, l'éveil de Montaigne se rappelle constamment la nuit d'où il émerge. Si elle n'était pas simplement un signe de modestie, l'expression «mes songes que voicy» pourraient assurément traduire la *création répétée* qu'est cette oeuvre à l'intersection du jour et de la nuit et l'impression que, dans chacune de ses découvertes, se lit l'ombre portée du chaos d'où elle prétend sortir. La présence conjointe de l'ordre et du désordre trouve ainsi une autre raison d'être, et à nouveau, à l'intérieur de cette ambiguïté, une situation favorable au prologue, à un prologue qui serait même répété et quasi omniprésent comme l'éveil.

Cela étant, on ne s'étonnera plus de voir Montaigne recourir, et même abondamment, aux ressources du préambule. Car celui-ci n'exerce pas seulement ses prérogatives dans le contexte d'une création concertée, avec une idée préalable entièrement formée, comme le propose l'esthétique platonisante du maniérisme par exemple. Elle peut bien trouver sa raison d'être dans un climat qui privilégie l'éveil. Aussi bien, le discours préambulaire va-t-il abonder dans les *Essais*.

Il y a d'abord un prologue en forme, l'avis «Au lecteur», sur lequel je ne m'étendrai pas sinon pour signaler qu'il comptera au coeur de l'oeuvre un grand nombre de satellites.

Ceux qui ressembleront le plus à cet archétype se situeront en tête d'essai, avec une présence plus ou moins stricte de la tripartition: destinataire - oeuvre - auteur. Outre cette tripartition révélant une tendance à jouer le jeu du prologue de manière réitérée, les chapitres en leur début offrent souvent, comme l'avis lui-même, un développement sur les *Essais* en général mais sans nécessairement négliger le chapitre en tête duquel il se trouve.

S'adressant à Diane de Foix, dans l'«Institution des enfants», ou à la comtesse d'Estissac dans l'«Affection des pères aux enfants», Montaigne mêle habilement l'instance de l'essai où il se trouve, en le dédiant à une lectrice particulière, et l'instance générale de ses *Essais*.

Les *Essais* s'autocommentent une bonne douzaine de fois en tête de tel ou tel de leurs chapitres. Effet d'hypertrophie que cette répétition du prologue, et même trahison de sa fonction unique et distincte, qui contrebalancera cependant le sentiment d'une insuffisante organicité du tout.

Autre fait remarquable: la libre circulation d'un élément d'architecture qui est en principe fixe, l'ubiquité du prologue.

En tout point de son déroulement le texte de Montaigne peut s'ouvrir à une réflexion sur lui-même. Cette situation induira à penser qu'il enregistre en son sein un éclatement du prologue, puisque c'est en celui-ci d'ordinaire qu'un auteur trouve génériquement justification à parler de soi-même et de son oeuvre. Ce critère d'appréciation peut sembler un peu extérieur dans l'approche de l'originalité égocentrique du texte des *Essais*, et on dira que Montaigne n'avait pas besoin de se référer au genre (si c'en est un) du prologue pour trouver sa voie et inventer l'essai. A tel point que, comme nous l'avons vu, il paraît tout aussi juste de dire que chez lui l'essai crée le prologue que l'inverse, dès l'avis «Au lecteur» et sa *mimésis* de l'oeuvre.

Mais cette liberté du discours prologal dans sa répétition et son ubiquité n'est-elle pas - outre le signe d'une volonté de contrecarrer l'éclatement du texte en en reprenant possession - la marque ajoutée et comme la signature de cette liberté du texte qui entend s'affirmer dans toutes ses démarches?

II - Le développement

Le plus souvent, le préambule est problématique (2). Il arrive qu'il soit absent. On est alors surpris par un manque, par une brusquerie. Cette absence, Montaigne n'y recourt pas sans raison. Le prologue par défaut peut en effet valoriser le titre, qui dès lors apparaît non seulement à sa place normale, mais dans les premières lignes du texte sous la forme démonstrative ou pronominale: «De la tristesse» (I, 2).

Je suis des plus exempts de cette passion, et ne l'ayme ny l'estime...

On se reportera également à la «Vanité» (III,9):

Il n'en est à l'avanture aucune plus expresse que d'en escrire si vaine-
ment.

Alors que d'ordinaire, le préambule explicite le titre, un titre auquel
bien souvent on n'avait pas pris la peine d'accorder une attention suffisante
ou qui restait énigmatique, l'attaque brusquée, mais en continuité de sens,
transfère rétroactivement le prologue dans le titre et demande après-coup
de prendre conscience de son importance et même de sa plénitude.

Bien souvent, c'est le contraire qui se produit. Entre le titre et les
premières phrases, il y a rupture de sens et pour peu que dans une seconde
zone - qui est en général marquée dans les éditions imprimées par un alinéa
- s'amorce un développement qui rappelle le titre, on se trouve au début de
l'essai devant ce que l'on pourrait appeler un bloc hétérogène ou partiellement hétérogène. Mais là encore un effet de lecture rétroactive corrige la
plupart du temps cette première impression. Je prendrai un cas très simple:
«A demain les affaires» (II, 4).

Ici, aucun lien entre le titre et sa suite immédiate. Un paragraphe de
20 lignes est consacré à Amyot, le meilleur des traducteurs. L'essai sera-t-
il consacré à la traduction, problème d'actualité, et qui, en l'occurrence
mériterait de nous occuper *toutes affaires cessantes*? Rien de cela; on va, dès
le second paragraphe, nous livrer une anecdote et réfléchir dessus. Et tout
en nous acheminant dans cette perspective nouvelle, nous comprenons que
l'éloge d'Amyot était dû au fait que Montaigne avait ouvert son Plutarque
où il avait lu l'anecdote de Rusticus qui lui avait donné à penser. La
bifurcation d'Amyot à Plutarque-Rusticus efface l'idée momentanée que le
début était une introduction, mais justifie ce même début, comme la mise
en valeur (par l'ampleur et par la place assignée) d'un élément de notre
triade, élément qui aurait pu n'être mentionné qu'occasionnellement et plus
tard.

Ce renversement amplifié est-il un caprice? Il n'est pas difficile de
répondre que Montaigne ne sait pas bien le grec, que d'autre part, il aime
Plutarque plus qu'aucun autre prosateur ancien. Amyot, son traducteur a
donc une importance primordiale pour l'humaniste désarmé; il est un pont,
un accès, et la place qui lui est accordée dans les propylées de l'essai a l'air
de le signifier formellement. Aussi remet-il à plus tard son entrée en
matière véritable:

> J'estois à cett'heure sur ce passage où Plutarque dict de soy-mesmes que
> Rusticus, assistant à une sienne déclamation à Rome...

justifiant par cet atermoiement dans la *dispositio* de son essai, l'injonction
du titre: «A demain les affaires».

«Des Cannibales» présentent une structure initiale de même nature. Là encore, il y a un processus de prélèvement dans le tissu du sujet et mise au premier plan du contenu ainsi prélevé. Mais cette fois le préambule ne privilégie pas l'accessoire (Amyot). Il offre une *division* de l'essentiel, comme s'il voulait se familiariser, par un tâtonnement dont Montaigne nous dit être coutumier, avec les concepts qu'il va s'agir de faire jouer les uns avec les autres.

Les Indiens du Brésil sont-ils des barbares? Telle est la question qui intéresse Montaigne, tel est le thème des «Cannibales». Le titre indique clairement que l'essai s'il veut être positif à l'égard des Indiens aura une fonction de réfutation; il lui incombera de renverser une présomption de barbarie étayée sur la charge d'un crime contre nature. Après un paragraphe consacré au concept très relatif de barbarie, Montaigne passe à la question du Nouveau Monde. «Cette descouverte d'un païs infini semble estre de considération». En effet, deux pages et demie vont présenter abondamment diverses hypothèses antiques à cet égard. Enfin, le sujet principal est abordé en ces termes:

> Or je trouve, pour revenir à mon propos, qu'il n'y a rien de barbare et de sauvage en cette nation, à ce qu'on m'en a rapporté, sinon que chacun appelle barbarie ce qui n'est pas son usage...

Suivent neuf pages de développement et de confirmation. Le corps de l'essai est bien là, et son prologue est dans les lignes citées qui déclarent le *propos* auquel on revient et qui mettent en relation «barbare» et «nation» des Indiens en répondant à la question de l'attribution «barbare» au sujet «nation». Les pages du début apparaissent donc comme un développement anticipé des deux mots *barbare* et *nations (américaines)* dont la mise en relation fonde la visée de l'essai. En voici donc la structure:

1 - Le concept de *barbare.*
2 - Le Nouveau *monde des Indiens.*
3 - La nation *indienne* des cannibales n'est point *barbare.*

Ainsi, les parties 1 et 2 ne constituent pas un prologue puisque c'est dans un sursaut d'impatience à leur égard en 3, dans une correction, que l'essayiste façonne son vrai prologue, qui contient la thèse de son essai. Mais cette thèse est déjà une synthèse obtenue par une division préalable de ses éléments,c'est déjà une découverte que Montaigne va illustrer par un portrait systématique du peuple cannibale.

Il n'en demeure pas moins que les deux essais que nous venons de mentionner offrent des parties liminaires qui ne sont qu'indirectement inaugurales. Pour que leur raison d'être apparaisse, une correction, un redressement de la barre de direction est nécessaire. Rythmiquement parlant, l'essai proprement dit commencera sur fond de syncope, exemple de ce que George Williamson, dans son essai sur la prose anglaise du XVIIe siècle, appelle le «Senecan amble» (3).

Le développement de l'essai à partir d'un bloc initial faiblement introductif ne se fait pas toujours par l'articulation visible d'un réajustement, grâce auquel on réoriente le discours, tout en récupérant, sous le signe de l'obliquité, l'hétérogénéité apparente du début. Parfois l'hétérogénéité est surmontée, tout au contraire par l'effacement du fondu. «Du démentir» (II, 18) en offre un bel exemple.

Cet essai sur le mensonge commence par un long préambule sur les *Essais*. Rien donc qui honore la promesse du titre. Nous reconnaissons là le procédé du bloc initial isolé. Coupé de son contexte, ce préambule l'est ouvertement en son attaque, et nous devons supposer qu'il le sera en son autre extrémité si la suite doit, comme il y a lieu de le penser, traiter le thème de l'intitulé. Comme maints autres débuts de chapitres où Montaigne s'interroge sur son entreprise, notre texte est isolé quasi nécessairement puisqu'il ne concerne pas ou pas exclusivement le chapitre en tête duquel il se trouve.

Mais, arrivant au point attendu de la bifurcation, le lecteur s'aperçoit que Montaigne tire du contenu prologal l'occasion d'une entrée en matière. La partie préambulaire se demande pourquoi les *Essais*, malgré leur frivolité, méritent qu'on les justifie. La raison donnée est celle-là même qui figure dans l'avis «Au lecteur»: ils offrent le portrait de Montaigne à ceux qui sont désireux d'en conserver le souvenir, d'autant mieux que le livre a fait son auteur autant que celui-ci l'a fait, que le texte est un texte spontané, joyeux, qui a été écrit selon l'humeur du moment. Les *Essais* ne sont en tout cas pas une oeuvre d'emprunt, ajoutons que c'est une oeuvre authentique, idée sous-entendue qui se situerait exactement au terme du préambule, au moment de la bifurcation dont voici l'énoncé interrogatif. Elle présuppose l'idée que nous avons sous-entendue:

> Mais, à qui croyrons-nous parlant de soy, en une saison si gastée? Veu qu'il en est peu, ou point, à qui nous puissions croire parlant d'autruy, où il y a moins d'interest à mentir? Le premier trait de la corruption des moeurs, c'est le bannissement de la vérité.

Ces derniers mots, affirmation simple, générale, en rapport direct avec le titre sont évidemment, de droit, la première phrase de l'essai, si le droit n'impliquait pour Montaigne le privilège d'être différent. Mais, une fois encore, l'écart n'existe pas sans compensation et le passage cité en manifeste la présence. A la structure apparente et nullement illusoire qui relève du bon plaisir - l'un des thèmes du préambule! - et qui traduit le fait que, se proposant de parler du mensonge, Montaigne a éprouvé d'abord le désir de parler de ses *Essais*, se superpose insensiblement une autre structure. Celle-ci exploite les ressources du dénominateur commun qui peut lier par une partie - terminale - du bloc A, le contenu du bloc B. Les *Essais* et la connaissance de soi (A) cessent d'être un sujet imperméable au problème du mensonge (B). Se connaître, se faire connaître, puis se faire croire ou ne pas se faire croire... si l'on est soupçonné de mentir, toutes ces formes verbales deviennent les éléments d'une chaîne continue. Plus précisément, le diptyque A/B mérite son nom grâce à la charnière du verbe *croire*. Comment s'étonner que la phrase de la bifurcation contienne matériellement cette unité qui renvoie aux deux tableaux du diptyque, cette charnière, ce gond, et pour parler le langage de la rhétorique cette syllepse? La même séquence contient le préambule («parlant de soy»), l'essai («mentir») et ce qui les relie («croyons»). Relisons le texte dans cette nouvelle cohérence:

> Mais, à qui *croyrons-nous parlant de soy*, en une saison si gastée? Veu qu'il en est peu, ou point, à qui nous puissions croire parlant d'autruy, où il y a moins d'interest à *mentir*?

Ainsi, l'essai, une nouvelle fois, s'avance vers nous sous une double identité stylistique (style de la *dispositio*). Il est spontané et rigoureux, paratactique et continu. Plus qu'aucun autre auteur, Montaigne, en tout cas, fait dans sa prose la démonstration du caractère à la fois paradigmatique et syntagmatique du langage, de la présence active d'un ordre de principe et d'un ordre qui se fait. Par l'obliquité, la syllepse, il combine le mouvement et la forme.

L'on voudrait s'arrêter à l'*Apologie*, car c'est par une admirable syllepse que se fait le passage du propos apologétique de l'essai, au propos qui en occupe les 9/10e, celui de la *miseria hominis*, laïquement conçue.

Je me contenterai de lire le passage névralgique ou plutôt anesthésique:

> Abattons ce cuider, premier fondement de la tyrannie du malin esprit.

Phrase qui se réfère à l'outrecuidance de certains ennemis de Sebond, mais qui annonce un réquisitoire contre les illusions humaines en général, y compris celles de la raison, que Sebond n'entendait pas condamner. Charnière qui va permettre à la pensée de Montaigne de pivoter et de s'orienter en des zones dont le moins que l'on puisse dire, est qu'elles ne sont plus celles du théologien espagnol.

-=-=-=-

«C'est l'indiligent lecteur qui perd mon subject, non pas moy» (III, 9).

Oui, nous l'avons vu, le glissement de la syllepse relie sans le dire, mais relie tout de même. Comme le processus de la correction, mais implicitement ou de manière étouffée, le signe articulatoire apaise la perplexité à l'instant même où elle pourrait s'éveiller.

Mais, il est des cas où cette perplexité demeure et entraîne des conséquences interprétatives qui vont au-delà de la relation entre une première phase de l'essai et sa suite immédiate. Elle peut concerner l'essai tout entier et sa signification dominante.

Prenons «Des Livres» (II, 10). Il possède un premier développement assez long (2/9 du chapitre) où Montaigne parle de ses *Essais* et de la manière qui est la sienne d'y travailler. Oeuvre d'ignorant et, en même temps de lecteur, les *Essais* impliquent une réflexion sur le rapport de la pensée si fortement égocentrique du châtelain oisif et des textes d'autrui. Problèmes de l'emprunt, de l'originalité, de la compétence, de l'humeur, de la finalité existentielle de la philosophie, de l'assimilation etc., cet exposé pourrait être en soi un essai au même titre que «Du Pédantisme» (I, 25) ou l'«Institution des enfants» (I, 26). Puis Montaigne nous propose une promenade critique dans sa bibliothèque, nous disant au passage ce qu'il aime, ce qu'il aime moins et pourquoi. La différence de niveau est évidente. Elle oblige à se poser la question: où est l'essentiel? Malgré sa richesse, le prologue n'est-il qu'un simple cadre permettant de fixer le regard sur un horizon livresque? Faut-il penser plutôt que l'essentiel est bien le début et que la promenade commentée en constitue un développement particulier?

Si facile que soit la justification de la différence de niveau, elle n'en demeure pas moins un fait qui interpelle le lecteur, car après avoir lu un essai sur les *Essais*, il doit faire du même texte un prologue à un développement sur les livres. Il doit décroire après avoir cru. En fait il n'a pas à choisir par exclusion définitive. Il ira de l'idée d'un monofonctionnalisme du texte initial à l'idée de son bifonctionnalisme avec, entre deux, la perplexité et le sentiment de l'instable.

«De la cruauté» offre le même sujet de perplexité. Il offre également l'occasion de reconnaître à son discours initial une fonction à la fois autonome (il serait l'essentiel, il vaut donc pour lui-même) et une fonction relative (il est un cadre où le thème de la cruauté prend place). Mais, l'intérêt supplémentaire que cet essai présente réside dans ce qu'il laisse entrevoir d'une dynamique de la création.

Rappelons les faits. Le bloc initial occupe ici les deux tiers de l'essai. Il porte sur l'opposition de la vertu et de la bonté, le bloc suivant traite de la cruauté et remplit ainsi les promesses du titre. La question se pose donc: où est l'essentiel? Par sa longueur et sa richesse, c'est la première vague de l'essai qui s'interroge sur la bonté, et le problème de sa relation à la vertu; le mérite constituant entre l'une et l'autre un critère de différence. Comme Rousseau le dira, il n'y a pas de mérite à être bon, mais il y en a à être vertueux. Puis vient l'analyse de la cruauté, dont nous comprenons, avec un léger effort d'attention, qu'elle prend naissance dans le bloc initial, puisque la cruauté est le contraire de la bonté. Mais, en dépit de cette continuité implicite du sens, la deuxième phase du texte se développe sur un terrain beaucoup plus restreint qui suscite chez le lecteur l'impression d'une différence de niveau ou de plan. Si le texte est sans mystère, sa planimétrie surprenante intrigue. Elle incite même à jeter un coup d'oeil dans l'en-deçà obscur de l'essai et de mieux comprendre sa démarche, en reconstituant hypothétiquement l'ordre de la création.

La cruauté doit en constituer la phase première, plus précisément le constat: «je ne suis pas cruel».

> Je hay, entre autres vices, cruellement la crauté, et par nature et par jugement.

C'est là un fait premier, peut-être un premier constat, que Montaigne entend comprendre, commenter. Comment penser cela? D'abord, sans doute, en prenant conscience de sa sensibilité, de sa bonté. C'est de ce mot, on peut le penser, que l'analyse philosophique a dû partir. Car le mot fait partie d'un système de pensée déjà organisé. Montaigne recourt donc à ce que la tradition stoïcienne offre à sa mémoire: le couple antithétique vertu-bonté. Ce support de la pensée d'autrui assure à l'écriture son enclenchement. Le départ se fait dans un recul par rapport au thème initial que désigne le titre et ce que nous avons appelé un premier constat mental: «Je ne suis pas cruel». Tout porte à croire que l'on va retrouver ce contenu de pensée au terme du préambule sur la bonté et la vertu. Et c'est bien ce qui se produit. Ainsi, la longue dissertation initiale que le lecteur tend d'abord à considérer comme la perspective principale de l'essai, se révèle à la réflexion comme un discours qui est à la charnière d'une pensée non écrite sur la cruauté et d'une pensée écrite de la cruauté. L'écriture prologale est donc ici une écriture promotrice pour l'essayiste, et le lecteur est invité à se transformer en auteur, s'il veut comprendre comment lire cet essai à double vecteur.

«Les Coches» nous font aller plus avant dans l'évidence de la multiplicité. Où, en effet, est le sujet central des « Coches»? La plupart des lecteurs peinent à le dire. Certes, on peut relever des effets de structure et de cohérence. Des critiques comme Marcel Conche y sont parvenus (4). Je m'y suis essayé moi-même et je vous épargne, pour aller plus vite, la démonstration d'un beau chiasme, que je ne suis sûrement pas le seul à avoir remarqué. Et puis, le concept de *coche* parcourt, c'est le cas de le dire, tout l'essai, signe dont la valeur structurale est maximum et la valeur sémantique minimum. Surmonter l'anarchie de la sorte, ne serait-ce pas à la fois la nier et l'avouer? N'est-ce pas reconnaître et laisser sentir simultanément en une synthèse instable, l'existence de l'un (l'ordre), et du multiple (rhapsodie)? Et si l'on pouvait en douter, il suffirait de se reporter aux lignes qui ouvrent l'essai et qui portent sur les causes certaines, et, pour Montaigne *unitaires*, mais difficilement accessibles, et les causes vraisemblables, qu'il ne faut pas rejeter malgré leur multiplicité et leur moindre dignité. C'est bien là un liminaire qui éclaire et confirme l'unité éclatée de l'essai, ou, si l'on préfère, sa multiplicité unitaire. Il nous permet de comprendre un style qui ne choisit définitivement ni l'un, ni le multiple, car il adopte conjointement l'un et l'autre. A son tour, ce style authentifie la pensée et la richesse d'une instabilité joyeuse et créatrice.

III - L'achèvement

Ces propos nous amènent tout naturellement au dernier essai où Montaigne se penche une fois encore sur le problème de la connaissance. Très vite, Montaigne pose, à propos de son objet, la distinction qui le hante de l'un et du multiple. C'est l'expérience, nous dit-il, qui nous met en présence de celui-ci. La raison, plus noble, a (on le devine) pour vocation le dépassement du multiple dans l'un synthétique. Mais s'il est avéré que la différence est une loi du monde, le multiple, et partant l'expérience, ont plus de chance d'être du côté du vrai, quand bien même ce vrai deviendrait inexprimable, étant impossible à saisir dans sa dispersion. L'usage du droit se heurte à cette difficulté puisqu'il veut réduire l'infinie variété des cas à la finitude de la légalité. Or, la richesse et la diversité des «expériences» vécues déborderont toujours les cadres où les juristes espèrent les enfermer, quels que soient les ajustements des commentateurs et des glossateurs, lesquels d'ailleurs ne font qu'aggraver les effets de la multiplicité.

A quelle vérité s'accrocher, et par quel instrument? Peu avant d'écrire: «Le jugement tient chez moy un siège magistral», Montaigne avait déclaré:

«Je m'estudie plus qu'autre subject», définissant ainsi l'identité de l'instrument et de l'objet de la connaissance. Se tournant une nouvelle fois vers son monde intérieur et avec ses armes propres, Montaigne conjugue *l'un* par l'évidence de la conscience de soi et le *multiple* par l'évidence tout aussi forte d'un moi «ondoyant et divers». Ce que les essais et leurs liminaires accomplissent en soumettant à des régimes instables les phases de leur développement, l'anthropologie de Montaigne l'accomplit dans son humanisme. Pour en arriver là, il fallait liquider la tentation d'une connaissance globale. Il fallait passer entre autre par l'*Apologie* et la néo-Apologie que constitue dans l'«Expérience» cette phase initiale du texte qui porte sur la raison, l'expérience, l'un insaisissable et le multiple déroutant.

La sagesse proposée sera un mouvement qui combine l'un et le multiple. «Nature [qui] est un doux guide» n'est autre que la résultante de deux tendances condamnables l'une et l'autre dans leur exclusivisme: la pureté absolue de l'un que l'on rencontre chez les détracteurs de la vie; la dispersion compromettante dans l'immanence.

Quels que soient les processus de cette conquête de la voie moyenne et l'allure de ce mouvement constamment réajusté, ce qui se dégage est la conciliation des contraires dans les contrepoids que l'esprit sait opposer à chacun d'entre eux. C'est là une connaissance qui appartient à une bibliothèque pour ainsi dire intérieure:

> J'ay un dictionnaire tout à part de moy: je passe le temps, quand il est mauvais et incommode; quand il est bon, je ne le veux pas passer, je le retaste, je m'y tiens. Il faut courir le mauvais et se rassoir au bon...

Cette variation ne saurait cacher son appartenance au multiple, celui de la vie et de ses aléas en nous, et hors de nous. Mais déjà la loi d'alternance dessine un ordre. Et surtout, une unité est présente, unité de la conscience qui accompagne et intériorise le donné agréable ou désagréable de l'instant, unité de la volonté aussi, dont la souple détermination exécute la mise à distance qui convient à la *vita beata*. L'âme orchestre sa propre réceptivité. Elle associe l'unité de sa nature à la diversité de ses contacts. L'un et le multiple n'appartiennent plus ici au problème du savoir, et la connaissance de soi qui en avait surmonté l'aporie dans l'image d'un moi un et divers a fait place à la description d'une faculté pratique. Son inspiration majeure, sa muse, est l'harmonie, car elle compense, pondère, atténue ou accentue ce qu'elle reçoit de manière à le rendre plus acceptable et plus beau.

Le principe de l'équilibre est activement sollicité, la modération recherchée et la souplesse, qui épouse le mouvement des aléas et leur instabilité, est bien visiblement à l'oeuvre. Tous les éléments de l'essai convergent dans cette évocation des activités d'une âme musicienne: *Nec cythara carentem* est-il demandé à la fin au dieu de la musique, dieu qui déclenche les épidémies et qui donne la santé: les plus grands désordres et le plus bel ordre aussi.

Arnaud TRIPET
Université de Lausanne

NOTES

1. R.A. Sayce, «L'ordre des *Essais* de Montaigne», «in *B.H.R.*, XVIII, I, 1956, pp. 7-22.
2. François Rigolot, «Montaigne et la poétique de la marge», *Montaigne (1580-1980), Actes du Colloque international*, Duke University - University of North Carolina, éd. M. Tétel, Paris, 1983.
3. G. Williamson, *The Senecan Amble*, Chicago, 1966.
4. Marcel Conche, «L'unité du chapitre "Des Coches"», *Etudes montaignistes en hommage à Pierre Michel*, éd. Cl. Blum et F. Moreau, Genève-Paris, 1984.
N.B. La présente étude était déjà composée quand j'ai pris connaissance du livre de F. Rigolot, *Les Métamorphoses de Montaigne*. Le chapitre VI sur les entrées en matière, en particulier, contient des remarques du plus haut intérêt pour notre présent sujet.

LES ADDITIONS DE 1584-1588:
L'ECRITURE SECONDE DE MONTAIGNE

Alors que l'édition de 1582 ne porte que la notice «reveuë et augmentée», le frontispice de 1588 annonce «six cens additions» au même titre que le nouveau livre. Quelle est la spécificité de cette écriture nouvelle qu'est «l'addition»? Pour y répondre, nous avons trouvé nécessaire de comparer ces additions aux ajouts inscrits ultérieurement, jusqu'en 1592. Ces deux époques de «l'écriture seconde» diffèrent-elles? Afin de les distinguer, nous avons recensé les 2116 (1) additions en question selon les multiples aspects de leur relation au texte original. Dans certains cas, nous avons travaillé à partir d'échantillons importants, pris dans les trois livres, et répartis dans chaque période. Nous livrons ici quelques résultats de cette analyse.

I - Rapports logiques et répartition

Dans leurs rapports les plus explicites (2) à l'argument du texte, les additions des deux époques se ressemblent: plus de la moitié des additions de chaque époque fournissent des exemples qui confirment le propos du texte initial; on retrouve, à peu près dans les mêmes proportions, des ajouts qui affirment le propos par une remarque générale. Excessivement rares aux deux époques sont les exemples ou remarques qui infirment le premier point de vue; dans le cas où l'addition rompt avec une idée, on peut presque toujours trouver que l'opposition était déjà présente dans le texte. Remarquons, néanmoins, que les additions qui contredisent le texte apparaissent plus fréquemment dans la période tardive, indiquant peut-être que Montaigne est plus porté à troubler l'enchaînement primitif de son discours. Notons également que le *distinguo*, essentiel à l'argumentation des siècles qui précèdent les *Essais* (3), est presque totalement absent. Néanmoins, cette distinction en parties est plus fréquente en 1584-88, suggérant (nous anticipons ici sur l'étude à venir) un intérêt possible à cette époque pour l'articulation du discours en parties distinctes. Mais pour le moment, il n'y a rien là de concluant. Enfin, la fréquence d'un ordre «régressif» (4) (où l'addition se lie à un texte qui la suit) ne varie pas non plus d'une époque à l'autre.

	Exemple affirmation		contre-expl. démenti		distinguo	ordre régressif
1584-88	49,6%	40,2%	2,7%	-	3,4%	25,2%
1588-92	59,8%	46,2%	6,1%	1,1%	1,8%	21,1%

Ces rapports logiques ne semblent pas permettre de dégager des différences; cependant l'addition s'inscrit non seulement dans un des arguments du texte, mais de plus, elle entretient des rapports avec le chapitre entier. Elle entre non seulement dans un enchaînement logique mais se place à un endroit précis d'un essai. Il faut chercher les critères par lesquels Montaigne choisit cet endroit et les tendances dans la répartition des additions pour voir, ou non, si elles se déploient dans le texte de la même façon aux deux époques.

Tout d'abord une question: le placement des ajouts est-il aussi fortuit que l'a suggéré Villey (5)? Rappelons sa description de Montaigne écrivant les additions. Seul dans sa tour, l'auteur des *Essais* ouvrirait son livre au gré de son inspiration, ou pire encore, au hasard des citations et anecdotes qu'il découvre chez d'autres écrivains. D'ailleurs Montaigne n'avait-il pas dit lui-même qu'il n'était plus question de revenir sur ses premières pensées (6)? L'insertion des additions manuscrites dans le livre imprimé aurait été des plus désinvoltes...

Or, le travail d'André Tournon (7) permet de conclure que l'écriture des additions procède plutôt d'une relecture des *Essais* qui était réfléchie et intégrale. Peut-on à partir de cela supposer que l'ordre primitif du chapitre donne une clé de la répartition des additions? Prenons pour exemple le moment où, vers 1592, Montaigne relit la dernière allusion à Raymond Sebond dans l'*Apologie*. Face à la «seconde objection», qu'opposent les athées padouans à la *Théologie naturelle*, Montaigne avait proposé en 1580 à Marguerite de Valois le pyrrhonisme, défense qui,

> ... à l'extreme necessité, empeschera que *la contagion de ce venin* n'offencera ny vous ny vostre assistance; (II, 12, p. 559).

Reprenant cette métaphore, il écrit maintenant en marge de son édition,

> ... un atheïste se flate à ramener tous autheurs à l'atheïsme: *infectant de son propre venin* la matière innocente.

Mais où place-t-il cette addition? Nous ne la trouvons ni à cette page ni à la suivante: elle figure plus de cent pages avant (p. 448). Ainsi mise en tête des considérations sur la seconde objection, l'image, recopiée, du «venin» permet maintenant à la conclusion lointaine de l'apologie «proprement dite» de répondre explicitement aux termes initiaux (8).

Cet exemple laisse à penser que Montaigne parcourt ses *Essais* en les annotant non seulement en fonction de leur matière, mais aussi par rapport à la structure d'ensemble du chapitre (9).

II - La période 1584-88 (10)

a) Les additions

Quels sont les principes particuliers à la période précédant 1588 et à celle suivant cette date, qui régissent la répartition structurelle des ajouts? Regardant leur position par rapport, d'abord, à l'organisation du chapitre dans son texte primitif, on trouve souvent en 1588 des additions qui se placent à une articulation de l'essai, afin de marquer et d'éclairer une transition. Dans «De la cruauté», la complémentarité entre la discussion sur les animaux et le thème de la torture des hommes s'explicite par une addition placée à leur charnière en 1588:

> Apres qu'on se fut apprivoisé à Rome aux spectacles des meurtres des animaux, on vint aux hommes et aux gladiateurs. (p. 433).

Dans le même chapitre, après quatre pages qui soupèsent des opinions contraires sur les différents modèles rationnels de la vertu, Montaigne déclare qu'il se conduit quant à lui de par sa «naturelle inclination». Une addition de 1588 raccorde ces considérations différentes en mettant l'accent sur le critère auquel la raison et l'inclination sont également soumises, le «jugement». Montaigne y montre que les décisions prises par son instinct s'exposent aux diverses appréciations de ses amis «tantost à [s]on gain; tantost à [s]a perte» (II, 11, p. 427), de la même manière que l'étaient les choix faits selon la raison par Caton et par les épicuriens, diversement condamnés et loués dans l'antiquité (pp. 422-25).

Ces exemples illustrent comment une addition, placée dans un intervalle crucial entre différents propos, peut désigner la base de pensée sur laquelle se fait la transition dans le chapitre originel.

b) Les citations ajoutées

Mais pour la période de 1588, il y a là difficulté: admettons-le, les citations que Montaigne écrit en marge sont plus nombreuses à cette époque que les ajouts originaux (11). La première floraison d'additions constitue la phase de la composition des *Essais* dans laquelle Montaigne a le moins employé sa propre parole: à quarante-sept citations près, les additions aux deux premiers livres en contiennent autant que toute l'édition de 1580, et elles comportent à elles seules autant de citations que le troisième livre entier. Enfin, relativement au nombre d'ajouts, le lecteur rencontre des citations annexées au texte presque deux fois plus souvent en 1588 qu'en 1592, et pourtant les additions de cette dernière époque sont en moyenne trois fois plus longues.

Epoque		Citations/additions	
1580-82 [A']		$\dfrac{17}{51}$	= 33,3 %
1584-88 [B]		$\dfrac{268}{536}$	= 50%
1588-92 [C]	aux livres I & II	$\dfrac{293}{944} = 31\ \%$	28, 7 %
	au livre III	$\dfrac{160}{636} = 25,2\ \%$	

Or, il est moins évident que la citation puisse jouer un rôle par rapport à la structure de l'essai. On serait contraint d'abandonner l'hypothèse qu'en 1588 Montaigne s'était fixé comme but principal de donner plus de relief aux articulations de ses premiers essais. Pourtant, les années 1584-1588 constituent pour Montaigne la première opportunité pour réfléchir de façon soutenue sur la mise en page de l'édition. Ne tire-t-il de la disposition typographique des *Essais* aucune leçon? Les chapitres y sont imprimés d'un seul tenant, sans les sous-titres en marge qui étaient fréquents à l'époque, et sans même d'alinéas (12). En relisant son livre édité, Montaigne ne pouvait manquer de s'apercevoir que les citations en vers - démarquées par des blancs, et en retrait - servaient à jalonner de manière frappante ces pages uniformes.

Lorsque Montaigne inscrit les citations en 1588, il est désormais conscient qu'elles peuvent servir à signaler sur la page imprimée les articulations du chapitre. Quelques exemples: Montaigne insère en 1588 une citation de Virgile après l'éloge utopique de la «naifveté originelle» des cannibales (I, 31, pp. 206-7), et avant une description dépouillée et neutre de leur complexe civilisation (13): le contexte de la citation indique ce qui est sous-jacent à cette transition, par la relation que Virgile établit dans les *Géorgiques* entre la nature et la «culture». Dans le chapitre «Toutes choses ont leur saison», une citation du Pseudo-Gallus ajoutée en 1588 (II, 38, p. 703) démarque d'une part, la fin des propos «stoïques» qui préconisent l'abandon des études lorsqu'on s'approche au déclin de la vie et, d'autre part, le début d'un discours qui accepte le goût pour les livres même au seuil de la mort par l'évocation du plaisir qu'on y trouve: un verbe dans la citation, *juvare*, «faire plaisir à», indique discrètement ce mouvement vers des considérations d'allure plutôt épicurienne.

De tels exemples abondent dans les *Essais*: remarquons seulement ici que l'indice typographique fourni par une citation de 1588 diffère de celui d'un alinéa en ce que des phrases explicatives accompagnent parfois la citation, la décalant légèrement du point exact de la transition (14). En outre, la citation est souvent lourde de sens. Les travaux de Mary McKinley (15) montrent, au-delà des mots cités, l'importance du contexte originel désigné par les citations; nous attirons ici l'attention sur le fait que l'aspect visuel de ces citations, aussi, sert à scander la page imprimée de façon signifiante.

L'insertion de citations en vers dans un point charnière du texte premier paraît être un procédé découvert par Montaigne au cours de sa relecture des pages imprimées. Montaigne ne semble pas en effet avoir l'habitude de mettre en retrait les citations dans son écriture manuscrite, même lorsqu'il dispose de suffisamment de place (v. l'exemplaire de Bordeaux, f° 7 v°, 14 r°, 15° et sq.). Mais dans ses conseils à l'imprimeur sur l'exemplaire de Bordeaux, il insiste sur cet écart typographique: «[il faut mettre] les vers à part». Où les compositeurs d'Abel L'Angelier l'ont négligé, Montaigne corrige en annotant «vers a part» (f° 230 v°).

III - La période 1588-92

Regardons maintenant les retouches de la dernière période. Si les additions et les citations se conjuguent avant 1588 pour rehausser les articulations des premiers essais, les ajouts après cette date jouent un rôle que l'on serait tenté de qualifier comme en étant l'opposé. Plutôt que des vers, Montaigne cite maintenant des phrases en prose, et il souligne la différence de leur placement dans ses conseils à l'imprimeur.

La prose Latine grecque ou autre estrangiere il la faut mettre parmi la prose françoise...

Symptôme d'une attitude nouvelle lors de sa dernière écriture, ces citations en prose ne s'insèrent pas dans les charnières du texte, et ne facilitent pas les transitions de celui-ci.

Les ajouts originaux sont-ils posés aussi selon des critères différents? De même que pour les citations, les additions tardives débordent des interstices du texte, intervenant au milieu des passages, plutôt qu'à leurs articulations. Nombreux sont les indices d'un nouveau principe d'insertion.

1) L'incise des additions tardives coupe une phrase originelle trois fois plus souvent qu'avant:

additions	interruptions syntaxiques
[B]	11,8 %
[C] aux livres I & II	39,1 %
[C] au livre III	33,6 %

Plus d'un tiers de ces additions interrompt la syntaxe primitive dans l'exemplaire de Bordeaux, la majorité de celles-ci se borne à des syntagmes qui interviennent dans une phrase préexistante.

2) Rien n'a empêché Montaigne de démarquer des additions en 1588 par une convention typographique, telles les parenthèses que l'auteur emploie ailleurs autour de passages parfois relativement longs (II, 11, pp. 422-23a; 23, p. 682a; 24, p. 686a) (16). Or, il ne l'a pas fait. En 1592, il veut même enlever quelques unes des parenthèses dans le texte originel, comme atteste la suggestion qu'il adresse à l'imprimeur,

Qu'il voie à plusieurs lieus ou il y a des parenthèses s'il ne suffira de distinguer [le] sens aveq des poincts.

Malgré son propre conseil, cependant, Montaigne est amené à mettre entre parenthèses certaines de ses additions tardives, signalant qu'elles interrompent significativement le propos (I, 14, p. 65; 56, p. 319 (17); III, 1, p. 799; 3, p. 826; 9, p. 950). La seule addition avant 1588 que Montaigne démarque ainsi comme un aparté (II, 12, p. 537) s'entoure de parenthèses inscrites ultérieurement, vers 1592.

Pas moins significatives des ruptures que provoquent les dernières additions sont les vingt-trois occurrences (18) où Strowski estime que l'ajout ne peut pas s'assimiler à la syntaxe originelle, et qu'elle requiert l'adjonction de parenthèses, alors qu'il ne se sent jamais obligé de modifier ainsi les additions de 1588.

3) Pour des interruptions plus longues, Montaigne dispose d'un éventail de formules par lesquelles il souligne à peu près une centaine de suspensions de son propos, par exemple,

Desrobons icy, la place d'un compte.
                (I, 23, p. 111c)

Revenant à mon propos... (II, 8, p. 389c).

Nous avons pu repérer dix-huit cas où Montaigne se sert d'une telle formule pour privilégier un ajout en le désignant comme hétérogène dans le discours: deux fois seulement en 1588 (II, 12, p. 575; 27, p. 699), mais seize fois après cette date (19).

Ces trois indices suggèrent qu'après 1588, les additions ne se placent plus dans les articulations naturelles des chapitres, mais interviennent au milieu de passages continus et homogènes.

-=-=-=-

Les remarques précédentes, nécessairement trop rapides, font néanmoins ressortir quelques différences fondamentales entre les additions des deux époques. Avant 1588, les additions tendent à respecter l'organisation primaire du chapitre, déployant du commentaire et des citations en vers autour de ces coupures afin de marquer et de faciliter une transition. Les additions ultérieures, cependant, utilisent des citations en prose qui s'insèrent dans la trame du discours, font irruption même à l'intérieur des phrases, et se superposent au texte originel.

Se dessinent à travers ce changement d'écriture deux modes de pensée distincts. Le placement des ajouts dans les intervalles du texte initial, est-il indicatif d'une tendance nouvelle en 1588 de la réflexion de Montaigne? La question est vaste, et nous ne tâcherons ici que d'en esquisser, en guise de conclusion, une des réponses possibles.

Les ajouts les plus célèbres dans les *Essais*, ceux naturellement qui ont trait à la peinture du moi, infléchissent la première conception de l'autoportrait par la dynamique de leur insertion dans le texte. Au commencement, en 1580, les interventions personnelles s'inscrivaient dans un argument suivi: Montaigne s'y proposait en tant qu'exemple, qui tendait à confirmer le propos en question ou à infirmer son contraire. Par contre, les additions personnelles de 1588, comme nous l'avons constaté, se situent dans les interstices des arguments du chapitre. Ecartées du texte de chaque côté, ces confidences - Montaigne a honte d'être nu (I, 3, p. 19), il ne boit outre son soif (II, 2, p. 344), et ainsi de suite - ne sont des «exemples» ni du propos qui précède ni de celui qui suit; elles indiquent, par l'attitude dont Montaigne fait preuve, le principe personnel qui répond aux divers points de vue considérés dans le chapitre et en coordonne leurs arguments.

En 1592, il en est tout autrement... Mais cela pourrait faire l'objet d'une nouvelle étude et anticipe sans doute sur le sujet d'un colloque qui n'aura pas lieu avant quatre ans.

Georges HOFFMANN
University of Virginia

NOTES

1. Depuis Villey, le nombre d'additions en 1592 est évalué à «environ 1200». Malheureusement ces chiffres sont erronés de quelques quatre centaines: Montaigne a écrit exactement 1580 additions dans l'exemplaire de Bordeaux, d'où notre chiffre total de 2116, qui ne tient pas compte, d'ailleurs, des cinquante et une additions écrites en 1582, ni des additions «posthumes» de 1595 dont certaines, au moins, proviennent sûrement de la plume de Montaigne. Nous précisons que nous avons travaillé avec l'exemplaire de Bordeaux à cause des nombreuses coquilles qui se trouvent dans l'édition de référence en ce qui concerne l'indication des additions.

2. ... par souci de brièveté. Mais même les additions les plus proches de leur contexte l'infléchissent par de nombreuses nuances, comme le montrent les analyses d'André Tournon, dans *Montaigne, La glose et l'essai*, Lyon, 1983, p. 20sq. Nous aurons souvent l'occasion de nous référer à cet ouvrage.

3. A. Kenny et J. Pinborg, «Medieval Philosophical Literature», dans *The Cambridge History of Late Medieval Philosophy*, éd. N. Kretzman *et al.*, New York, 1982, p. 27. Ian Maclean a déjà observé que le *Distingo* dont Montaigne se réclame (II, 1, p. 335a) ne s'identifie pas à la *positio distinctionis* des scolastiques, «Le païs au delà: Montaigne and philosophical speculation», dans *Essays in memory of R.A.*

Sayce, éd. I.D. McFarlane et Ian Maclean, Oxford, 1982, p. 106. Si Montaigne ne procède pas par une séparation des cas, cependant, les «contraires» constituent bien sa «méthode». A la différence de l'argumentation des siècles précédents, Montaigne ne cerne pas par des distinctions progressives une solution ou un exemple spécifique; au lieu de hiérarchiser ses contraires, il les agence afin de multiplier les cas à considérer et d'en écarter la possibilité d'une synthèse. Ceci constitue le sujet d'une étude à laquelle nous travaillons actuellement.

4. A. Tournon, *op.cit.*, p. 105sq.

5. «Il avait sur sa table un exemplaire imprimé des deux premiers livres et au fur et à mesure que les idées se présentaient à lui, en marge de cet exemplaire, il écrivait [... Lorsqu'il lisait d'autres auteurs,] il transcrivait dans ses notes [des] anecdote[s et] des expressions[s], pour [les] reporter plus tard dans ses *Essais*, peut-être même ouvrait-il immédiatement ses *Essais* à la page correspondante et y insérait sur-le-champ son butin». *Les Sources et l'évolution des Essais de Montaigne*, Paris,1908, t. 1, pp. 400-401.

6. III, 9, p. 963b; 12, p. 1057b, *Essais*, éd. Villey, Saulnier, Paris, 1965.

7. A. Tournon, *op.cit.*

8. Et réciproquement, la conclusion garde l'essai d'un retournement éventuel de sa propre critique: Montaigne ne peut pas se flatter «de ramener tous autheurs», Raymond Sebond, ou les philosophes dogmatiques (II, 12, pp. 506-512a) à sa «doctrine» à lui, car le pyrrhonisme n'en est pas une.

9. Nous ne parlons qu'incidemment des cinquante et une additions de 1582, car leur nombre n'est pas statistiquement signifiant. Néanmoins, il est permis de penser que certains aspects de la révision structurelle de 1588 se mettaient déjà en place à cette date, comme le montre l'addition précoce de «De l'ivrognerie» qui rattache l'expérience de la syncope à l'exercice de la mort qu'est le sommeil, au début de l'essai.

10. Nous acceptons les dates de la composition du troisième livre proposée par R. Garapon, «Quand Montaigne a-t-il écrit son troisième livre?», dans *Mélanges Frappier*, Genève, 1970, t. 1, pp. 321-7. En conséquence, les additions remontent, elles aussi, jusqu'en 1584 car, provenant des mêmes sources que le nouveau livre (Villey, *op.cit.*, pp. 403-4), elles ont probablement été rédigées en même temps. La coïncidence entre la date de leur composition et celle de nouveaux essais constitue une de leurs différences majeures par rapport aux additions écrites en 1592 et contribue, sans doute, à une préoccupation pour la division structurelle des premiers essais.

11. Afin de distinguer entre les citations ajoutées en 1588 et celles du troisième livre, inscrites en même temps que la composition de leur contexte, nous avons refait le décompte effectué par L. Pertile, «Paper and ink, the structure of unpredictabi- lity», dans *O un amy! Essais in honor of Donald Frame*, éd. R.C. La Charité, Lexington, 1977, pp. 190-218. Il conclut qu'en nombres bruts, les additions sont réparties uniformément dans les trois livres et selon les époques principales de composition. Nous ajoutons évidemment la précision qu'en proportion au texte composé à chaque période, il y a des variations importantes dans la quantité des additions.

12. A part trois alinéas occasionnés par les dédicaces à Mme d'Estissac et à Mme de Duras (II, 8, p. 386a; 37, p. 783a & p. 785a), un alinéa dans la bulle romaine à la fin de «De la vanité» (III, 9, p. 999b), et un chapitre (I, 47, pp.282-5a).

13. Pour une discussion de ce passage, voir A. Tournon, *op.cit.*, pp. 220-1. Dans une étude à paraître, «Tout dire ou tout désigner», A. Tournon analyse l'importance d'une addition (II, 33, p. 734b) qui infléchit l'argument originel au point crucial du chapitre.

14. II, 27, p. 694 par exemple, ou II, 34, p. 737.

15. Pour une citation d'Ovide (I, 2, p. 12a), par exemple, qui marque le passage aux exemples de la mort, *Words in a corner*, Lexington, 1981, pp. 17-19. Le contexte dans les *Métamorphoses* permet de comprendre qu'au lieu de rompre avec le propos, les nouveaux exemples de Montaigne vont expliciter que l'homme est vulnérable aux «passions violentes», tout comme l'est Niobé, malgré sa confiance initiale; et que la contenance ferme et immobile, l'insigne de la *constantia* stoïque, peut être au contraire l'indice d'une capitulation totale devant la passion.

16. L'attitude de l'éditeur moderne vis-à-vis des parenthèses s'avère complexe: enlevant celles de la main de Montaigne et insérant à la même page d'autres où il n'a rien indiqué, (III, 1, p. 790b: f° 344) par exemple. Nous en réservons l'étude pour une autre occasion. Faute d'une étude exhaustive sur les normes typographiques à l'époque, il nous semble légitime d'exploiter les contrastes internes dans les *Essais* en ce qui concerne la ponctuation d'une période par rapport à l'autre. Rien ne garantit, évidemment, que l'Angelier a suivi la ponctuation de Montaigne pour l'impression de 1588. Cependant, pourquoi Montaigne, si scrupuleux ailleurs à rectifier les erreurs les plus infimes dans l'exemplaire de Bordeaux (le placement des fins de vers cités, par exemple), n'en aurait-il rien indiqué? Au lieu de multiplier les hypothèses à ce sujet, il semble plus prudent de s'en tenir au texte que l'Angelier donne et que Montaigne nous laisse, quitte à l'accepter comme une reproduction plus ou moins exacte des intentions de l'auteur.

17. Insérée, il est vrai, à la place d'une phrase barrée, déjà entourée de parenthèses dans le texte de 1588.

18. II, 8, p. 388; 12, p. 526; p. 532; p. 533; pp. 533-4; p. 556; 17, p. 654; p. 659; 32, p. 725 - III, 3, p. 820; 5, p. 848; p. 866; p. 885; 6, p. 903; 9, p. 967; p. 995; 10, p. 1023; 12, p. 1049; p. 1053; 13, p. 1080. Entre tirets: I, 9, p. 34; II, 12, p. 502; p. 504.

19. I, 23, p. 111; p. 112; p. 116; 28, p. 188; 37, p. 232; 40, p. 251; II, 2, p. 344; 8, p. 394; p. 398; 11, p. 428; 12, p. 444; 36, p. 757; III, 5, p. 889; 7, p. 917; 11, p. 1026; 12, p. 1059. Nous préparons une étude sur l'emploi dans les *Essais* de ces formules. A. Tournon (*op.cit.*, pp. 297-302) livre un examen précieux des «raccords» entre les additions et leur texte avant et après 1588, pour infirmer une attitude par laquelle on tient les ajouts postérieurs pour «illégitimes» car ils seraient placés «au hasard». Que notre étude ne fournisse pas le sujet d'un malentendu: il n'est pas question de revenir ici sur l'exactitude de la position de ces additions tardives, ni sur leur «légitimité». Nous essayons plutôt de déceler les nuances de leur insertion, en considérant celles-ci comme entièrement intentionnelles.

«DE L'EXPERIENCE»: UN EXERCICE DE PATIENCE

Le dernier chapitre des *Essais* parvient-il à une conclusion? Ou reste-t-il ouvert? La critique y a longtemps lu une réconciliation de Montaigne avec le temps, un assentiment donné à la vie et à la mort, le témoignage d'un apaisement, d'une harmonie retrouvée. Mais les lectures les plus récentes des *Essais* insistent en revanche sur l'inachèvement du livre et montrent que l'écriture en demeure jusqu'au bout paradoxale (1). Un thème, qui devient insistant vers la fin du livre, permet peut-être de réunir ces deux points de vue, l'un moral et l'autre formel; il fait de la conclusion même une ouverture, de la fin une attente. C'est le thème de la *patience*. Bien sûr, on n'a pas manqué d'évoquer déjà la patience à propos du chapitre «De l'experience», mais la patience épicurienne, et la référence n'est pas la plus exacte.

Montaigne sait bien ce qu'est la vertu de patience. Dès le chapitre 12 du livre I, «De la constance», il donne de celle-ci une définition précise: «Et le jeu de la constance se jouë principalement à porter patiemment les inconveniens, où il n'y a point de remede» (p. 45a) (2). cette conception traditionnelle de la constance, ou de la patience, est à la fois celle de Cicéron et de saint Thomas (3). La patience est une vertu morale, elle agit contre les maux qui nous viennent du dehors. Juste Lipse la définit, dans le *De constantia* en 1584, encore comme «le support volontaire et sans plainte de tous les accidents et incidents qui surviennent à l'homme, de l'extérieur» (4). Elle est par conséquent le support de ce que Montaigne appelle tout aussi justement la «tristesse», dès le chapitre 2 du livre I, auquel cette notion donne son titre. Montaigne y oppose strictement, ici encore conformément à la tradition, la tristesse et la patience. C'est à propos des deuils du cardinal de Lorraine, Charles de Guise, qui a perdu successivement deux frères et qui a «soustenu ces deux charges d'une constance exemplaire» (p. 11a), mais un de ses hommes vient à mourir, et, «quittant sa resolution», il perd le contrôle de lui-même: «[...] ce fut, explique Montaigne, qu'estant d'ailleurs plein et comblé de tristesse, la moindre surcharge brisa les barrières de la patience» (p. 12a).

La patience est le support de la tristesse, et le contraire de la patience, l'impatience donc, ou l'insupport de la tristesse, c'est la colère. Leur distinction est elle aussi exacte dans les *Essais*, et dans le chapitre «De l'experience», la patience est en effet opposée à la colère. «L'experience m'a encores appris cecy, que nous nous perdons d'impatience. Les maux ont leur vie et leurs bornes» (p. 1088b): on le voit, ce que Montaigne appelle l'expérience est très lié à la patience, et nous nous trouvons ici au coeur de la réflexion sur la maladie: «Je n'ayme point à guarir le mal par le mal» (p. 1086b). Plus haut, exactement à la transition entre la critique du droit et l'analyse de l'expérience, la patience était déjà mentionnée dans l'un des arguments décisifs du chapitre:

> De l'experience que j'ay de moy, je trouve assez dequoy me faire sage, si j'estoy bon escholier. Qui remet en sa memoire l'excez de sa cholere passée, et jusques ou cette fiévre l'emporta, voit la laideur de cette passion mieux que dans Aristote, et en conçoit une haine plus juste. (p. 1073b)

On ne saurait mieux dire que l'expérience, ici la mémoire de l'expérience ou l'expérience de la mémoire, est un exercice de patience. Mais on sait que Montaigne n'a pas de mémoire. C'est pourquoi il n'est pas bon à l'école de la patience.

Plus loin, la leçon que les Mexicains font à leurs enfants nouveaux-nés nous reconduit encore à ceci: «Enfant, tu és venu au monde pour endurer; endure, souffre, et tais toy» (p. 1089b). Ou encore: «Il faut apprendre à souffrir ce qu'on ne peut eviter» (p. 1089b). Propositions qui nous remettent à l'esprit la patience stoïcienne. La patience, au sens du support des maux, des accidents et des incidents extérieurs, pénètre partout le chapitre «De l'experience».

La succession des deux derniers chapitres des *Essais*, «De la phisionomie» et «De l'experience», confirme le rôle central de la patience à la fin du livre. Dans «De la phisionomie» en effet, il est question de la guerre et de la peste, de ces maux qui soumettent la patience à rude épreuve, et qui finalement exigent plus que de la patience afin d'être supportés: «En un temps ordinaire et tranquille, on se prepare à des accidens moderez et communs; mais en cette confusion où nous sommes dépuis trente ans» (p. 1046b), la patience ne suffit plus. Il y faut autre chose, non seulement la persévérance, qui est perpétuation de la patience, mais la force, *Fortitudo*: «D'autant faut-il tenir son courage fourny de provisions plus fortes et vigoureuses.» La distinction franche de la patience et de la force est ici présupposée, comprenant la patience comme une vertu secondaire gravitant autour de la vertu cardinale de force. La patience supporte les petits maux, les ennuis: «Et esprouvay en ma patience que j'avoys quelque tenue contre la fortune» (p. 1047b), observe Montaigne, parce que la santé ne lui a pas fait défaut tandis que la guerre faisait rage. La patience, en somme, suffisait encore contre la guerre. Mais voici que la peste s'y joint et la force est désormais requise: [...] je porte en moy mes preservatifs, qui sont resolution et souffrance» (p. 1048b). Résolution et souffrance: le couple est synonyme de celui de la force et de la patience. Montaigne les associait déjà pareillement dans les premiers mots du chapitre «De la constance»:

> La loy de la resolution et de la constance ne porte pas que nous ne nous devions couvrir, autant qu'il est en nostre puissance, des maux et inconveniens qui nous menassent, ny par consequent d'avoir peur qu'ils nous surpreignent. (p. 45a).

La force intervient lorsqu'il s'agit de lutter non seulement contre la tristesse, mais aussi contre la crainte, et la crainte est essentiellement celle de la mort, voire celle de la crainte: «L'apprehension ne me presse guere, laquelle on crainct particulierement en ce mal», poursuit Montaigne à propos de la peste (p. 1048b).

Or, chez les paysans, souffrant de la guerre et de la peste, Montaigne observe justement leur force: «[...] quel exemple de resolution ne vismes nous en la simplicité de tout ce peuple?» (p. 1048b). Plus haut dans le chapitre, au moment où celui-ci a bifurqué de la description de Socrate vers la méditation sur la mort, la constance et la patience ont été déjà évoquées comme le sujet de la réflexion:

> Recueillez-vous; vous trouverez en vous les arguments de la nature contre la mort, vrais, et les plus propres à vous servir à la nécessité: ce sont ceux qui font mourir un paisan et des peuples entiers aussi constamment qu'un philosophe. (p. 1039b).

L'horizon de la discussion en faveur de la nature et contre la philosophie, au cours de laquelle la mort sert pour ainsi dire d'exemple suprême, est bien la patience:

> Regardons à terre les pauvres gens que nous y voyons espandus, la teste penchante apres leur besongne, qui ne sçavent ny Aristote ny Caton, ny exemple, ny precepte: de ceux là tire nature tous les jours des effects de constance et de patience, plus purs et plus roides que ne sont ceux que nous estudions si curieusement en l'escole. (p. 1040b)

La patience est le bout des *Essais*, sinon leur but.

Après un chapitre sur la force, *Fortitudo*, nécessaire quand la guerre et la peste s'ajoutent l'une à l'autre pour faire craindre la mort, «De l'experience» est donc un chapitre auquel la patience fournit un thème majeur. La patience affronte le temps, à la fois comme présent et comme durée. Selon la formulation qui est sans doute la plus frappante dans ces pages, à propos de la volonté exprimée par Montaigne de ne pas anticiper la douleur, de ne pas la prévoir:

> Je ne me juge que par vray sentiment, non par discours. A quoy faire, puisque je n'y veux apporter que l'attente et la patience? (p. 1095b).

La patience figure encore une fois dans un contexte typique, celui de l'attente. Elle est non seulement support, mais attente, ou espérance, expérience du temps, disais-je, comme présent et aussi comme durée. Cela permettrait d'avancer que la patience selon Montaigne, si on la compare aux degrés de la patience chrétienne, ne se limite pas à la résignation ou à l'endurance passive, mais parvient à l'attente, c'est-à-dire à une volonté en quelque sorte positive, à une vertu active, à une affirmation ou une réponse positive à la volonté de Dieu. Tandis que la résignation repose sur la foi, l'attente exige, elle, l'espérance. Il faut donc distinguer franchement cette patience de la patience épicurienne, qui n'attend rien, et que l'espérance dénature.

La grâce de Dieu est d'ailleurs évoquée à plusieurs reprises vers la fin du chapitre, comme la raison d'être de la patience: «Dieu faict grace à ceux à qui il soustrait la vie par le menu» (p. 1101b), ou «Tout bon, il a faict tout bon» (p. 1113c). Mais ces références suffisent-elles à rendre la patience ainsi entendue identique à la vertu chrétienne? Elle fait certes supporter les maux présents en vue de biens futurs, mais dans un sens qui n'a parfois rien de chrétien. Ainsi à propos des douleurs de la gravelle: «Me sert aussi l'accoustumance à mieux esperer pour l'advenir» (p. 1092b). Il est vrai que c'est tout juste après la prosopopée de l'esprit à l'imagination, et dans la continuité de ses arguments sophistiques. La patience se réduirait ainsi à l'habitude. Quoi qu'il en soit, il ne semble pas que la patience de Montaigne atteigne jamais au troisième degré, le seul authentique, de la patience chrétienne, qui est amour, ou exercice de la troisième vertu théologale, la charité. «Pour moy donc, j'ayme la vie et la cultive telle qu'il a pleu à Dieu nous l'octroier» (p. 1113b): comme aux dernières pages de l'*Apologie de Raimond Sebond*, l'allusion à Dieu figure dans une incidente. Dieu est remercié plusieurs fois, la fortune est invoquée, mais cette patience n'est pas chrétienne pour la bonne et simple raison que le Christ, qui est le modèle de la patience par sa vie et par sa mort, de la patience vécue comme amour et comme charité, n'est jamais le moins du monde impliqué par la réflexion de Montaigne sur la souffrance.

Quelle est alors cette patience sur laquelle les derniers chapitres des *Essais* insistent tant? Il y a deux patiences, pour ainsi dire, et celle de la fin des

Essais n'est au fond ni l'une ni l'autre, ni la patience antique ni la patience chrétienne. Après avoir souligné la présence de ces catégories à la fin des *Essais*, il faut marquer les distances que Montaigne prend avec elles.

La patience stoïcienne, *karteria*, est maîtrise de soi, grandeur, support de la souffrance, mais non pas insensibilité, apathie ou impassibilité, plutôt équanimité et liberté de l'esprit. En tout cas elle est autarcique. Elle s'installe dans le présent, elle adhère à l'instant. Or, les expériences que Montaigne décrit dans les chapitres 12 et 13 du livre III, expériences qui requièrent force et patience pour être supportées, ne s'identifient ni à l'insensibilité épicurienne ni à l'équanimité stoïcienne, et ne tendent pas à l'autarcie. La peste, ou plutôt la crainte de la peste, dont Montaigne souffre dans «De la phisionomie», est bien celle des autres - la peste ou la crainte de la peste -, conformément à la conception de la patience stoïcienne, nécessaire pour supporter les autres; mais à la liberté relativement aux autres que visait le stoïcisme, se substitue ici la compassion. «Tout cela m'eust beaucoup moins touché si je n'eusse eu à me ressentir de la peine d'autruy», postule en effet Montaigne, et d'ailleurs «je porte en moy mes preservatifs» (p. 1048b). Mais il n'est pas question de se désolidariser des autres. Montaigne l'envisage par la pensée, dans une phrase d'ailleurs assez difficile à interpréter: «Et si, estant seul, je l'eusse voulu prendre, c'eust été une fuite bien plus gaillarde et plus esloingnée». Le pronom renvoie-t-il à la peste ou à la fuite? Montaigne n'a en tout cas pas quitté les autres, il les a au contraire conduits, il a «serv[i]» six mois miserablement de guide à cette caravane». Montaigne, chef de maison, n'est pas seul: «J'eus à souffrir cette plaisante condition que la veue de ma maison m'estoit effroiable» (p. 1048b). La patience qu'il évoque à cette occasion n'est pas seulement support de l'existence et des autres. Avec la compassion, elle comporte une dimension temporelle, qui est celle de la durée et de l'attente.

Mais la patience en question n'est pas davantage la vertu chrétienne, *hypomonè*, qui n'a pas son accomplissement, son *telos*, en soi, mais qui est espérance et qui ouvre sur l'éternité. Même si Montaigne lie la patience et l'attente, l'amour et la charité, on l'a vu, n'y apparaissent pas. la patience telle qu'elle se présente dans «De la phisionomie» et «De l'experience», n'est ni l'autarcie ni la charité, ni installation dans le présent ni ouverture sur l'éternité. Quelle est-elle?

Il y a dans «De l'experience» plusieurs passages étranges, presque incongrus, qui paraissent se ranger malaisément dans la problématique du chapitre. J'en retiendrai deux ou trois, qui donneront une idée de la patience promue par Montaigne au bout des *Essais*.

Cette longue attention que j'employe à me considerer me dresse à juger aussi passablement des autres, et est peu de choses dequoy je parle plus heureusement et excusablement. (p. 1076b).

Non, la fin de la connaissance de soi, introduite à la page précédente avec l'inscription du temple de Delphes, n'est quand même pas la connaissance de l'autre, mais il semble que celle-ci soit la conséquence première de celle-là, que les deux soient indissolublement liées. Dans les dernières phrases du chapitre «De la vanité, Montaigne jugeait déjà l'inscription de Delphes un «commandement paradoxe», parce que se connaître, c'est connaître sa vanité ou sa vacuité (p. 1001b). Mais la seule façon pour cette connaissance d'échapper à la vanité est de revenir à l'autre: «J'en ay estonné quelqu'un par la pertinence de ma description, et l'ay adverty de soy» (p. 1076b). L'étude de soi et l'étude de l'autre se rejoignent, la présence à soi et la présence à l'autre ne font qu'un: «J'estudie tout: ce qu'il me faut fuyr, ce qu'il me faut suyvre». L'autre demeure ici la mesure de la connaissance de soi. Et Montaigne d'expliquer pourquoi il l'étudie, non pour ranger, classer, arrêter. Après la succession des raisons négatives, le lecteur attend un «mais» qui propose la raison authentique. Or ce «mais» ne vient pas. Il est là pourtant, distendu par des ajouts postérieurs à 1588: «Il faict besoing des oreilles bien fortes pour s'ouyr franchement juger» (p. 1077b). Ainsi, Montaigne dit aux autres leurs vérités parce qu'il est bon qu'ils entendent la vérité et que la vérité n'est pas bonne à entendre. Aussi «ceux qui se hazardent de l'entreprendre envers nous nous montrent un singulier effect d'amitié; car c'est aimer sainement d'entreprendre à blesser et offencer pour proffiter». Voilà que l'amour réapparaît, un amour qui n'est pas charité, mais amitié.

L'autre s'introduit dans la connaissance de soi. La connaissance de soi, dans son détail, s'avère inséparable de la connaissance de l'autre. Et dans la page bien connue qui suit, Montaigne envisage qu'il eût servi de conseiller du prince: «[...] j'eusse dict ses veritez à mon maistre, et eusse contrerollé ses meurs [...]. J'eusse eu assez de fidelité, de jugement et de liberté pour cela» (pp. 1077-78b). La réflexion n'est pas poursuivie, mais elle montre combien la volonté de patience est éloignée d'un idéal d'autarcie.

La patience de Montaigne rejoint en vérité celle de Cicéron: «La patience est le support volontaire et prolongé, en vue de l'honnête et de l'utile, des choses ardues et difficiles (5)». Montaigne cite souvent dans «De l'experience» les *Tusculanes* de Cicéron, où la patience est le plus longuement analysée (6). La présence de Cicéron est d'ailleurs forte dans ce chapitre, reconnue implicitement par cette correction de l'exemplaire de Bordeaux à l'ouverture du chapitre: «J'aymerois mieux m'entendre bien en

moy qu'en Ciceron», là où d'abord Montaigne avait évoqué Platon (p. 1073).
La définition cicéronienne de la patience est aussi celle qui a servi de point
de départ à saint Thomas dans la question de la *Somme théologique* qui
traite de cette vertu (2a, 2ae, q. 136), et elle donne donc pour fin à la
patience, l'honnête et l'utile. Cela, par un mouvement circulaire qui est bien
le signe d'un certain achèvement, fût-ce dans l'attente, nous renvoie au
premier chapitre du livre III, «De l'utile et de l'honneste», déjà tellement
marqué par la présence de Cicéron. La patience est à la fois privée et
publique, elle est la condition de l'honnête et de l'utile. Au début du livre
III, Montaigne définissait une norme morale au-delà de la mobilité du
monde, une norme régissant à la fois la sphère privée et la sphère publique,
la *fides*, elle aussi cicéronienne, ou fidélité à la parole donnée. C'était aussi
la circonstance des guerres civiles qui l'incitait à poser cette valeur. Dans
la guerre, lorsqu'un individu change de foi, les autres en pâtissent (7).
Montaigne impose donc une limite à la versalité des opinions, c'est l'autre.
Au terme du livre III, la patience se présente comme l'accompagnement
nécessaire de la *fides*, ni installation dans le présent ni ouverture sur
l'éternité, mais attente, c'est-à-dire encore confiance, dans la durée, dans
l'autre. Si un accomplissement a lieu, si une autonomie est réalisée dans les
dernières pages des *Essais*, ils ont ce sens.

Montaigne ne serait pas le seul à concevoir ainsi la patience vers la fin
du XVIe siècle. Juste Lipse, dans le *De constantia*, publié en 1584, et que
Montaigne a très probablement lu, situait la patience relativement aux
malheurs politiques plus qu'aux épreuves personnelles (8). Le point de
départ du dialogue de Lipse le mettait lui-même en scène, renonçant à une
fuite loin des troubles civils, et le contexte du chapitre «De la phisionomie»
est pareillement celui des guerres. Montaigne y rapporte pour finir deux
circonstances où sa confiance, comme un pari sur l'autre, lui a sauvé la vie.
Si une valeur se manifeste au bout des *Essais*, c'est donc la patience, non
seulement comme support mais aussi comme attente, sans sanction
immédiate ni éternelle, comme attente indéterminée, comme attente
confiante.

Un dernier court passage incongru du chapitre «De l'experience»
confirmera ce sens de la *fides* patiente au bout des *Essais*. Montaigne y
développe l'image du jeu de paume afin de saisir notre relation aux autres:
«La parole est moitié à celuy qui parle, moitié à celuy qui l'escoute. [...]
Comme entre ceux qui jouent à la paume [...]» (p. 1088b). Cela nous
reconduit encore au premier chapitre du livre III: «Un parler ouvert ouvre
un autre parler et le tire hors, comme faict le vin et l'amour» (p. 794c).

La patience de Montaigne, appuyée sur la confiance en l'autre, porte un nom: c'est ce que l'on appelle la *magnanimité*.

Antoine COMPAGNON
Columbia University.

NOTES

1. Voir A. Compagnon, «L'écriture de l'instant dans les *Essais*», *Revue d'histoire littéraire de la France*, 1988, n° 5.
2. La pagination est celle de l'édition donnée par P. Villey et V.-L. Saulnier, Paris, 1965.
3. Voir Michel Spanneut, art. «Patience», *Dictionnaire de spiritualité catholique*, Paris, 1984, t. XII, première partie, col. 438-476.
4. Juste Lipse, *De constantia*, I, 4, éd. L. du Bois, Bruxelles-Leipzig, 1873, p. 150-151.
5. *Patientia est honestatis aut utilitatis causa rerum arduarum ac difficilium voluntaria ac diuturna perpessio, De inventione*, II, 54, 163-164.
6. *Tusculanes*, IV, 24, 53.
7. Voir Antoine Compagnon, «Montaigne ou la parole donnée», in *Rhétorique de Montaigne*, éd. Frank Lestringant, Paris, 1985.
8. Voir Michel Spanneut, *Permanence du stoïcisme de Zénon à Malraux*, Gembloux, Duculot, 1973, pp. 239-243.

«EN MA FIN EST MON COMMENCEMENT»: LE «AU LECTEUR» DES *ESSAIS*

«C'est icy un livre de bonne foy, lecteur». L'avis liminaire des *Essais* est tout de suite rassurant, désarmant. Pourquoi? Est-il possible de percevoir dans l'esprit de Montaigne une conception du lecteur à qui il dit s'adresser? Dans le chapitre où il décrit la genèse du livre, le seul lecteur qu'il imagine est lui-même; son seul dessein en 1572 est la bonne organisation de son esprit à une fin honnête et utile. Il n'a pas la moindre idée de faire concurrence aux bons auteurs. En affirmant «Il n'est pas subject si vain, qui ne merite une place en cette rapsodie» (1), il emploie un mot qui semble entrer ici pour la première fois dans la langue française pour mettre en évidence ce qu'il y a d'étranger dans les premiers chapitres (2). Pourtant, Montaigne lecteur de lui-même va bientôt constater que la «mise en rolle» des «chimeres et monstres fantasques» est devenue un espace créateur au sujet duquel il n'a de cesse de s'interroger, notamment dans les chapitres rédigés à partir de 1578 et distribués dans les deux livres de l'édition de 1580. Il semble que sa principale préoccupation ait été alors de faire valoir l'image du livre-enfant en élaborant pour un petit nombre de lectrices l'idée d'enfantement déjà avancée en 1572 dans le chapitre génétique et qui ressurgira au fil des éditions et des années. Comme il se doit, sans doute, Montaigne reconnaît dans ses écrits un enfant avant d'y reconnaître un livre. Or les grandes dames auxquelles Montaigne confie l'engeance de son esprit sont des marraines bienveillantes, faisant partie des parents et amis dont l'accueil est assuré. Qui d'autre va accueillir «ce fagotage de tant de diverses pieces»? A ce qu'il semble, Montaigne n'y pense guère. Il est vrai qu'il va faire imprimer ses écrits, dont par un détour du dernier chapitre il s'est enfin dit auteur. S'il accepte de profiter de la technologie de son siècle, il tient à faire comprendre que c'est une question de commodité (3). A l'en croire, il n'envisage qu'une faible diffusion «domestique et privée» (4). N'aurait-il pas encore pleinement saisi les conséquences de sa démarche, que le propre d'une publication est d'appartenir au domaine public, que le pendant d'auteur est lecteur, et qu'entre les deux, lien ou obstacle, se trouve un livre? En fait, c'est tout le contraire. Ayant mené à bonne fin son dessein de se peindre, Montaigne apporte beaucoup de soin entre 1578 et 1580 à l'introduction au public d'un ouvrage à la nouveauté duquel rien ne l'aura préparé. Très sensible aux difficultés qu'aura tout lecteur à en mesurer la portée et l'importance, Montaigne prend ses mesures pour se former un public en facilitant l'abord du livre par la façon dont il l'organise. Certes, la distribution des derniers chapitres sert à mettre en valeur l'image du livre-enfant. Elle assure aussi par la même occasion la mise en place d'une série d'étapes dans la formation du lecteur. L'avis au lecteur est la première de ces étapes.

Dans l'introduction de son édition des *Essais*, Pierre Villey trouve que l'avis au lecteur est insuffisant. «Avis en réalité fort inexact, qui n'est proprement vrai que d'une partie de l'ouvrage, et qui ne s'applique au reste que, si je puis dire, par extension, et d'une manière tout à fait inadéquate [...]. En 1580, Montaigne est maître de son dessein, mais il hésite encore à en sonder la véritable portée philosophique et morale. Nous allons le voir dans la suite la dégager et la mettre en pleine lumière» (5). Le jugement de Villey est curieux à plus d'un égard. Il refuse, en même temps qu'il l'admet, un fait essentiel: en mars 1580, si Montaigne avait effectivement achevé un livre, les tomes imprimés des *Essais* n'étaient pas encore rangés parmi les bons auteurs dans sa librairie, invitant ses annotations. La «suite» dont parle Villey est fondée dans la contemplation à son aise des productions de son esprit par un auteur qui se relit. Et puis, à qui s'applique le «nous» de Villey? Aux lecteurs du XXe siècle, à M. Villey lui-même, incomparablement versé dans les *Essais*. Mais Montaigne s'adresse tout d'abord à ses contemporains, lecteurs aux compétences inconnues, en tous cas indiscutablement inaccoutumés au dessein «farouche et extravagant». Ce que Pierre Villey souhaite, c'est un manifeste, un programme, alors que le public du XVIe siècle requiert un fil conducteur, une commodité. Montaigne, auteur devant soi, et auteur devant tout lecteur inconnu, «maître de son dessein en 1580», redisons-le après Villey, a su pourvoir aux deux demandes.

Jamais dans les quatre-vingt-quatorze chapitres de l'édition de 1580, Montaigne ne parle des *Essais* comme d'un livre, et le mot «essais» n'y est pas élevé au statut de titre. Il semble possible de situer chronologiquement trois chapitres auxquels Pierre Villey hésite à attribuer une date si l'on y étudie l'évolution de l'idée que Montaigne est en train de se faire de son livre auprès d'un public entre 1578 et 1580. Dans «Consideration sur Ciceron», il reproche violemment à celui-ci et à Pline le Jeune «d'avoir voulu tirer quelque principale gloire du caquet et de la parlerie, jusques à y employer les lettres privées écriptes à leurs amis». Les arguments qu'il avance dans les pages suivantes sont adressés à lui-même (6). «C'est une espece de moquerie et d'injure de vouloir faire valoir un homme par des qualités mes-advenantes à son rang [...]. Plutarque dit d'avantage, que de paroistre si excellent en ces parties moins necessaires, c'est produire contre soy le tesmoignage d'avoir mal dispencé son loisir et l'estude, qui devoit estre employé à choses plus necessaires et utiles» (7). Dans des additions faites à ce chapitre avant et après 1580, Montaigne expliquera pourquoi il n'avait voulu donner à ses écrits la forme de lettres (8). Il est évident d'après ce qu'il en dit là et d'après la violence de sa condamnation des lettres des deux auteurs anciens que cette façon de se présenter au public l'avait fortement tenté avant 1580. Les chapitres adressés à ce moment-là aux grandes dames seraient-ils des coups d'essai dans un mode épistolaire qu'il refuse à regret? C'est à la même époque, semble-t-il, qu'il aurait d'abord envisagé obscurément que ses coups d'essai pussent être jugés par un autre, essayé d'imaginer le niveau moral et intellectuel de ceux qui pourraient en juger (9). La tentative de fixer un public tourne court à ce moment. Montaigne y reviendra plus tard, avec le succès qu'on verra. Qu'il s'y soit efforcé dans ce chapitre semble le situer entre 1578 et 1580. Pierre Villey n'est pas parvenu non plus à dater «Des prieres»: «entre 1572 et 1580», dit-il (10). Comme XL et LIV, ce chapitre semble appartenir au dernier groupe, du fait qu'outre celui-ci, ce n'est que dans ses discours à Mme d'Estissac et à Mme de Duras que Montaigne élève ses «fantaisies» en «escrits», les soumettant tranquillement à la censure ecclésiastique en même temps qu'il les soumet au jugement du monde (11). Méfiant de l'écriture d'une méfiance qui n'a rien à envier à Jacques Derrida - Montaigne n'emploie jamais le verbe «écrire» à la première personne dans l'édition de 1580 - il est obligé de se rendre enfin à l'évidence: ce qu'il aurait voulu parlé, ou du moins confié par écrit à un ami intermédiaire, va être séparé de lui, présenté au monde. En rédigeant «Au lecteur», le dernier morceau, le premier que verra le lecteur inconnu, Montaigne «pense ailleurs». Est absent celui dont il aurait voulu lire les coups d'essai, celui à qui il aurait voulu adresser les siens. Montaigne auteur-substitut est le seul lecteur-substitut possible; le seul dont il se fait une idée sur le moment est toujours lui-même, comme en 1572, à la seule différence, mais capitale, qu'il est dans l'avis auteur-lecteur, plus exactement lecteur-auteur. Dans l'avis il transpose dans un autre mnde la longue réflexion sur les écrits où il se reflète depuis neuf ans. Bien qu'il soit tenu de s'adresser à un public, le «tu» auquel Montaigne s'adresse ne correspond pas à une conception quelconque d'un autre; c'est le compte rendu du premier lecteur, Michel de Montaigne, et le compte en est rendu à lui-même. «J'escry de moy et de mes escrits comme de mes autres actions, dira-t-il dans «De l'experience», mon theme se renverse en soy». Le premier grand renversement du thème en soi a lieu le 1er mars 1580 quand Montaigne crée pour la première fois un texte qui s'affirme être un écrit, consciemment élaboré pour célébrer l'accomplissement d'un ouvrage devenu un livre parce que Montaigne y a fait entre autres choses son apprentissage d'écrivain, y a forgé non seulement son âme mais aussi un style. C'est un poème jailli sous une plume dont Montaigne a une entière maîtrise. Lui qui s'est refusé si longtemps le titre d'auteur l'assume dès lors dans sa pleine signification originelle. On sait ce qu'il pense des faiseurs de livres. L'auteur des *Essais* ne fait pas de livres. Il fait un livre, «consubstantiel de son auteur». «Mon livre est toujours un», dira-t-il un jour. Il n'en a jamais été autrement.

Montaigne pratique deux plans temporels dans «Au lecteur», le temps de l'auteur et le temps du lecteur. Partant, l'avis se laisse lire comme un programme où Montaigne médite sur l'acquis, où se pressent ce qui sera peut-être un jour dégagé, où les temps composés du passé préparent le temps présent, alors que l'hypothétique s'ouvre sur l'avenir, que le subjonctif dit l'impossibilité où est tout auteur à imposer sa vision de façon sûre: «Je veux qu'on m'y voie...». Vu sous cet angle, l'avis est d'une part une méditation secrète, arrière-boutique dont l'accès ne sera ouvert que plus tard au lecteur de 1580. D'autre part, pleinement conscient des besoins de ce lecteur inconnu, Montaigne lui crée un autre espace temporel à sa mesure, dans lequel celui-ci sera préparé à se trouver seul avec le livre. A l'intérieur de cet espace, Montaigne affirme l'autonomie du livre en lui passant tout de suite la parole. «Il t'avertit dès l'entrée...». Ce faisant, l'auteur crée une autre voix dans un autre corps, «ce corps solide» qu'il avait enfin reconnu auprès de Mme de Duras dans le dernier chapitre? Or Montaigne n'est pas près de laisser parler le livre tout seul: la voix de l'auteur et celle de son ouvrage s'entremêlent dans une suite de propositions négatives: nul dessein de service ni de gloire, nul destinataire hormis parents et amis, nulle recherche de style, nulle raison qu'on y perde son temps. Bref, rien pour attirer un public, ce qui est une façon paradoxalement efficace de s'en attirer un. «Si c'eust esté...»; «Que si j'eusse esté...»: la barrière entre temps du lecteur et temps de l'auteur est infranchissable en 1580. Cependant, les négatifs et les structures hypothétiques sont autrement significatifs en tant qu'initiation à la «façon» de Montaigne. Si on y ajoute les interrogatifs et les rapprochements effectués entre son livre et ceux de certains de ses modèles et maîtres dont Montaigne parsème ses chapitres, on aura énuméré les principales stratégies dont Montaigne se sert pour engager le lecteur obliquement à reconnaître l'honnête utilité des *Essais*. Après avoir été rassuré et entraîné à la lecture, le lecteur sera constamment sollicité à tout remettre en question à mesure qu'il parcourt les étapes de sa formation.

Au centre des réticences de l'avis sont enchâssées deux affirmations positives, habilement mises en valeur. «C'est moy que je peins». «Je suis moy-mesmes la matiere de mon livre». «Mon livre», comme si cela allait de soi, comme si Montaigne n'avait pas accepté d'écrire le mot pour la première fois dans la première phrase de l'avis. Il n'est pas question de dévoiler au lecteur-apprenti les hésitations et les refus auxquels il sera initié plus tard. Il s'agit à présent d'annoncer sans ambages la matière, le sujet. Et puis, à peine avancé, le sujet est mis en question. «Ce n'est pas raison que tu emploies ton loisir à un subject si frivole et si vain». Montaigne lecteur de lui-même, organisateur de son livre, reprend la parole pour avertir lui-même le lecteur, car il faut que ce soit un lecteur averti qui tourne la page, qu'il ait compris que ce n'est pas en tournant les pages qu'il se fera lecteur suffisant des «coups d'essay». Il faut avoir compris quelque chose du propos et de la «façon» de l'auteur. Le seul «on» dans l'abondance des pronoms personnels de l'avis ouvre la voie à ceux qui auront franchi le seuil initiatique où tout lecteur éventuel est engagé à une prise de conscience. Il n'est pas raison en effet que celui qui aura cru Montaigne sur parole cherche à devenir son lecteur; à celui-ci, Montaigne propose allègrement un rendez-vous à distance: «A Dieu donq, de Montaigne». Celui en revanche qui a de quoi se faire lecteur «suffisant» aura entrevu le sens le plus important de l'avis: pour faire passer mon dessein sans précédent et affirmé hautement comme tel, je l'entoure d'un réseau de dénégations modestes. Dans l'avis, quoi qu'il en dise, Montaigne fait une démonstration de son art, remplace une rhétorique désuète et suspecte par une rhétorique nouvelle. «Qui a en l'esprit une vive imagination et claire, dira-t-il au lecteur dans «De l'institution des enfans», ne sait pas la rhetorique, ny, par avant-jeu, capter la benivolence du candide lecteur, ny ne lui chaut de le sçavoir» (12). Il évoque le *candidus lector*, personnage conventionnel de la rhétorique qu'il refuse, pour doubler le «tu» vide. Aucun lecteur suffisant des *Essais* n'existe encore en 1580. Apprenti dès l'entrée, essayé à son tour, il fera ses preuves dans un long dialogue où les leçons de l'auteur-lecteur auront été reprises et apprises. Il est remarquable que Montaigne ne fasse pas mention dans l'avis de l'activité fondamentale de «l'essay des facultés naturelles». Le «candide lecteur» saura-t-il atteindre la plénitude de «lecteur suffisant» en comprenant tout seul la portée de cette expression à double tranchant? C'est ce que Montaigne va découvrir à partir de 1580.

Après la publication de son livre, l'imagination concrétisante de Montaigne se fait peu à peu une idée de ses lecteurs par l'accueil fait aux *Essais*. Certains passages de l'édition de 1588 témoignent de jugements livrés de vive voix. Il est évident que son dessein lui semble être compris par certains. S'il cite parfois des objections, c'est pour les écarter sereinement (13). Tout en occupant la première place parmi les lecteurs de son ouvrage, il ne s'arroge pour autant aucune compétence particulière. «Pour moy, je ne juge la valeur d'autre besongne plus obscurement que de la mienne, et loge les *Essais* tantost bas, tantost haut, fort inconstamment et doubteusement» (14). Néanmoins, la contemplation du «corps solide» donne des fruits qui relèvent toujours du premier branle de son esprit, dégagés des dénégations dissimulatrices de l'avis de 1580. Dans les premiers chapitres du troisième livre, le lecteur suffisant est averti dès l'entrée que le livre de bonne foi est effectivement «utile et honneste» - témoins le titre et le développement du premier chapitre. Quoiqu'il affirme dans le deuxième chapitre qu'il peint le passage et non l'être, il est tenu d'admettre que le passage d'un être n'en est pas moins fixé dans le premier tome. «Tout le monde me reconnoit en mon livre, et mon livre en moy» (15). Puisqu'il ose faire confiance à son livre pour le représenter, à son public pour l'y reconnaître, Montaigne s'adresse dans le «troisième allongeail» à un lecteur qui, bien qu'inconnu, anonyme, est pour lui réel. Le «tu» destinataire de «Au lecteur» ne reparaît qu'une fois, pour recevoir des excuses inutiles au sujet des fautes d'impression et d'orthographe dont Montaigne n'est pas responsable. Dernière prise de contact pour marquer le renvoi d'un accessoire dépassé. A mesure que Montaigne compose le troisième livre, il entre en dialogue avec le lecteur concret, réel et réalisé des deux premiers, qu'il est en train de relire lui-même de la façon qu'on sait. Dans «De l'art de conferer», discutant de l'insuffisance des auteurs à juger leurs ouvrages, il ajoute: «il faut sçavoir ce qui est sien et ce qui ne l'est point, et en ce qui n'est pas sien combien on lui doibt en consideration du chois, disposition, ornement et langage qu'il y a fourny» (16). Simple exemple tiré de l'expérience de la lecture? Peut-être. Toujours est-il que Montaigne tend la perche au lecteur réellement présent devant ce chapitre, pour qu'il s'interroge sur l'art de conférer qui en est non seulement le sujet mais aussi la matière. Si le lecteur reconnaît que l'enjeu de ce chapitre est le style des *Essais*, il est sorti de l'apprentissage lecteur plus que suffisant.

Après 1588, Montaigne semble partager ses lecteurs en deux catégories: ceux dont il ne peut rien espérer, et les bons disciples. A l'adresse des premiers, il répond encore à quelques objections, mais du bout des lèvres. Il se plaint avec une véhémence inhabituelle de la dévalorisation de tout ce qui est écrit en français (17), et des «esprits faiblement fondés, voulant faire les ingenieux à remarquer en la lecture de quelque ouvrage le point de la beauté, arrêtant leur admiration d'un si mauvais chois qu'au lieu de nous apprendre l'excellence de l'auteur, ils nous apprennent leur propre igno-rance» (18). Restent les «esprits subtils». Avec ceux-ci, il semble que Montaigne souhaite dans les dernières années engager un dialogue hors texte à partir d'un sous-texte qu'ils seraient en mesure de discerner tant par leur suffisance naturelle que par la pratique des *Essais* (19). Sans s'adresser à aucun destinataire en particulier, il restitue dans ses derniers écrits un procédé classique du dialogue littéraire qu'il avait utilisé discrètement depuis son introduction dans le vingtième chapitre du premier livre. C'est le «vous» sans référent personnel, interlocuteur de circonstance. En terminant l'édition de 1580, Montaigne avait cherché dans le chapitre LIV du premier livre à prévoir un public éventuel, sans succès. Vers 1590, riche de ses expériences vécues, et non seulement avec ses lecteurs, depuis une dizaine d'années, il revient à la charge, prêtant dans ce but au «vous» conventionnel une certaine réalité, une suffisance à la hauteur des aspirations de celui à qui il parle. Tout se passe comme si la voix d'un lecteur à l'esprit subtil se faisait entendre dans les *Essais*, de sorte qu'enfin le temps de l'auteur et le temps du lecteur se rejoignent en analysant bien plus finement qu'en 1580 les catégories de lecteurs, où s'ajoute dès maintenant une nouvelle, correspondant aux lecteurs subtils dont rêve l'auteur. «Et puis, pour qui escrivez-vous? Les sçavans [...] ne connoissent autre prix que la doctrine. [...] Les ames communes et populaires ne voyent pas la grace et le pois d'un discours hautain et deslié. Or ces deux occupent le monde. La tierce, à qui vous tombez en partage, des ames reglées et fortes d'elles-mesmes, est si rare que justement elle n'a ny nom, ni rang entre nous: c'est à demy temps perdu, d'aspirer et de s'efforcer à luy plaire» (20). Il semble que Montaigne se décharge ici de la besogne impossible de déterminer son lecteur en chargeant celui-ci de la responsabilité de se mettre à la hauteur de l'idée que l'auteur se fait de lui. Il se peut qu'aucun lecteur n'y parvienne. Et Montaigne de s'en consoler en révisant le chapitre suivant: même si échoue le «dessein de publique instruction» admis ici pour la première fois, les *Essais* auront toujours en leur auteur un partisan fidèle (21).

Malgré le nouveau statut du lecteur dans l'édition de 1580 et dans les derniers «allongeails», Montaigne ne touche pas à l'avis. Il est remarquable qu'il n'en ait pas revu un seul mot, ce qui semble établir qu'à ses yeux l'avis est non seulement une affirmation rétrospective du dessein réalisé dans le livre qu'il introduit en 1580, mais aussi un point de repère qui a permis à l'auteur de se relancer en 1586. L'acomplissement des *Essais* est l'accomplissement de l'avis. D'ailleurs, l'avis est intégré dans le livre à un autre titre que celui d'un point de vue privilégié. Le lecteur abordant le premier chapitre a tout de suite sous les yeux un texte complémentaire de l'avis. La stratégie de communication oblique avec un lecteur suffisant, mise en évidence dans les dernières lignes de «Au lecteur» et pratiquée un peu partout dans les étapes formatrices, est déjà opératoire. Les divers moyens d'arriver à pareille fin reviennent à une alternative: la soumission ou la hardiesse. Or Montaigne pratique les deux dans l'avis, abondant en dénégations soumises parmi lesquelles il introduit hardiment la déclaration du dessein hardi. Il en sera de même des pièces justificatives qui jalonnent le livre. Ecrit en 1580, à mi-chemin de l'accomplissement matériel des *Essais*, «Au lecteur» défend le déjà réalisé, et par ce fait même, annonce d'autres écrits qui s'imposent. Si Mademoiselle de Gournay a faussé le dessein de Montaigne aux yeux des lecteurs du XVIIe siècle en mettant en frontispice de l'édition de 1635 la balance emblématique, par la même occasion, inconsciemment sans doute, elle a doublé de ce même emblème le texte équilibré et équilibrant qu'est «Au lecteur». Le frontispice disparu dans les éditions modernes, ainsi que les poèmes de La Boétie, écartés par Montaigne lui-même, et dont il est permis de douter qu'ils eussent pu supporter la concurrence des prétendus «crotesques», l'avis au lecteur occupe une place centrale, quoique textuellement déplacé du centre de gravité, emblématique par ce même déplacement de l'absence de La Boétie et de la restitution du lecteur absent en la personne de tout lecteur de Montaigne qui aura rencontré son air.

Catherine HENRY
University College, Dublin

NOTES

1. 1, XIII, p. 48, *Les Essais de Montaigne*, édition Villey-Saulnier, Paris, P.U.F., 1965. Toutes les citations des *Essais* feront référence à cette édition.
2. Les dictionnaires consultés datent de 1582 le premier emploi de ce mot, alors qu'il se trouve dans l'édition de 1580 des *Essais*.
3. «Tout le commerce que j'ay en cecy avec le publiq, c'est que j'emprunte les utils de son escripture, plus soudaine et plus aisée. Il m'a fallu jetter en moule cette image, pour m'exempter la peine d'en faire faire plusieurs extraits à la main», *Essais*, 1, XVIII, p. 664.
4. «Je ne dresse pas icy une statue à planter au carrefour d'une ville, ou dans une Eglise, ou place publique. C'est pour le coin d'une librairie, et pour en amuser un voisin, un parent, un amy, qui aura plaisir à me recointer et repratiquer en cett'image», *Essais*, 1, XVIII, p. 664.
5. *Essais*, p. XXVi.
6. *Essais*, 1, XL, p. 249.
7. *Essais*, 1, XL, pp. 250-251.
8. *Essais*, 1, XL, pp. 252-253.
9. «... si ces essays estoyent dignes qu'on en jugeat, il en pourroit advenir, à mon advis, qu'ils ne plairoient guiere aux esprits communs et vulgaires, ny guiere aux singuliers et excellens: ceux-là n'y entendroient pas assez, ceux-cy y entendroient trop: ils pourroient vivoter en la moyenne region», *Essais*, 1, LIV, p. 313.
10. Introduction à 1, LVI, p. 317.

11. «Et les soubmets au jugement de ceux à qui il touche de regler, non seulement mes actions et mes escris, mais encore mes pensées. Egalement m'en sera acceptable et utile la condemnation comme l'approbation», *Essais*, 1, LVI, pp. 317-318.
12. *Essais*, 1, XXVI, p. 169.
13. Ayant énuméré des critiques, par exemple, dans «Sur des vers de Virgile», Montaigne ajoute: «Oui, fais-je, mais je corrige les fautes d'inadvertance, non celles de coutume», *Essais*, 3, V, p. 875.
14. *Essais*, 3, VIII, p. 939.
15. *Essais*, 3, V, p. 875.
16. *Essais*, 3, VIII, p. 940.
17. «... la temerité de ces sentences hastives qui se jettent sur toute sorte d'escrits, notamment jeunes escrits d'hommes encore vivants, et en vulgaire, qui reçoit tout le monde à en parler et qui semble convaincre la conception et le dessein, vulgaires de mesmes», *Essais*, 2, X, p. 408.
18. *Essais*, 3, VIII, p. 936.
19. «... à l'adventure ay-je quelque obligation particuliere à ne dire qu'à demy, à dire confusément, à dire discordamment», *Essais*, 3, IX, pp. 995-996.
20. *Essais*, 2, XVII, p. 657.
21. *Essais*, 2, XVIII, p. 665.

LES PRETERITIONS MARQUEES
OU LE SENS DE L'INACHEVEMENT

«L'accomplissement des *Essais*»: le titre de ce colloque ne désigne pas seulement un thème de réflexion; comme l'a montré hier J. Lafond, il énonce, presque en oxymore, un problème embarrassant. Entre 1580 et 1588, Montaigne a simultanément émaillé d'additions la première version de son livre, et composé le «troisième allongeail»; après 1588, il remanie et enrichit plus que jamais le texte, mais n'ajoute pas de nouveaux chapitres. L'oeuvre est donc pour lui à la fois incomplète, puisque sa prolifération interne ne cesse pas, et achevée, puisque son armature reste désormais intacte. Il faudrait, pour en rendre compte, élaborer un concept contradictoire - l'imparfait accompli, ou la plénitude de l'inachevé - et la spéculation risque de devenir acrobatique. Tentons d'éviter la chute en nous cramponnant aux fissures et cavités diverses de ce texte lacunaire. Montaigne nous y invite lorsqu'il écrit, par exemple, au sujet de ses anecdotes: «Elles portent souvent, hors de mon propos, la semence d'une matière plus riche et plus hardie, et sonnent à gauche un ton plus délicat, et pour moi qui n'en veux exprimer davantage, et pour ceux qui rencontreront mon air» (I, 40, p. 251,c). Reste à «rencontrer son air»... A défaut, je me fierai à ses indications. Par endroit, il ne se borne pas à observer des silences, il les signale; ces prétéritions marquées ne sont pas nombreuses, mais elles méritent d'être scrutées avec une certaine attention.

Le chapitre 37 du premier livre est intitulé «Du jeune Caton». Le «thème» ainsi désigné est introduit à la troisième page, comme incidemment, à la faveur d'une comparaison: ceux qui dénigrent les grandes figures du passé, «ils le font [...] pour n'avoir pas la vue assez forte et assez nette pour concevoir la splendeur de la vertu en sa pureté naïve: Comme Plutarque dit que de son temps il y en avait qui attribuaient la cause de la mort du jeune Caton, à la crainte qu'il avait eue de César: Dequoi il se pique avec raison: Et peut on juger par là, combien il se fût encore plus offensé de ceux qui l'ont attribuée à l'ambition» (p. 231) (1). Suit une formule décisive («Ce personnage-là fut véritablement un patron que Nature choisit pour montrer jusques où l'humaine vertu et fermeté pouvait atteindre»); puis la prétérition: «*Mais je ne suis pas ici à même pour traiter ce riche argument. Je veux seulement faire lutter ensemble les traits de cinq poètes Latins sur la louange de Caton*». Et le chapitre s'achève sur ce florilège poétique, sans commentaire dans les éditions imprimées. Sur le sujet qu'il a annoncé, Montaigne ne prend donc la parole que pour la céder presque immédiatement à autrui; et il signale explicitement ce retrait, non par une excuse générale, mais par référence expresse à sa visée du moment: «je ne suis pas *ici* à même...». Le titre désigne le lieu d'un discours virtuel, dont la vertu de Caton aurait été l'«argument». Que faut-il comprendre dans ce silence?

Jetons un coup d'oeil sur le florilège substitué au discours. Dans les versions de 1580, 1582 et 1588, la hiérarchie qu'établit Montaigne n'est indiquée que d'un mot, de manière à privilégier seulement la dernière citation: «Et *le maître du choeur*, après avoir étalé les noms des plus grands Romains en sa peinture, finit en cette manière: /*His dantem jura Catonem*». L'hyperbole, dans son laconisme caractéristique du sublime, suppose pour contexte une énumération de héros. Or Montaigne a inventé ce contexte. La description du bouclier d'Enée, d'où est extrait l'hémistiche, est une série de tableaux historiques (Romulus et la louve, l'enlèvement des Sabines, Porsenna, les Gaulois attaquant le Capitole, les danses des Saliens et des Luperques...); suit l'évocation des Enfers, avec le supplice de Catilina dans le Tartare et par opposition, en un vers, le séjour des justes: *Secretosque pios, his dantem jura Catonem*. Et le passage, au lieu de «finir en cette manière», s'achève sur la bataille d'Actium et le triomphe d'Auguste... Montaigne cite de mémoire, sans doute; mais la façon dont il recompose le texte de Virgile est significative. Il fait de Caton plus qu'un héros: le législateur de l'héroïsme, *dantem jura*, l'incarnation et le garant du système de valeurs de toute l'histoire romaine, figure quasi-mythique en laquelle une civilisation reconnaît son idéal et le consacre par la voix de ses poètes.

C'est ce geste de vénération que déchiffrent les trois premières pages, réflexives. Elles ne portent pas sur l'objet, mais sur le regard qui le contemple: l'admiration est signe d'un «jugement réglé», d'une aptitude à comprendre la vertu; le dénigrement est signe d'un «jugement malade», assorti à la dépravation des moeurs. Entre ces deux attitudes, le partage se fait au stade de l'intuition: les malveillants «n'ont pas la *vue* assez forte et assez nette pour concevoir la *splendeur* de la vertu»; Montaigne, en dépit de sa faiblesse, se reconnaît la capacité de «*remarquer*, jusques dans les nues, la hauteur inimitable d'aucunes âmes héroïques». Dans ces conditions, le discours écarté par prétérition aurait été superflu: la vertu ne s'analyse pas, elle frappe de son éclat ceux qui ne sont pas aveugles (2). Mais faut-il parler d'évidence? En ce qui a trait au «jeune Caton», précisément, ce n'est pas le cas. Ses détracteurs pouvaient même se réclamer de l'autorité de S. Augustin qui, dans la *Cité de Dieu* (I, 23) imputait son suicide à l'ambition, muée en désir de ternir la gloire de César. Ainsi s'explique le titre: il désigne ce qui, dans le chapitre, ne va pas de soi, et souligne que la conviction spontanée qui s'y exprime n'est pas conforme à l'orthodoxie des dévots. De ce fait, en s'abstenant de «traiter le riche argument» de la vertu de Caton pour justifier méthodiquement cette conviction, Montaigne fait de celle-ci une profession de foi humaniste. Son silence a pour effet de définir l'objet propre de l'*essai*: ce choix immédiat qui, en deçà des motivations rationnelles du «discours», détermine le jugement et s'élucide par la production du texte; non pas un système de valeurs, mais l'acte intime qui l'instaure, ou l'adopte, le point aveugle autour duquel il se constitue. En dépit des moralistes vétilleux, et de S. Augustin lui-même, Montaigne a choisi d'admirer sans réserve la grandeur humaine de Caton; il refuse d'argumenter pour cautionner sa décision.

Ailleurs, il argumente; moins pour justifier ses options que pour les expliquer, les déchiffrer dans le discours qui les expose et leur donner «un peu plus de forme» (II, 37, p. 785). Mais laissons de côté cet aspect du livre, quelle que soit son importance, pour revenir à ce que révèle, ici, la prétérition. En raison de leur visée propre, d'*essais*, les textes de Montaigne, si on les saisit comme discours, peuvent et peut-être doivent rester incomplets, laisser place à l'implicite, au non-dit. Dans le chapitre «De Democritus et Heraclitus» (I, 50), le premier qui définisse clairement l'*essai* réflexif, le refus de l'exhaustivité, présenté comme marque d'arbitraire, est associé étroitement au projet de se connaître et de se faire connaître: «Je laisse la fortune me fournir elle-même les sujets, d'autant qu'ils me sont également bons. Et si n'entreprends pas de les traiter entiers et à fond de cuve. De mille visages qu'ils ont chacun, j'en prends celui qu'il me plaît. Je les saisis volontiers par quelque lustre extraordinaire et fantasque. J'en trierais bien de plus riches et pleins, si j'avais quelque autre fin proposée que celle que j'ai. Toute action est propre à nous faire connaître» (version de 1580, éd. Armaingaud, II, p. 451). Une addition manuscrite impute aux mêmes intentions la discontinuité des chapitres: «Semant ici un mot, ici un autre, échantillons dépris de leur pièce, écartés, sans dessein et sans promesse, je ne suis pas tenu d'en faire bon...». Dans la «marqueterie mal jointe», les interstices et les pièces manquantes laissent entrevoir le socle, l'en-deçà du discours.

Mais il n'est pas facile de déchiffrer des silences. Ailleurs, Montaigne laisse entendre qu'il faut «rencontrer son air» pour comprendre. Ainsi dans le chapitre «De l'amitié»: après avoir donné pour inexprimable le sentiment dont il veut témoigner («Il y a *au-delà de tout mon discours*, et de ce que j'en puis *dire* particulièrement...»), il indique la condition d'intelligibilité: «Je souhaiterais aussi parler à des gens qui eussent essayé ce que je dis» (et il n'est pas indifférent que se rencontre ici le verbe *essayer*). Le texte à prétérition requiert, pour lecteur, un *alter ego*; à défaut, la confiance.

Cela nous conduit à un autre exemple de prétérition marquée, très caractéristique, dans le chapitre «Du démentir». On peut y lire, quinze lignes avant la fin: «Quant aux divers usages de nos démentirs, et les lois de notre honneur en cela, et les changements qu'elles ont reçus, *je remets à une autre fois d'en dire ce que j'en sais*» (II, 18, p. 667). Avouons que le procédé paraît assez désinvolte, et surprenant, compte tenu des promesses du titre, et de ce qui est en jeu. Car, des deux objections qu'oppose un lecteur imaginaire au dessein de Montaigne, «de se servir de soi pour sujet à écrire», ce titre privilégie la seconde: «Mais *à qui croirons-nous, parlant de soi*, en une saison si gâtée? vu qu'il en est peu, ou point, à qui nous puissions croire parlant d'autrui, où il y a moins d'intérêt à *mentir*» (p. 666). A la voix anonyme qui conteste toute la véracité des *Essais* (et spécialement du chapitre précédent, «De la présomption», auquel celui «Du démentir» est syntaxiquement lié, jusqu'à faire figure de postface), Montaigne ne répond pas. La prétérition, sur la question annexe des «divers usages de nos démentirs», marque ce silence, et en accroît le poids. Elle isole aussi les quelques lignes qui l'expliquent indirectement: celles qui parlent, en fait, du «démentir», mais seulement pour déceler dans les réactions violentes qu'il provoque - duels à mort, exigés par le «point d'honneur» (3) - un mensonge au second degré: «il est naturel de se défendre le plus des défauts dequoi nous sommes le plus entachés. Il semble qu'en nous ressentant de l'accusation et nous en émouvant, nous nous déchargeons aucunement de la coulpe: si nous *l'avons par effet*, au moins nous *la condamnons par apparence*». Autrement dit, l'indignation est un leurre, qui tente de couvrir l'imposture que le partenaire vient de «démentir». Il en résulte que, face à un démenti, aucune déclaration n'est efficace: le discours ne peut se cautionner lui-même, la protestation serait aussi suspecte de mensonge que l'assertion qu'elle devrait garantir. L'aporie logique conduit aussi bien au paradoxe: Epiménide le Français du XVIe siècle dit que tous les Français du XVIe siècle sont menteurs... Montaigne s'y amuse, avec une ironie amère: «*Notre vérité de maintenant*», ce n'est pas ce qui est, mais ce qui se persuade à autrui [...]. «*Notre nation*» est de longtemps reprochée de ce vice» (et le reproche vient de Salvianus de Marseille). Produire un énoncé contradictoire est une autre façon de se taire. En tout cas, Montaigne évite soigneusement d'affirmer «je dis la vérité»; il rature même sur l'Exemplaire de Bordeaux une incise qui pouvait passer pour une déclaration de ce genre: «Mais, *à dire vrai*, à qui croirions-nous parlant de soi...» (versions de 1580, 1582 et 1588).

Mais, à la place de l'impossible réponse, voici des assertions formulées sur le mode impersonnel du constat: «C'est un vilain vice que le mentir»

- et, à l'appui, une sentence de Plutarque, puis une réflexion sur le langage: «C'est le seul outil par le moyen duquel se communiquent nos volontés et nos pensées [...] S'il nous faut, nous ne nous tenons plus, nous ne nous entreconnaissons plus». Il suffit de rapporter ces affirmations à celui qui les profère, et de se rappeler qu'au début du chapitre, il a légitimé son auto-portrait par le souci de maintenir une communication posthume avec les autres, pour comprendre qu'il ne peut pas «mentir» sans réduire son entreprise à néant, que les *Essais* sont véridiques ou ne sont rien. Mais ce déchiffrement et cette inférence, Montaigne ne les sollicite pas en termes explicites. Il appartient au lecteur de procéder lui-même au montage logique, de deviner que les assertions sur le mensonge tiennent lieu de la réplique au démenti, qu'il attendait, et d'accorder sa confiance, sans autre garantie - comme, dans le chapitre 5 du même livre, les Romains accordent leur confiance à Scipion qui a refusé de justifier ses comptes et en a déchiré les registres (p. 368). Ici, comme dans l'exemple précédent, la prétérition fait entrevoir quelque chose qui se joue en deçà du discours. Quelque chose d'essentiel: un système de valeurs à adopter sans délibération, un contrat de fidélité mutuelle qui ne se marchande pas, la condition préalable à toute lecture de ce «livre de bonne foi». Ce non-dit est gage de la signification de tout ce qui se dit.

Bien entendu, toutes les prétéritions ne sont pas si lourdes de sens. A la fin du chapitre «Des coutumes anciennes», la phrase «Mais il y a des livres entiers faits sur cet argument» se borne à interrompre l'inspection. Dans le chapitre «Des récompenses d'honneur», on peut admettre que l'omission des propos sur la «différence» entre la vaillance et les autres vertus est justifiée par le renvoi à Plutarque (p. 383). A la fin du chapitre «De la gloire», le silence sur les exemples de «créance salutaire, toute vaine qu'elle puisse être» (p. 630) pourrait aussi être anodin (mais je n'en suis pas sûr). Il n'en sera pas question ici. Les deux analyses ci-dessus tendent seulement à montrer que les prétéritions de Montaigne ne sont pas toujours des négligences, et qu'elles peuvent, sur des points cruciaux, prendre la valeur d'un *taire parlier et bien intelligible* (II, 12, p. 454).

Sur cette lancée, venons-en à quelques propositions téméraires au sujet de ce qui peut-être n'est pas une prétérition, mais peut-être en est une, et la plus massive de toutes: au centre du premier livre, l'omission du *Discours de la Servitude Volontaire*.

On sait sans doute pourquoi il n'a pas été inséré dans les *Essais*: sa publication partielle en 1574, puis intégrale en 1576, par les protestants en rébellion, lui avait conféré une signification historique que Montaigne désavoue, au nom de La Boétie, loyaliste comme lui-même. Mais il n'a pas été totalement effacé; des traces marquent son absence, assez précises pour donner matière à examen, et à interrogation. Sa présentation, d'abord, est insistante: le titre, en capitales, complété par celui dont il a été «bien proprement rebaptisé», *le Contre Un*. Suit la définition du genre et du sujet: La Boétie «l'écrivit par manière d'essai en sa première jeunesse, à l'honneur de la liberté contre les tyrans». Les destinataires sont mentionnés d'un mot: «Il court piéçà ès mains des gens d'entendement». Après les éloges, Montaigne s'attarde un instant sur ce que son ami aurait pu écrire, ou a peut-être écrit, et qui reste inconnu: «Il n'est demeuré de lui que ce discours», avec le mémoire sur l'édit de janvier et les opuscules édités, «c'est tout ce que j'ai pu recouvrer de ses reliques». Enfin, il situe le Discours dans sa propre vie, à l'origine de ses relations avec La Boétie: «il me donna la première connaissance de son nom, acheminant ainsi cette amitié...» - et il n'est plus question que de «cette amitié», jusqu'à la dernière page où surgit soudain la formule d'introduction: «Mais oyons un peu parler ce garçon de seize ans» («dix-huit ans» dans les versions imprimées). Le préambule avait annoncé un «tableau [...] formé selon l'art»; la formule de transition en fait une expression, un message du «frère» spirituel dont vient d'être célébré le souvenir. L'attente du lecteur, cependant, sera déçue: «Parce que j'ai trouvé que cet ouvrage a été depuis peu mis en lumière, et à mauvaise fin [...], je me suis dédit de le loger ici». On ne trouvera que quelques explications sur sa portée: il faut y reconnaître un sujet traité «par manière d'exercitation seulement, comme sujet vulgaire et tracassé en mille endroits des livres». Cela ne tirerait donc pas à conséquence? Voici un avertissement en sens contraire: «Je ne fais nul doute qu'il ne crût ce qu'il écrivait, car il était assez consciencieux pour ne mentir pas même en se jouant» - d'où il suit que le discours exprime bien les convictions de son auteur. Par jeu? mais il est plus loin défini comme un «ouvrage sérieux»... Le seul vrai correctif est l'«autre maxime» de La Boétie, «d'obéir et de se soumettre très religieusement aux lois sous lesquelles il était né».

Si l'on fait la somme de ces indications, on voit que le traité voué au silence, qui se détache sur le plus grand silence des oeuvres perdues de La Boétie, est décrit de telle manière qu'il paraît ressortir au type de vérité que Montaigne invente en son propre livre. Il est écrit «par manière d'essai» ou «d'exercitation», sur un sujet «tracassé» (ce mot n'est employé ailleurs qu'à propos des *Essais* - I, 50, p. 301); il a pour seule caution la sincérité; il est destiné aux «gens d'entendement» capables de discerner ses intentions, ou à ceux qui ont «pu connaître de près» son auteur et ne risquent pas de s'y méprendre. Enfin, il est problématique, ou du moins donné pour tel. Car la présentation a ceci de singulier, qu'elle accentue outre mesure la tension entre les deux «maximes» de La Boétie, le respect des institutions et la revendication de liberté. Le discours ne préconisait pas la lutte, mais la résistance passive, censée capable d'ôter toutes ses forces au tyran; et le titre original privilégiait cette idée, en désignant non pas les abus du pouvoir, mais la docilité qui les rend possibles, la «servitude *volontaire*». Contre toute attente, Montaigne approuve l'autre titre, agressif, «Le *Contre Un*», et il le paraphrase: «discours à l'honneur de la liberté «contre» les tyrans». Il aggrave ainsi l'antinomie entre les convictions personnelles et le loyalisme de son ami. Dans ces conditions, la présence-absence du *Discours de la Servitude Volontaire* marque en creux, au centre du premier livre des *Essais*, le lieu d'un problème crucial - selon les termes de Géralde Nakam, «cette tension ou cette dialectique entre deux réalités: le désir, ou mieux l'affirmation de la liberté, et l'acceptation des lois» (4). Mme Lopez-Fanego a montré hier que ce problème sous-tend toute l'oeuvre de Montaigne; j'ajouterai qu'il se résout en une morale et une politique de l'autonomie, clef de la philosophie de l'*essai*. On en trouve un indice, précisément dans le chapitre «De l'amitié». Au sujet des relations familiales, Montaigne écrit: «à mesure que ce sont amitiés que la loi et l'obligation naturelle nous commande, il y a d'autant moins de notre choix et *liberté volontaire*. Et notre *liberté volontaire* n'a point de production qui soit plus proprement sienne que celle de l'affection et amitié» (p. 185). Cela revient à présenter comme modèle des rapports humains authentiques le contraire de ces «servitudes volontaires» que requiert la vie privée comme la vie publique; et à suggérer ainsi une transposition des thèses du *Discours* en termes d'éthique personnelle et sociale. L'écrit absent, dont Montaigne esquisse en pointillé les principaux contours, fait fonction de point aveugle, par rapport auquel tout peut s'éclairer.

Une dernière remarque sur les prétéritions que nous venons d'examiner. Les deux premières, expresses, ont trait à des clauses majeures du contrat de lecture: assentiment préjudiciel à l'axiologie de Montaigne, et confiance en sa sincérité. La troisième, due peut-être à une circonstance accidentelle, mais marquée comme prétérition par la désignation insistante du texte omis, indique un axe de la problématique des *Essais*. Dans les trois cas, le lecteur doit intervenir pour reconstituer une signification essentielle, qui n'est exprimée qu'à demi.

Bien d'autres procédés peuvent jouer un rôle semblable: «embrouillure», ironie, désignations allusives ou énigmatiques. Mais le caractère particulier des prétéritions est de manifester la nécessité d'une connivence. On pourrait les paraphraser en ces termes: ici, je m'abstiens d'énoncer ou de montrer quelque chose; à vous de comprendre l'objet de mon silence, et la raison de ce silence. Il n'est sans doute pas trop difficile de deviner; reste que le lecteur est informé de l'initiative qui lui est laissée, et peut en mesurer l'ampleur - car l'interprétation d'un indice peut passer pour simple habileté herméneutique, mais pas l'interprétation d'un silence, nécessairement aventureuse.

On en conclura que, si les *Essais* s'accomplissent dans l'inachèvement, ce n'est pas seulement parce que leurs investigations n'ont pas de terme ni d'acquis définitifs; c'est aussi parce qu'ils ménagent, en creux, le lieu d'un assentiment toujours virtuel. Les prétéritions, plus clairement que les procédés similaires, dévoilent cette structure dialogique par laquelle la méditation pyrrhonienne peut, à l'épreuve du regard d'autrui, acquérir sa vérité - la véracité d'un témoignage, authentifiée par la conviction du jury.

André TOURNON
Université de Provence

NOTES

1. Nous transcrivons le texte en orthographe moderne, mais en respectant sa ponctuation ainsi que les majuscules autographes qui le scandent.
2. Plus tard, l'addition manuscrite qui décrit l'effet de la poésie - «la bonne, l'excessive, la divine est au-dessus des règles et de la raison...» esquisse une analogie entre l'enthousiasme esthétique et l'enthousiasme moral décelable dans une autre addition manuscrite: «et ne nous messiérait pas, quand la passion nous transporterait à la faveur de si saintes formes». Emerveillement et «inspiration sacrée» se ressentent par intuition, se communiquent par fascination, sans l'aide du «discours».
3. Voir sur cette question M. Morel, «La fin du duel judiciaire en France et la naissance du point d'honneur», *Revue d'Histoire du Droit Français et Etranger*, 1964, p. 575 sqq.
4. *Les Essais de Montaigne, miroir et procès de leur temps*, Paris, 1984, p. 183.

L'HYPERBATE: UNE MAITRESSE FORME
DU TROISIEME ALLONGEAIL

L'hyperbate occupe une place modeste dans le répertoire des figures du discours, et l'on a du mal à en trouver des définitions précises; sa description hésite entre les critères formels, l'effet de style et la tournure de pensée, et les théoriciens peuvent se trouver en contradiction apparente à son sujet. Mais il se trouve que l'hyperbate est, silencieusement, au centre d'une des phrases les plus illustres de Montaigne, à défaut peut-être d'être la mieux lue: «C'est un doux et mol chevet, *et sain*, que l'ignorance et l'incuriosité à reposer une teste bien faite» (1). A entendre cet énoncé, on sent immédiatement que l'on sait bien ce qu'est l'hyperbate, et on a l'impression générale d'une tournure particulièrement montaignienne.

Elle n'est cependant pas, chez Montaigne non plus, la plus voyante des figures (nombreuses) auxquelles il a recours. Sa visée générale est un effet de surprise et de brusquerie; mais à ce compte on pourrait recenser des procédés aussi fréquents et plus ostentatoires: par exemple tous les moyens de rompre la phrase, et en particulier l'anacoluthe; tous les moyens d'attirer l'attention sur les mots: doublets, énumérations, paronomases («elle le ravit et le ravage»; «Tout ce qui plaist ne paist pas»), anadiploses («Elles *l'emportent* seulement en l'inanité, mais elles *l'emportent*» 923b; «... ce notable commentaire qui m'est eschappé d'un *flux* de caquet, *flux* impetueux parfois et nuisible...» 897b) (2). Mais sa discrétion même et sa subtilité en font un élément profondément intégré, presque fondu dans l'écriture de Montaigne, au point que l'on peut se demander si elle ne lui est pas devenue une seconde nature. L'analyse de quelques exemples sera nécessaire pour mesurer son degré de conscience et d'intentionalité.

Dernière remarque enfin, avant de tenter d'en saisir la matière et la manière: cette figure appartient plus spécialement à l'écriture d'*après* 1580: elle est particulièrement abondante dans le livre III où sa prédominance est flagrante.

-=-=-=-

L'hyperbate est une «figure par laquelle on ajoute à la phrase qui paraissait terminée une épithète, un complément ou une proposition, expression qui surprend l'auditeur et par là même se trouve fortement mise en évidence» (3). Telle est la définition sur laquelle s'accordent les théoriciens modernes, ici Morier, ou encore B. Dupriez. On verra la part de flou que comporte cette définition. Mais la rhétorique ancienne (le p. Lamy par exemple) la définissait comme une «inversion», ce qui se trouve encore à l'article «hyperbate» dans Littré, entendant par là qu'on la reconnaissait, formellement, à ce qu'un ordre attendu des mots se trouvait bouleversé, ajoutant, pour le sens, qu'elle traduisait «une violente affection de l'âme». Fontanier (4), le premier je crois, a su voir que cette définition n'était qu'un cas très particulier de l'hyperbate; il tente d'énumérer diverses modalités de cette inversion des mots (sans aller jusqu'à l'inversion de propositions entières), et reste mal à l'aise dans sa tentative de formalisation: «telles sont à-peu-près, dit-il, les règles générales pour la reconnaître» (p. 284). Les exemples assez nombreux qu'il donne n'illustrent que des cas d'inversion proprement dite; et au moment de définir, dans sa nomenclature, «hyperbate», il se dérobe, n'en donnant que l'étymologie et sa traduction: «transgression, passage au-delà, déplacement, transport d'une place en une autre» (p. 482).

De la définition moderne de l'hyperbate, il faut retenir les idées essentielles d'ajout, de surprise et de mise en évidence. Mais on voit bien que ce sont là des catégories hétérogènes, l'une formelle, les autres touchant le contenu et l'effet de texte. La notation de Morier selon laquelle l'ajout peut porter sur une proposition entière semble, quand on cherche à travailler sur des exemples, abusive, et elle introduit de l'imprécision; lui-même ne donne pas d'exemples d'hyperbate de proposition; si l'on essaie d'en trouver, par exemple chez Montaigne puisqu'il est notre terrain d'investigation, on s'aperçoit que l'on touche à toute sorte d'effets stylistiques variés, qui débordent le cadre et l'effet de l'hyperbate; dans ce chapitre d'ailleurs il faudrait faire entrer la majeure partie des phrases des *Essais*. Dupriez est plus prudent, qui fait porter l'hyperbate sur «un mot ou un syntagme».
Pour tenter d'apprécier un peu clairement la nature et les vertus de l'hyperbate, il convient de dissocier, quels que soient les inconvénients d'une telle partition, ses aspects formels, son contenu, et son intention, c'est-à-dire l'effet qu'elle poursuit.
Formellement, aussi arbitraire que puisse paraître cette première exigence, il me semble que l'on ne peut parler d'hyperbate qu'en présence d'une conjonction de coordination, à sens très étroitement restreint à la liaison de deux éléments linguistiques, c'est-à-dire «et» ou «ni» (et non pas «or, ou, car, etc...» qui diluent la notion essentielle d'*ajout*); à défaut de ce

«et» ou «ni», on a affaire à des figures qui ont avec elle un rapport de ressemblance ou d'opposition: repentir, correction, ou, en l'absence d'une coordination, à une apposition grammaticale qui peut prendre des valeurs diverses, mais non pas à l'hyperbate dans ses effets spécifiques. L'effet d'hyperbate est plus marqué lorsque cette coordination est précédée d'une virgule, en revanche l'absence de virgule fait de l'hyperbate quelque chose de plus insidieux, retarde l'effet de surprise et en fait un effet d'après-coup, la rend plus subtile. Montaigne utilise les deux formes, mais l'indifférence qu'il affiche pour les questions de ponctuation (5) ne permet pas, sauf dans des cas très marqués, d'en tirer des conclusions stylistiques.

L'hyperbate se divise donc en deux membres, mots ou syntagmes, reliés par la coordination et parfois séparés par la virgule; elle exige aussi que ces deux mots ou syntagmes soient dissociés par un élément linguistique, simple ou complexe, d'une autre nature et joint au premier membre; par exemple: adjectif épithète, substantif + «et» + nouvelle épithète: «... tendre negociateur *et novice*, qui ayme mieux faillir à l'affaire qu'à moy!» (791b); substantif, incise + «et» + nouveau substantif: 901c: «... l'infinie variété que les histoires nous presentent de l'usage des coches (...), de grand effet, ce me semble, *et necessité*». L'énoncé qui disjoint les deux membres de l'hyperbate («négociateur») serait attendu, dans l'ordre normal, après le second («novice»), et il porte sur les deux, même dans le cas d'une incise.

Toutes sortes de fonctions grammaticales peuvent supporter cet effet d'hyperbate; par exemple le déterminatif (on vient d'en voir le cas par l'épithète); le substantif sujet: cas expressif cité par plusieurs théoriciens que celui emprunté à Corneille: «Albe le veut, et Rome». Chez Montaigne: 919b «... Qui plus est, la paillardise s'en est veüe in credit, *et toute dissolution...*». Enfin, dans certains cas, le second membre de l'hyperbate peut comporter plusieurs mots ou syntagmes, ce qui introduit un effet supplémentaire d'insistance: 960b «(L'état de Rome) comprend en soy toutes les formes, et avantures qui touchent un estat: tout ce que l'ordre y peut, *et le trouble, et l'heur et le malheur*».

Quant à sa place, l'hyperbate termine souvent une phrase, ce qui fait fortement apparaître sa fonction ou son effet de rajout; mais elle peut aussi faire le centre d'une phrase complexe, et induit par là des effets différents. Ce sont ces questions de sens et d'effets qui restent à décrire.

Pour le sens, l'hyperbate est très précisément et uniquement un *ajout*, qui n'a pas pour objet de transformer la pensée (elle ne doit pas être confondue avec le repentir) mais de lui apporter une nuance supplémentaire, voire de la gauchir légèrement: c'est dans ce cas une «correctio» atténuée; ou, d'une autre façon, de la préciser, lui donner plus de poids: c'est un renforcement. Mais cette figure se définit mieux par son effet affectif que par son contenu logique: c'est toujours une surprise, car elle intervient après un énoncé (phrase ou membre de phrase) qui paraissait grammaticalement et sémantiquement complet. Cet effet de surprise est exploitable «à tous sens» comme pourrait dire Montaigne: force, indignation, vive émotion (la «violente affection de l'âme» de Fontanier), mais aussi humour, drôlerie, ironie subreptice. Elle mime dans l'écriture les mouvements spontanés de la pensée, «comme un homme qui s'avise tout à coup» dirait Mascarille; on ne peut malheureusement employer ici le joli terme de «ravisement», que Montaigne, dans l'«Institution des enfans», affecte à un «repentir» (I, 26, 155a). Mais plus que tout elle exprime une liberté de la pensée, et le désir de la saisir et l'exprimer «à l'état naissant», la laissant voir dans son progrès: effet artiste, qui vise paradoxalement au style «naturel»: «Je veux representer le progrez de mes humeurs, et qu'on voye chaque piece en sa naissance» (II, 37, 758b).

-=-=-=-

Cette brève analyse permet d'entrevoir combien l'hyperbate convient au projet et aux habitudes d'écriture de Montaigne. Aussi va-t-on trouver chez lui une très grande variété d'utilisation de cette figure.

Elle pourrait apparaître à première vue presque comme un tic, si l'on ne s'apercevait, par des analyses de détails, que Montaigne en contrôle très consciemment l'usage. A tout le moins apparaît-elle comme une singularité revendiquée, une élégance personnelle. Les exemples sont très nombreux, où l'hyperbate donne à la phrase le piquant de la surprise, une fine nuance si l'on veut la chercher, sans supporter cependant une intention logique ou stylistique importante. Ce type d'hyperbate se rencontre aussi bien aux livres I et II qu'au troisième, mais elle est plus fréquente dans celui-ci: «... une vehemente premeditation, *et laborieuse* (40a), «... ce que fait beaucoup plus purement l'ignorance, *et plus evidemment...*» (190a), «Je me fis, par art, amoureux, *et par estude*, à quoi l'aage m'aidoit» (835b), (L'humaine sagesse n'arrive jamais aux devoirs qu'elle se prescrit), «et si elle y estoit arrivée, elle s'en prescriroit d'autres au delà, où elle aspirat tousjours *et pretendit...*» (990b).

Mais outre cet effet de vivacité spontanée, l'hyperbate met presque toujours en valeur un effet stylistique, une intention de pensée, une émotion. Elle souligne par exemple certaines métaphores, en particulier celles qui se rapportent au corps, comme dans ce passage de l'«Institution des enfans» (il s'agit des Anciens): «Je ne luitte point en gros ces vieux champions là, *et corps à corps...*» (147c). Ailleurs, la force d'un énoncé concret, où s'ajoutent métaphore et représentation, où se mêlent visage et paysage: «Si ma santé me rid, *et la clarté d'un beau jour,* me voilà honneste homme» (565a); aux tropes s'ajoutent encore ici un effet de pensée humoristique, le tout au service du grand développement de l'*Apologie* sur la subjectivité et la relativité des jugements. Ainsi en va-t-il souvent de l'usage des figures chez Montaigne, où l'une va rarement sans plusieurs autres. Il reste que souvent l'hyperbate est un signal stylistique sûr de ces surinvestissements du texte. Elle est volontiers au service de l'humour et de l'insolence: celle-ci, au livre I, préfigure les développements acerbes de l'«Art de conferer» sur l'autorité pompeuse des apparences sociales: 927b/a «... et si estoit homme de lettres et de reputation, (b) *et qui avoit une belle robe*» (139a-b): cas particulièrement intéressant en ce qu'il se joue dans le temps, car c'est un ajout de 1588 qui introduit l'effet d'hyperbate. Insolence feutrée encore dans l'exemple suivant, à laquelle se mêle un naturalisme voluptueux: «Homere a esté contrainct de consentir que Venus fut blessée au combat de Troye, une si douce saincte, *et si delicate...*» (918b). Manière goguenarde, sans avoir l'air d'y toucher, d'introduire Vénus dans la liste des saints et des saintes; peu surprenante de la part de celui qui au besoin imiterait bien cette vieille portant «une chandelle à S. Michel, l'autre à son serpent» (792b). Dans la catégorie des hyperbates insolentes qui redonnent la parole au corps, à la sexualité, autorisant en quelque sorte le retour du refoulé, je citerai un effet introduit à la fois par une citation, qui joue le rôle d'incise et de disjonction, et un ajout après coup dans les marges de l'exemplaire de Bordeaux. C'est le reproche célèbre à la trahison de la nature en la vieillesse: «Certes elle m'a traitté illégitimement et incivilement», ici se place la citation scandaleuse des *Priapea,* car le latin y va quand le français n'y peut aller (6) et Montaigne ajoute à la main après le point de la citation *Et d'une lesion enormissime* (887b-c). Malgré ses irrégularités formelles, il faut classer ce fragment parmi les plus notoires hyperbates de Montaigne.

Cet exemple fait transition avec les hyperbates les plus fortes, qui sont mises au service de la pensée. Elles sont nombreuses, notamment dans l'«Apologie de Raimond Sebond» et dans les derniers chapitres du livre III. Elles ornent, signalent, soulignent, les énoncés les plus intenses, les plus décisifs: «La plus calamiteuse et fraile de toutes les creatures, c'est l'homme, *et quand et quand la plus orgueilleuse*» (452a, *Apologie*): on remarquera l'antithèse jointe à l'hyperbate. «La vie est un mouvement materiel et corporel, action imparfaicte de sa propre essence, *et desreglée;* je m'emploie à la servir selon elle» (996b, «De la vanité»). Ou encore les grands énoncés de l'«Expérience», outre celui que j'ai invoqué comme intercesseur: «Il n'y a rien si lourdement et largement fautier que les loix, *ny si ordinairement*» (1072c); «Moy qui me vente d'embrasser si curieusement les commoditez de la vie, *et si particulierement*, n'y trouve, quand j'y regarde ainsi finement, à peu pres que du vent» (1106c). Et sans être exhaustive, je ne puis me dispenser de ce dernier, qui est aussi (sauf erreur) la dernière hyperbate des *Essais*: «Il n'est rien si beau et legitime que de faire bien l'homme *et deuëment...*» («... ny science si ardue que de bien (c) et naturellement (b) sçavoir vivre cette vie»).

-=-=-=-

L'intérêt de cerner, ou tenter de cerner un procédé dans les *Essais* n'est pas d'isoler un fragment de description de la rhétorique montaignienne. Deux raisons m'ont mise sur la piste de cette figure relativement effacée et m'ont portée à la privilégier: c'est la différence frappante de l'usage qu'en fait Montaigne avant et après l'édition de 1580; c'est aussi la ressemblance frappante de l'hyperbate avec la pratique des farcissures et de l'allongeail qui fait la conception même du livre de 1588.

Le livre III comporte, en fréquence (et non pas en nombre) presque trois fois plus d'hyperbates que les deux premiers; à savoir pour les livres I et II, en moyenne une toutes les quatorze pages et demie, pour le livre III, toutes les cinq pages et demie (7). Ennuyeuse statistique certes, et un peu trompeuse, car il semble que les hyperbates s'appellent, et doivent relever en partie d'une humeur de l'écrivain: au livre III certains chapitres en sont presque ou totalement dépourvus, et elles se mettent à fourmiller dans certaines séries de pages. Cette disparité ne se remarque pas dans les deux premiers livres, en raison même de la rareté de cette figure dans ces mêmes livres.

Avant de chercher un sens à cette observation il faut signaler un fait qui semble contredire l'idée d'une inflation de l'hyperbate liée à l'époque de rédaction: car dans les livres I et II, on la trouve en proportion à peu près égale dans la rédaction d'avant 1580, a, et dans les couches b et c. J'avancerai provisoirement deux hypothèses: ou bien c'est la couleur stylistique de ces chapitres que Montaigne respecte dans l'usage ou l'abstention de telle ou telle figure. Ou bien la conception même du troisième livre se trouve avoir une convenance plus particulière à son emploi.

Cette marque rhétorique de l'hyperbate est une des preuves du caractère de singularité, de nouveauté absolue des *Essais* de 1588. Depuis 1580 Montaigne a profondément changé, ou du moins son projet et son livre ont changé. Le livre de 1580 est un livre ferme et clos, que Montaigne a certainement considéré comme achevé. Stylistiquement, ce caractère stable et majestueux (si lisible quand on prend la peine de se référer à l'édition sous sa forme originale) est bien exprimé par les phrases antithétiques et balancées si nombreuses surtout dans les premiers essais; très sensible également dans les phrases anecdotiques, longues constructions closes où Montaigne, dans l'organisation d'une seule phrase (parfois deux à la rigueur) et grâce aux combinaisons syntaxiques, réussit à faire entrer la totalité d'une histoire. Ce choix rhétorique laisse évidemment peu de place à la mobilité imprévisible de l'hyperbate.

Au moment de clore le livre pourtant, dans l'essai déjà «testamentaire» qu'est «De la ressemblance des enfans aux peres» (II, 37), écrit peu avant la publication, l'auteur amorce cette démarche imprévue et mouvante de la pensée et de l'écriture, qui va faire éclater le corps massif du texte par la fracture des farcissures. Ce qu'il annonce (mais savait-il qu'il en ferait sa nouvelle manière d'écrire?) c'est la technique de l'ajout, que l'hyperbate réalise si parfaitement dans le cadre de la phrase; il n'aura qu'un mot à ajouter (après 1588) pour représenter tout son travail ultérieur: «Je ne corrige point mes premières imaginations par les secondes; (c) ouy à l'aventure quelque mot, mais pour diversifier, *non pour oster*» (p. 758) (8). Il écrira dans «La vanité»: «J'adjouste, mais je ne corrige pas» (963b).

L'hyperbate est une illustration flagrante d'un tel propos. Elle oppose au style clos et structuré si frappant dans les premiers essais un style ouvert. Son caractère spécifique, c'est l'ajout surprenant. Or Montaigne indique bien la loi qu'il se donne à mesure qu'il avance sur cette route où il ne peut plus s'arrêter (9) qui est d'attacher fragmentairement à ses propos (comme «une marqueterie mal jointe») quelque «emblème supernuméraire»; on dirait qu'il définit l'effet même de l'hyperbate lorsqu'il précise «Ce ne sont que surpoids qui ne condamnent point la première forme, mais donnent quelque pris à chacune des suivantes» (c'est la «mise en valeur» des rhétoriciens) «par une petite subtilité ambitieuse» (964c). Une page à peine avant celle que l'on vient de citer, il livre une confidence sur sa visée stylistique qui concerne le parler, mais qui convient singulièrement à sa manière d'écrire: «Mon dessein est de représenter en parlant une profonde nonchalance et des mouvemens fortuites et impremeditez, *comme naissans des occasions presentes* (963b) (10).

Cette rupture voulue du propos, «marqueterie mal jointe», cette «profonde nonchalance», cette attention aux tressaillements les plus inattendus de sa pensée, voire de son être guetté dans son «passage», «mouvemens fortuites et impremeditez»: tout cela est l'expression volontairement «basse et sans lustre», gasconisme à rebours dont Montaigne est coutumier, des intentions fortes qui guident la poursuite des *Essais* après 1580: refus de laisser la pensée se durcir et se fermer, refus du dogmatisme, désir d'épouser au plus près le mouvement de la vie même. La petite figure rhétorique de l'hyperbate n'est parmi d'autres que l'humble servante d'un tel dessein, mais elle y est si étonnamment adaptée que ce seul fait suffit à expliquer la place qu'elle prend dans l'écriture des nouveaux *Essais*.

Ne pourrait-on dire qu'à un degré supérieur d'intégration, elle trouve son expression métaphorique dans certains ajouts notables? Ceux notamment qui transforment la fin initialement prévue des chapitres, ce qui ne se produit qu'aux deux premiers livres. Ainsi des quelques lignes sur lesquelles se referment l'essai «De la tristesse», des longues pages qui ajoutent à «L'exercitation» son second versant, ou de la phrase qui clôt l'«Apologie de Raimond Sebond» sur le mot de «métamorphose». Presque invisible, retorse, humoristique ou passionnée, à sa place modeste elle est une expression fidèle du dernier projet de Montaigne.

Françoise CHARPENTIER
Université Paris VII

NOTES

1. Souligné par moi, comme le seront tous les exemples pour isoler par l'italique le second membre de l'hyperbate.
2. Les références des *Essais* renvoient à l'édition Villey-Saulnier, 1965. Pour ne pas alourdir inutilement les notes, on donnera les pages dans le texte.
3. Morier (Henri), *Dictionnaire de poétique et rhétorique*, Paris, deuxième éd., 1975. Voy. aussi: Dupriez (Bernard): *Gradus, les procédés littéraires*, Paris, 10/18, 1984.
4. Fontanier (Pierre), *Manuel des tropes*, 1830. Edité par G. Genette sous le titre: *Figures du discours*, Paris, 1968. C'est cette édition que nous citons.
5. «Je ne me mesle ny d'ortografe, et ordonne seulement qu'ils suyvent l'ancienne, ny de la punctuation». 965b. On ne peut dire ici qu'il y ait une hyperbate, parce que le second membre (ny de la punctuation) est annoncé par le premier «ny»: pas d'effet d'ajout ni de surprise.
6. A ce sujet voy. le bel article de Fausta Garavini: «Il pollice di Montaigne», *Paragone*, Firenze, aprile-giugno, 1986.
7. Notre enquête porte (provisoirement, car elle doit être complétée), sur les vingt-huit premiers chapitres du livre I; pour le livre II, sur le chapitre 12, «Apologie de Raimond Sebond»; sur tout le livre III.

8. Souligné par moi.
9. Voy. le début célèbre de l'essai «De la vanité»: «Qui ne voit que j'ai pris une route...».
10. Souligné par moi.

SYNTHESE ET CONCLUSIONS

Formuler les conclusions d'un colloque, et tenter d'en effectuer la synthèse, est en tout temps difficile et risqué. Dans le cadre de notre colloque, qui vient d'inscrire dans l'histoire de la réception des *Essais* de Montaigne une esthétique de l'inachèvement et une mise en question de la clôture, c'est pure folie. Si tant est qu'un colloque sur Montaigne consiste à mettre en commun un certain nombre de lectures critiques dont chacune représente la trajectoire que Montaigne lui-même propose à son lecteur, et qui est par définition strictement personnelle, la conférence (au sens montaignien) qui en résulte éprouve à un degré peu commun le sens de sa propre relativité, ou devrait l'éprouver; d'autant plus que la tâche qui nous était proposée met en oeuvre la notion d'accomplissement, et que celle-ci exige une réflexion sur le point final.

N'est-il pas ironique que des décennies de déconstruction, de post-modernisme et de problématique du sujet se soient évertuées à démontrer précisément cette résistance, ce trop-plein de l'unique qui en Montaigne est la donnée fondamentale? Or, celle-ci porte en elle le ferment de l'élusivité qui est précisément l'explication de sa vie débordante dans la genèse du texte, dans la consubstantialité de l'auteur et de son livre, et dans l'histoire subséquente du livre. «La dissimilitude s'ingere d'elle mesme en nos ouvrages; nul art peut arriver à la similitude» (1065), dit Montaigne en b et il ajoute en c: «Nature s'est obligee à ne rien faire autre, qui ne fust dissemblable». Si les oeufs et les cartes à jouer, sans parler des lois, sont exemples de dissimilitude, que dire d'une âme résolue à connaître jusqu'au bout sa propre dissimilitude, et à saisir l'insaisissable par l'écriture, précisément en ce qu'il a d'insaisissable?

Voilà pourquoi la problématique de l'accomplissement est la plus centrale qui soit, et pourquoi elle vient si merveilleusement à son heure. Avant le colloque, je pensais comme Gérard Defaux qu'elle permet de dépasser l'ère de la notion de l'évolution des *Essais*. Or, à bien des égards, cette notion est dépassée au moins depuis Pouilloux; mais le plus important, c'est que la notion d'accomplissement est capable de fonctionner sur une multiplicité de plans, ce en quoi elle est beaucoup plus dynamique et moins réductrice que la notion d'évolution. La thèse de Villey donne à voir trois moments du texte en coupe transversale sans trop réfléchir sur sa propre démarche, c'est-à-dire sans s'avouer elle-même en tant que découpage; c'est cela qui détermine sa longue utilité et, surtout, ses limites. La notion d'accomplissement permet, elle, de garder vivantes les palinodies, les contradictions, les repentirs, les silences même, bref tout ce qui s'interpose constamment entre la lecture critique et la systématisation; le défi de la mouvance, de l'élusivité, de l'unique. Elle permet de mettre l'accent sur la signifiance et la production du sens, plutôt que sur des cristallisations du sens que Montaigne lui-même désavouerait.

Dans son introduction à nos débats, Marcel Tetel dégageait d'avance quelques-unes des promesses de cette notion d'accomplissement; le fait en particulier qu'elle ne nous limite pas à la finition du texte, laquelle pourtant suffirait largement à nous occuper, mais n'épuiserait nullement la problématique des *Essais* comme procès et événement. Les changements textuels, de la moindre notation marginale jusqu'à l'ensemble du *Troisième Livre* qui fut à son heure un immense changement par rapport au contrat originel, ne sont que le réseau matériel à travers les mailles duquel se poursuit et s'accomplit le dialogue de Montaigne avec lui-même, avec les auteurs antiques et contemporains, avec la réalité de son temps, avec le lecteur de tout temps. Cette notion d'accomplissement permet donc de mettre en relation dialectique deux sortes de vision des *Essais* correspondant aux deux sens du verbe «accomplir»: achever, mais aussi remplir. Certaines soulignent la construction, la poétique implicite ou explicite (l'une et l'autre présentes dans la communication de Jean Lafond), la rhétorique niée et omniprésente, que privilégie Otilia Lopez Fanego; en somme, les permanences, les continuités, la stabilisation du texte; d'autres soulignent les discontinuités, le refus de tout système et de toute localisation, les repentirs textuels comme illustrations de ce refus, et surtout la sempiternelle ouverture du sens conditionnant la relation entre Montaigne et le lecteur, entre le je et le nous, le je et son archéologie consciente ou inconsciente.

Ce sens duel du vocable «accomplissement» est donc le centre d'où partent les principaux axes du colloque, et ses principales contributions à la critique montaignienne ainsi qu'à la série des colloques portant sur Montaigne.

Il ne faudrait pas diviser les communications qui ont été faites en deux catégories, dont l'une soulignerait l'inachèvement et le caractère lacunaire du texte, et l'autre, son achèvement et sa perfection. Pourtant, la tension entre les deux possibilités sémantiques offertes par le titre du colloque a été ressentie et exploitée par presque tous les participants, avec des préférences de part et d'autre. C'est même là une première et importante convergence à noter.

L'autre principe d'organisation qu'il me paraît préférable de ne pas utiliser consisterait à dresser une typologie des approches. A vrai dire, bien que les optiques théoriques et méthodologiques des uns et des autres soient en général connues d'avance, il n'est pas vrai que tout était prévisible, car un esprit de véritable recherche a prévalu, s'appuyant sur des procédés surtout inductifs. Tous se sont demandé en quoi consiste l'accomplissement des *Essais*, soit en général, soit dans certains aspects du texte particulièrement représentatifs; et tous ont effectué des comparaisons pouvant mener à une théorie d'ensemble de la connaissance des *Essais*. Cela ne signifie pas que les préférences personnelles ne se soient pas manifestées: on note une forte présence de l'histoire littéraire, de la rhétorique, de la stylistique, de la linguistique, de l'analyse structurale; et, mises à part les questions de terminologie, Lawrence Kritzman ne fut pas le seul à effectuer une psychanalyse du texte puisque Fausta Garavini, de son côté, exploite certains des possibles de celle-ci par «prétérition», si l'on peut dire. C'est donc la dialectique de l'achèvement et de l'inachèvement, de la permanence et du devenir, qui a constitué le terrain d'entente du colloque. Songeons à la notion de la liberté et celle de la raison dans la communication d'Otilia Lopez Fanego, au personnage de Socrate dans celle de Jean-Marie Compain, et à la fonction créatrice de l'oisiveté selon Raymond Esclapez. Il est évident que ces trois communications sont construites à partir de constantes manifestes dans tous les états du texte.

L'oisiveté, par exemple, est véritablement fondatrice. Ecrit très tôt, le chapitre «De l'oisiveté» s'enrichit en b de deux citations, l'une de Virgile, l'autre de Martial, mais reste, dans sa brièveté, stable et quasi programmatique. Ce que nous montre, *inter alia*, Raymond Esclapez, c'est le cheminement de la notion d'oisiveté dans d'autres essais, la transmutation d'*otium* en *negotium* et celle du vide du temps libre en la plénitude de l'écriture, jusqu'à ce que, dans «De trois commerces» (p. 819) l'oisiveté devienne «une pénible occupation et qui offense ma santé»; et dans III, 10 le refuge du «je» devant les exigences de la société et le déferlement des événements. Ainsi, la notion d'oisiveté a accompli son cheminement au travers des transformations du texte, restant partout fondamentale.

La présence de Socrate illustre admirablement l'indivisibilité de la permanence et du devenir au sein du texte des *Essais*, mais il s'agit d'un exemple plus tardif. C'est seulement vers 1580 qu'apparaissent les premières mentions du philosophe dans «De la cruauté» et «De la présomption», et les exemples se multiplient jusqu'en 1595. Selon la concordance de Leake, le nom de Socrate apparaît 16 fois en 1580, 32 fois en 1588 et 64 fois en 1595. M. Compain nous fait remarquer à quel point ces chiffres sont représentatifs de «l'accentuation de l'imitation socratique» dans les deux dernières éditions; c'est donc là un exemple remarquable de la manière dont certaines idées et présences, et certains modèles, perdurent, mais se transforment également ne serait-ce qu'en s'intensifiant. Qu'il nous soit permis de noter en passant l'exacte progression arithmétique des mentions de Socrate: 32, en 1588, représente deux fois 16, le chiffre de 1580; et, en 1595, les occurences sont au nombre de 64, c'est-à-dire deux fois le chiffre de 1588. Hasard de l'accomplissement, ou accomplissement du hasard?

Un autre exemple de cette vaste vérification collective de la stabilité et de la cohérence de l'ensemble nous est fourni par l'étude d'Yvonne Bellenger sur les allongeails de l'*Apologie de Raymond Sebond*. Je cite Yvonne Bellenger: «Trois grands ajouts donc, sur trois grandes questions; sur le scepticisme et la valeur du doute, sur la folie des hommes qui prétendent se hausser à la place des dieux, sur l'infirmité du savoir humain. Ne s'agit-il pas des trois thèmes majeurs du chapitre? Or, si ces trois thèmes donnent lieu, dans les allongeails des éditions successives, à des développements particulièrement importants, on constate que tous trois se trouvaient déjà non seulement en germe mais bien posés dès 1580. Le premier texte n'est nullement un brouillon des suivants». Le mot-clef est ici le mot développement, qui montre que les différences introduites par les allongeails sont majeures, et chargées de sens, sans que les deux textes soient vraiment autonomes l'un par rapport à l'autre.

Unité du colloque, donc, dans la recherche de la permanence au sein du devenir, plutôt que dans une immobilisation quelconque de celui-ci. Autre convergence, qui est une variation de la première: certains procédés ou concepts constituent des modèles permettant d'étudier différents aspects de l'accomplissement des *Essais*, voire l'ensemble de cet accomplissement. La saisie herméneutique de «L'art de conférer» dont nous parle Bénédicte Boudou en est un exemple. Pour saisir les démarches de la pensée d'autrui, dit Bénédicte Boudou, Montaigne propose une méthode de jugement qui est à la fois démystification des illusions par le discernement, et définition d'une valeur qu'il appelle l'ordre. La description de la conférence va bien au-delà de l'énoncé de ses préférences ou même d'un code de la conversation; c'est par sa provocation du lecteur sous les traits de l'interlocuteur fictif un véritable «énoncé performatif de l'oeuvre tout entière», et ce caractère performatif assure l'accomplissement herméneutique.

Le prologue, dont nous a parlé Arnaud Tripet, offre la possibilité d'étudier les interrelations entre le commencement (logique) et le texte dans son ensemble. Le texte sera-t-il une réponse attendue, ou au contraire perturbante au moyen d'un certain décrochement par rapport à ce qui est attendu? Cette incertitude constitue un exemple majeur d'accomplissement dans l'inachèvement, dans une esthétique d'ordre désordonné, d'hétérogénéité que l'accomplissement va graduellement abolir. Mais, à cet égard, le prologue a d'autres échos, ou plutôt d'autres corrélatifs dans le corps de l'essai: en effet, tous les atermoiements dans la *dispositio*, ainsi que toute *dilatio*, répercutent les jeux du prologue.

Passons maintenant à l'élaboration de certains aspects du texte, ou de procédés textuels. Les trois communicants qui ont centré leur réflexion, spécifiquement, sur la comparaison des couches a et b du texte: M. Hoffmann et Mmes Bellenger et Garavini sont d'accord pour attribuer aux additions une cohérence d'ensemble; d'autres encore ont confirmé cette position indirectement, relativement à d'autres sujets. A propos des interventions de la couche b, et des caractéristiques et valeurs qui lui ont été attribuées, citons d'abord la communication de Fausta Garavini qui par une analyse de la structure logico-sémantique de certains essais a pu caractériser les interventions de la couche b comme des réactions du sujet contre ses «monstres» et pulsions. C'est en emprisonnant les monstres dans le discours que Montaigne les exorcise: hantise de la mort, angoisse de l'impuissance sexuelle ou de la privation de parole? Seul le logos - raison et parole - peut en triompher.

C'est M. Hoffmann qui propose la lecture la plus systématique, puisqu'elle englobe tous les ajouts avec leurs transitions, leurs charnières, leur disposition typographique; la place des citations et même leur intégration visuelle. Il voit de 1580 à 1584 une première époque où l'organisation du texte est respectée et où les interventions s'inscrivent dans un argument suivi. Ultérieurement et de plus en plus, les additions feront irruption, s'intègreront dans les interstices et seront disjointes par rapport à l'enchaînement du discours.

Yvonne Bellenger, qui a étudié spécifiquement les allongeails de l'*Apologie*, souligne d'abord leur multiplicité et leur variété. Toujours le texte de 1588 précise celui de 1580, tout en l'enrichissant de citations nouvelles. La lecture de Montaigne est peut-être capricieuse, mais l'utilisation qu'il en fait est méthodique, surtout dans le cas des «surallongeails», dont l'impact sur l'expression de la pensée montaignienne à ce stade est fondamental.

Il y aurait lieu de reparler ici des énoncés préambulaires analysés par Arnaud Tripet, notamment sous l'angle de l'écart et du redressement de l'écart. La dimension paradigmatique du texte vient compléter la dimension syntagmatique; toute étude visant à retrouver l'intentionnalité de Montaigne et l'ordre sous-jacent du texte contribue à mettre en relief cette cohérence. En définitive, l'usage que fait Arnaud Tripet de la structure du prologue mène à la compréhension du travail de l'un au sein du multiple (et figurativement à celle de l'anthropologie de Montaigne en ce qu'elle fait vivre l'un au sein du multiple).

Autre procédé emblématique: la prétérition, dont l'importance a été démontrée par André Tournon. Montaigne délègue sa voix à Virgile pour la substituer à son propre discours «absent» sur le jeune Caton, et qui n'existe qu'à l'état de présupposé. Son silence porte sur le choix spontané du sujet qu'il admire - le jeune Caton - en l'absence de toute argumentation ostensible. C'est là un exemple du non-dit, de l'implicite qui chez Montaigne laisse entrevoir l'en-deçà du discours. Il s'adresse à des lecteurs prêts à «essayer» ce qu'il dit; ce refus de l'exhaustivité nous ramène à une esthétique (et peut-être à une ontologie) de l'inachèvement. Dans «Du démentir» Montaigne s'abstient d'affirmer qu'il dit la vérité: silence signifiant en l'occurrence et nouvel exemple de la manière dont l'inachèvement est lié à l'ouverture.

Françoise Charpentier nous en donne un autre encore, celui de l'hyperbate, figure qui se développe après 1580 et abonde dans le *Troisième Livre*. Ajout-surprise, mise en évidence par une perturbation de l'ordre des mots en sont caractéristiques. Par le sens, l'hyperbate est ajout oeuvrant dans le sens du renforcement affectif, iconique par rapport au mouvement spontané de la pensée: tic parfois, élégance stylistique à d'autres moments mais toujours intervention spontanée d'une charge émotive faisant directement appel au lecteur. Selon Françoise Charpentier, cette figure est iconique par rapport à l'ensemble du texte en ce qu'elle instaure un livre ouvert et permet ainsi d'étayer l'hypothèse de la radicale nouveauté du *Troisième Livre*. C'est donc une expression métaphorique privilégiée du dernier projet...

Enfin, Jules Brody ajoute à notre liste de procédés un anti-modèle composé de micro-structures stylistiques qui cumulativement font litote, se nourrissent d'auto-dérision, de dénigrement de soi et de déni de sa propre valeur. Dans «Du démentir» ce procédé est systématique, au travers de toutes les couches du texte. Comment ne pas conclure que cette tendance stylistique et psychologique vient rejoindre la prétérition et l'hyperbate comme stratégies textuelles qui ensemble suggèrent une réalité imparfaite et lacunaire, attirent par des dissonances l'attention du lecteur et intensifient la tension mimésis-antimimésis, dont nous reparlerons.

Il nous faut auparavant faire place aux considérations herméneutiques, implicites dans toute communication centrée sur des stratégies textuelles comme pierres de touche de l'accomplissement des *Essais*. Si la communication de Madame Henry attire plus exclusivement l'attention sur le fait que le texte s'accomplit par la lecture en réponse à son organisation, il ne faut pas oublier que l'étude de cette organisation est complémentaire par rapport à l'herméneutique, à condition bien entendu de l'impliquer activement, ce qu'ont fait notamment André Tournon et Françoise Charpentier.

Mais Montaigne lui-même a préparé les chemins de l'herméneutique par ses très conscients appels aux lecteurs; c'est pourquoi Catherine Henry attire notre attention sur le rôle-charnière du texte «Au lecteur» en tant que microcosme du livre expliquant et motivant son organisation et appelant par là un certain public. C'est la dernière pièce à être rédigée, la première à être vue du lecteur, qui prendra la place de l'ami absent. D'une certaine façon, Montaigne lui-même est le premier lecteur, remarque importante car c'est à ce niveau que s'établit l'exceptionnelle solidarité de l'auteur et du lecteur qui prévaut dans les *Essais*. Tout auteur s'en réclame, mais elle a rarement été prise en considération aussi pleinement. La concrétisation par la lecture est selon Catherine Henry l'accomplissement temporel du livre dont «Au lecteur» constitue le programme. Par les stratégies textuelles la réponse du lecteur est constamment provoquée: le processus d'accomplissement se répercute indéfiniment et continue à susciter le lecteur concret que souhaitait Montaigne. Ce n'est pas n'importe quel lecteur: jusque dans ses amendements, le texte sélectionne ses lecteurs subtils. Il faut être deux pour que naisse une herméneutique...

Mais il faut aussi que celui qui écrit se distancie par rapport à lui-même. Ce faisant, Montaigne met en oeuvre une dialectique de la mimésis et de l'antimimésis qui est au centre même de notre colloque. C'est tout d'abord Gérard Defaux qui, à propos du parcours entre «Philosopher, c'est apprendre à mourir» et «De la phisionomie» attire notre attention sur la distanciation, et même la divergence, qui s'introduit entre différents énoncés de la même expérience, ici la hantise de la mort. Gérard Defaux montre qu'il y a véritablement déconstruction d'une pensée de l'un à l'autre essai.

Dans la mesure où il y a divergence, Montaigne semble se contredire et se contredit en effet. Mais il ne faut pas oublier que celui qui parle en 1588 vient réviser, en créant un texte second, ses attitudes passées, à la fois par ses affirmations dans «De la phisionomie» et par les ajouts effectués dans «Philosopher, c'est apprendre à mourir». Sans compter qu'il y a déjà dans la couche a de quoi alimenter un débat entre le «je» et la raison ou nature impersonnelle, les couches b et c viennent défendre à même le texte le parti de la mort à apprivoiser doucement et de la vie à vivre pleinement. «Et qu'on allonge les offices de la vie tant qu'on peut», lit-on en c (p. 89). Dans les révisions de I, 20 comme dans la composition de III, 12, Montaigne se répond à lui-même, et si unité il y a, c'est celle du questionnement et non des réponses. Faute de respecter cette pluralité intérieure, toute thèse par trop unitaire risque de défigurer le projet de Montaigne, de réduire la complexité actancielle des personnes de son drame intime. Même dans «Philosopher, c'est apprendre à mourir», Montaigne a su personnaliser le discours de son temps sur la mort, puis l'a relativisé dans «De la phisionomie» (ainsi que dans «De l'expérience»).

Au cours d'une de nos discussions, Gérard Defaux a suggéré que le problème de la représentation pourrait bien être un des plus fondamentaux du colloque, sinon le plus fondamental. Et, en effet, tous les autres axes qui ont regroupé ou traversé nos réflexions touchent d'une manière ou d'une autre à la peinture du moi, donc de l'homme, mettant en oeuvre globalement la problématique de la mimésis et de l'antimimésis et de leur ultime complémentarité.

A cet égard, la communication de Lawrence Kritzman me paraît indiquer une piste particulièrement intéressante par sa polarité entre archéologie du moi et écriture. Cette approche saisit Montaigne au plus corporel de sa souffrance et de son manque et montre ingénieusement comment l'écriture s'approprie au niveau inconscient, et représente, la quête par le sujet de son pouvoir propre, donc son opposition au père, au travers, par exemple, de sa critique de la profession médicale. «Désir de se libérer de l'intériorité absolue comme origine épistémologique», dit Lawrence Kritzman en une interprétation intégrable à notre acquis dans la mesure où l'accomplissement suprême, consubstantiel au livre, est ce «je» libéré dont nous explorons les projections successives.

C'est ainsi que la mimésis, jusque dans ses dénis d'elle-même par quoi elle se recrée, nous ramène vers notre terrain premier où s'affrontent et se comparent achèvement et inachèvement, c'est-à-dire en fin de compte, ouverture et clôture en tant que modes d'existence de l'oeuvre littéraire. Rappelons ici, à la suite d'André Tournon, le rôle de la prétérition comme instrument du discours inachevé et fragmentaire, s'ouvrant sur l'en-deçà du discours. L'exemple des passages du *Contr'un* que Montaigne s'abstient de citer par son vrai titre libertaire est particulièrement éloquent par ses silences même. Dire ou ne pas dire sont affaires de liberté mais aussi de création d'un espace, d'un référent implicite partagé avec le lecteur, lequel devra alors intervenir pour reconstituer le sens.

C'est sous le signe de l'inachèvement et de l'ouverture comme valeurs, et non plus seulement comme procédés, que se placent la communication de Mary McKinley et la séparation établie par elle entre théologie et potentiel du langage humain dans l'*Apologie de Raymond Sebond*. Tout, dans l'*Apologie*, s'oppose à accepter la validité d'une théologie systématique; mais, une fois que la transcendance est pour ainsi dire reléguée au ciel, le langage humain redevient capable de plénitude. Dès lors, chercher à capter cette plénitude par l'expression est un projet éminemment valable, justifiant la poursuite de l'achèvement sémantique. Ce qui ne veut pas dire que la thèse de Mary McKinley contredise celle de l'esthétique de l'inachèvement, au contraire: écrire, c'est précisément incarner la poursuite de l'être dans le temps.

Le problème de la conclusion du dernier livre, dont nous a parlé Antoine Compagnon, illustre à merveille la dichotomie de la clôture et de l'ouverture. Y a-t-il un aboutissement, et est-ce simplement un terminus *ad quem*, ou la réponse finale longtemps attendue? Même à ce stade ultime surgit une nouvelle création thématique et éthique sous la forme d'une méditation sur la patience qui se transmue en courage, force, résolution; et c'est alors qu'est évoquée la grâce de Dieu. Il ne s'agit donc pas de la patience stoïcienne ou épicurienne, mais d'une dimension de l'espérance; ni non plus d'une grandeur d'âme antique, ou d'une patience chrétienne s'ouvrant sur l'éternité, mais avant tout d'une attention nouvelle portée à autrui. La patience de Montaigne, rejoignant celle de Cicéron, privilégie la recherche des choses difficiles, renvoyant ainsi aux valeurs inhérentes au 1er chapitre du *Troisième Livre*. Attente, confiance dans le futur: moralement et ontologiquement le livre n'est pas clos.

Bien que plusieurs communicants aient contribué à construire une esthétique de l'ensemble, c'est vers Jean Lafond que nous nous tournerons pour nous aider à l'exprimer d'une manière globale. Il y a, selon lui, un équilibre entre le stable et le non-stabilisé. La poétique de Montaigne est fort consciente, et parfaitement connue. Notre tâche consiste donc surtout à montrer comment l'essai, genre ouvert, a été tant que Montaigne a vécu une *forme* ouverte. Montaigne privilégie l'inachevé: tout dire, comme Cicéron, ce n'est rien dire. L'inachèvement est donc dynamique, créateur, essentiel; et c'est sa nécessité esthétique, psychologique, voire ontologique qui explique celle des révisions de l'oeuvre.

Ici, il faut introduire l'objection de ceux qui avec Marc Fumaroli ne conçoivent pas un Montaigne spontanéiste. Il s'agit, en fin de compte, de réconcilier dans notre esthétique - comme Montaigne l'a fait dans sa praxis - architecture et dynamique, ordonnance et ouverture. De nous, cela requiert un effort d'imagination, des catégories assouplies, et de nombreuses vérifications, auxquelles celles offertes au colloque pourront servir de modèles.

Parmi les acquis, soulignons enfin la tendance consciente du colloque à nuancer son métalangage, contribuant ainsi à doter les études montaigniennes, *exemplum* à cet égard des études littéraires en général, d'un métalangage plus complet et plus sensible à la fois à l'unicité de notre objet, et à l'aspiration universalisante de notre savoir. L'esprit du singulier universel était parmi nous.

Eva KUSHNER
Victoria University (Toronto)

Achevé d'imprimer en 1990,
à Genève - Suisse.

220.
c